Mittelenglische Artusromanzen
Jörg O. Fichte (Hg.)

RELECTIONES

Herausgegeben von Frank Bezner, Nathanael Busch, Robert Fajen,

Wolfram Keller, Björn Reich und Markus Schürer

Band 1

Mittelenglische Artusromanzen

Sir Percyvell of Gales, The Awntyrs off Arthure, The Weddynge of Sir Gawain and Dame Ragnell

Jörg O. Fichte (Hg.)

 S. Hirzel Verlag

Signet auf dem Umschlag:
The Pierpont Morgan Library, New York. MS M.754, fol. 9v.
Umschlagabbildung:
Aubrey Beardsley, Illustration aus *Le Morte Darthur*, London 1893/94, Bd. 2

Bibliografische Information der Deutschen Nationalbibliothek:
Die Deutsche Nationalbibliothek verzeichnet diese Publikation in der Deutschen
Nationalbibliografie; detaillierte bibliografische Daten sind im Internet über
<http://dnb.d-nb.de> abrufbar.

© 2014 S. Hirzel Verlag Stuttgart
Druck: Hubert & Co, Göttingen
Gedruckt auf säurefreiem, alterungsbeständigem Papier.
Printed in Germany.
ISBN 978-3-7776-2318-4 (Print)
ISBN 978-3-7776-2412-9 (E-Book)

INHALTSVERZEICHNIS

EINLEITUNG: MITTELENGLISCHE ARTUSROMANZEN

Die Einleitung gliedert sich in folgende drei Abschnitte: 1. Vorstellung der me. Romanze; 2. Kategorisierung der me. Artusliteratur, Definition der me. Artusromanze und Unterteilung in vier Typen; 3. Übersetzungsprinzipien.

1 DIE MITTELENGLISCHE ARTUSROMANZE

Was ist eine Artusromanze? Diese Frage ist leider nicht ganz einfach zu beantworten. Aus Überblicksdarstellungen geht hervor, dass es in der Forschung keine einhellige Meinung dazu gibt. Obwohl etwa ein Viertel des gesamten Romanzenkorpus als Artusromanzen bezeichnet worden ist (auch hier herrscht wieder Unstimmigkeit bei der Zuordnung von Werken), stimmen die Listen der aufgeführten Romanzen nicht überein. ACKERMANN, O'LOUGHLIN, HIBBARD LOOMIS und VINAVER, die das Korpus der Artusromanzen in English Rimed and Prose Romances, The English Alliterative Romances, Gawain and the Green Knight und Sir Thomas Malory unterteilen, führen neunundzwanzig Werke auf.[1] In ihrem Beitrag Arthurian Legends für das Manual of Writings in Middle English 1050–1500 verzeichnet NEWSTEAD dreißig Werke mit Malorys ‚Morte Darthur‘ und Lord Berners Prosaroman ‚Arthur of Little Britain‘.[2] BARRON unterteilt in dem von ihm herausgegebenen Sammelband The Arthur of the English das Korpus in vier Gruppen: Dynastic Romance, Chivalric Romance, Folk Romance und Malorys ‚Morte Darthur‘. Er führt einunddreißig Werke auf.[3] Die drei Überblicksdarstellungen enthalten Werke, die mehrheitlich von allen als Artusromanzen bezeichnet werden. Wie aber verhält es sich mit den Werken, die nicht in allen Inventarlisten erscheinen? Nach welchen Kriterien wurden sie beurteilt und warum wurden sie nicht in den Kanon aufgenommen? Letztendlich ist dies eine Frage der Gattungszuordnung und somit eine der problematischsten Fragen in der Forschung zur mittelalterlichen englischen Literatur. Die Demarkationslinien zwischen den einzelnen Gattungen verlaufen ungenau, denn Gattungen sind zumeist moderne, nicht aber mittelalterliche Kategorien. Die Grenzen zwischen Romanze, Lai, Ballade, Epos, Chronik und Heiligenlegende sind fließend, eine Tatsache, die in der Forschung dazu geführt hat, das umfangreiche Romanzenkorpus in die unterschiedlichsten Gruppen zu unterteilen wie z. B. im ersten Band des oben erwähnten Manual of Writings in Middle English 1050–1500, in dem die

---

1   ACKERMAN, English Rimed and Prose Romances, S. 480–519, O'LOUGHLIN, The English Alliterative Romances, S. 520–27, HIBBARD LOOMIS, Gawain and the Green Knight, S. 528–40 und VINAVER, Sir Thomas Mallory, S. 541–52.
2   NEWSTEAD, Romances General, S. 13–6.
3   BARRON, The Arthur of the English, S. 71–183, 197–246.

Romanzen nach Themenkreisen geordnet sind ohne allzu große Rücksicht auf spezifische Gattungsmerkmale. Wie HORNSTEIN zurecht sagt: „Although the romances have never been considered difficult to understand, no one has been able to tell us exactly what they are" [Obwohl Romanzen niemals als schwer verständlich galten, hat keiner uns erklären können, was sie denn genau sind].[4] Angelsächsische Wissenschaftler, die die deutsche Vorliebe für klare Definitionen sowie für die Etablierung präziser Gattungsmerkmale nicht teilen, halten ein solches Vorgehen sogar für problematisch und kontraproduktiv. So behaupten HAHN und SYMONS: „Paradoxically, one obstacle to our grasping the nature and appeal of popular romance is that, in isolating discrete features or formulating rigid definitions, we run the danger of disguising the dynamism and fluidity that marks the genre in the English Middle Ages." [Paradoxerweise ist ein Hindernis für unser Verständnis der Natur und des Reiz der populären Romanzen, dass wir, indem wir Unterscheidungsmerkmale herausarbeiten und rigide Definitionen formulieren, Gefahr laufen, die Dynamik und die Fluidität zu verkennen, die diese Gattung im englischen Mittelalter kennzeichnen].[5]

Angesichts dieser Unsicherheit, was eine Romanze ist und wie man sie definieren soll, verwundert es nicht, dass sowohl Definitionen der Romanze als auch Kategorisierungen des Korpus erheblich divergieren. Um dieser Tatsache gerecht zu werden, gibt NEWSTEAD eine ganz allgemein gehaltene Beschreibung: „The medieval romance is a narrative about knightly prowess and adventure, in verse or in prose, intended primarily for the entertainment of a listening audience [Die mittelalterliche Romanze ist eine Geschichte in Versen oder Prosa von ritterlicher Tapferkeit und Abenteuer zur Unterhaltung einer Zuhörerschaft].[6] Es ist nicht verwunderlich, dass die Beschaffenheit eines so vage definierten Korpus bald hinterfragt wurde. Während HUME anmerkt: „The Newstead list is not sacred" [die Liste von Newstead ist nicht sakrosankt],[7] ist FINLAYSON bereit, mindestens die Hälfte der von NEWSTEAD als Romanzen bezeichneten Werke aus dem Kanon zu streichen, denn sie „do not in any way meet the paradigm proposed; that is, they are not romances in any meaningful sense" [entsprechen keineswegs dem vorgeschlagenen Paradigma, d. h. sie sind in keinem aussagekräftigen Sinn Romanzen].[8] Definitionsversuche werden zusätzlich dadurch erschwert, dass die moderne Forschung sich in einer grundsätzlichen Frage uneins ist, ob man die Gattung Romanze als historisches oder aber als überzeitliches Phänomen betrachten sollte. Im Anschluss an NORTHROP FRYES Klassifizierung der Literatur in drei Kategorien gemäß der Position des Helden als erstens, Mythos, Romanze, Epos und Tragödie (die Handlungsfähigkeit des Helden ist größer als die unsrige); zweitens, komödienhafte und realistische Darstellung (die Handlungsfähigkeit des Helden entspricht in etwa der unsrigen); und drittens, ironische Darstellung (die

---

4   HORNSTEIN, Middle English Romance, S. 64.
5   HAHN und SYMONS, Middle English Romance, S. 353.
6   NEWSTEAD, Romances General, S. 11.
7   HUME, The Formal Nature of Middle English Romance, S. 175.
8   FINLAYSON, Definitions of Middle English Romance, S. 178.

Handlungsfähigkeit des Helden ist geringer als die unsrige) haben viele Forscher versucht, das Problem der mittelalterlichen Romanze zu lösen, indem sie ein archetypisches Romanzenmuster postulieren.[9] GRADON, STEVENS, HUME, BREWER und BARRON bevorzugen die Begriffe „mode" [Art] bzw. „experience" [Erfahrung], wenn sie von Romanzen sprechen.[10] Dieser Auffassung zufolge bezeichnet der Terminus Romanze eine ahistorische literarische Form, die ursprünglich mit „the conscious and rational development of the individual during ... youth and early childhood" [der bewussten und rationalen Entwicklung des Individuums während ... der Jugend und der frühen Kindheit] verbunden war.[11] Demnach ließe sich mit dem Begriff Romanze alles – von der griechischen Romanze bis zum Schauerroman und einigen Formen von Science Fiction bezeichnen.[12]

Kritiker, die die me. Romanzen nicht als überzeitliche, sondern als historische literarische Gattung mit einem Anfang, Höhepunkt und Ende definieren, verwenden für ihre Untersuchungen folgende Kriterien: Thematik, Struktur, metrische Form, Umfang, Stil, Art und Weise der Präsentation, Autorschaft und Rezipientenkreis.[13] Erfolg oder Misserfolg dieser Versuche beruht hauptsächlich auf der Auswahl der Kriterien, der Methodologie und der Stringenz der Analyse. Wenn möglich, müsste sich eine solche *post rem* Definition der Gattung Romanze auch auf eine Definition *in re* stützen können, um die historische Komplexität einigermaßen zu erfassen. Leider lassen sich die mittelalterlichen *artes poetriae* zu diesem Zweck nicht verwenden. In den Anleitungen zur Poetik wird lediglich der Zugang zur klassischen lateinischen Literatur erklärt, die zusammen mit ausführlichen Listen und Illustrationen von rhetorischen Figuren als Vorlage für die eigene Komposition von Texten dienen soll. Volkssprachliche Gattungen werden nicht erwähnt. Trotzdem kann man zur Klärung des Begriffs *romaunce* auch auf einige zeitgenössische Quellen zurückgreifen, die Aussagen zum Inhalt der Werke bzw. Listen von Romanzenhelden enthalten. HOOPS und STROHM haben diesen Aspekt eingehend untersucht und sind zu folgendem Ergebnis gekommen.[14] Obwohl der

---

9 FRYE, Towards a Theory of Cultural History, S. 151–52.

10 GRADON, Form and Style in Early English Literature, S. 212–72, STEVENS, Medieval Romance, S. 15–28, BREWER, The Nature of Romance, S. 9–48 und BARRON, Arthurian Romance, S. 67.

11 HUME, Romance: A Perdurable Pattern, S. 132.

12 SAUNDERS, A Companion to Romance, S. 1, beschreibt das Genre wie folgt: „Romance, one might say, is situated in and speaks of timeless moments" [Die Romanze, könnte man sagen, ist in zeitlosen Momenten situiert und berichtet von diesen].

13 Vgl. TAYLOR, An Introduction to Medieval Romance, HIBBARD, Medieval Romance in England, MEHL, The Middle English Romances of the Thirteenth and Fourteenth Centuries, RICHMOND, The Popularity of Middle English Romance, DÜRMÜLLER, Narrative Possibilities in the Tail-Rime Romances, WITTIG, Stylistic and Narrative Structures in the Middle English Romances, RAMSEY, Chivalric Romances, FIELD, Romance in England, 1066–1400, COOPER, Romance After 1400, BREWER, The Popular English Metrical Romances und CHISM, Romance.

14 HOOPS, Der Begriff „Romance" in der mittelenglischen und frühneuenglischen Literatur, und STROHM, Origin and Meaning of Middle English *Romaunce*, S. 1–28.

Begriff *romaunce* eine Anzahl von Bedeutungen hatte – eine klassische römische Geschichte, eine französische Geschichte, die englische Adaptation einer klassischen römischen oder französischen Geschichte in Vers und schließlich ganz allgemein Vers- oder Prosalektüre –, zeigen die von HOOPS angeführten Werke eine erstaunliche Übereinstimmung in Thematik, Form und Stil. Mit Ausnahme von romanzenhaften Historien, einer Liebesallegorie, einer Heiligenvita, einem Passionsgedicht, einem Beichttraktat und den Gedichten von Minot, diente der Begriff *romaunce* zur Bezeichnung von Werken, in denen sich ein aristokratischer Protagonist auf Abenteuerfahrt begibt. Diese Werke sind Versdichtungen – hauptsächlich paarweise gereimte Tetrameter oder Schweifreimstrophen –, die das volkstümliche Idiom benützen, das man mit der Gattung Romanze verbindet. Es scheint also, als ob der Begriff *romaunce* schon im Mittelalter zur Bezeichnung eines literarischen Genre verwendet wurde. Namenslisten von Romanzenhelden, manchmal zusammen mit kurzen Beschreibungen ihrer Taten, finden sich in ‚The Laud Troy Book‘ (V. 1–26), ‚Richard Coer de Lyon‘ (V. 7–20, 6725–34), dem ‚Speculum Vitae‘ (V. 37–47) und dem ‚Cursor Mundi‘ (OS 99, V. 1–26). Der Autor des ‚Cursor Mundi‘ erwähnt neben Waffentaten auch *ferlys* [seltsame Ereignisse] (V. 11), *aunters* [Abenteuer] (V. 12) und die betörende Macht der Liebe (V. 17–8). Die Betonung liegt auf der Thematik der Werke, nicht ihrer Form oder ihrem Stil.

Obwohl diese Angaben einen kleinen Eindruck von der Beurteilung der Romanze aus zeitgenössischer Sicht vermitteln, lässt sich damit natürlich keine Gattungsanalyse durchführen. Hierfür bedarf es eines Kriterienkatalogs, der geeignet ist, das Genre in seiner Gesamtheit zu beschreiben. Als mögliches Paradigma könnte ein Modell dienen, das folgende vier Gesichtspunkte berücksichtigt: erstens, die extrinsische und die intrinsische Struktur; zweitens, Autorschaft und Präsentation; drittens, Inhalt und Bedeutung; und viertens, auktoriale Intention und Rezeption. Diese vier Punkte ließen sich in eine Reihe von Unterpunkten gliedern, die eine detaillierte Analyse des literarischen Typus ermöglichen würden. Beginnen wir zunächst mit der Struktur der Romanze. Die intrinsische Struktur wird von der Person des exemplarischen ritterlichen Individuums getragen. Seine Handlungen, die die extrinsische Struktur in der Form von Aventiure und Queste bestimmen, scheinen vom Zufall diktiert zu sein. Die Autorschaft der Romanzen ist großenteils unbekannt; ihre Präsentation erfolgt in mündlicher Form, wahrscheinlich durch einen professionellen Unterhalter (möglicherweise einen Spielmann), der die Erzählung vortrug oder vorsang. Romanzen wurden aber auch gelesen. In Chaucers höfischem Roman ‚Troilus und Criseyde‘ (2, 82–4) wird erwähnt, dass ein Mädchen in Criseydes Wohnzimmer die Geschichte der Belagerung Thebens vorlas. Der Inhalt, also die *matière* der Romanze, besteht zum großen Teil aus Prüfungen durch Kampf, Verlust, Exil, Liebe et cetera.[15] Ihre Bedeutung, also ihr *sens*, ist sowohl die Affirmation der existieren-

---

15   Siehe dazu besonders die Studie von WITTIG (Anm. 13), die sowohl die Makro- als auch die Mikrostrukturen der me. Versromanzen untersucht, also die Struktureinheiten von den formelhaften Wendungen bis hin zu den großen Themenkomplexen.

den aristokratischen Gesellschaftsordnung aufgrund des erfolgreichen Kampfs des ritterlichen Individuums gegen alle Vertreter der Gegenwelt sowie die Möglichkeit zum sozialen Aufstieg wie in der Romanze ‚The Squire of Low Degree'. Die auktoriale Intention ist durch das klassische Ideal von *delectare et prodesse* geprägt. Die Romanze unterhält ihr Publikum mit einer Abenteuer- und Liebesgeschichte und sie belehrt es, indem sie einen Protagonisten zeigt, dessen Mut, Kampfestaten und Vortrefflichkeit nachahmenswert sind. Die Identifikation des Publikums mit dem Helden und den Werten, die in der Romanze vermittelt werden, führt zur Akzeptanz dieser Werte als allgemein verbindliche ethische Normen. Kurzum, die Romanze ist eine wertkonservative Gattung, in der jedoch die Probleme verhandelt werden, mit denen sich eine Gesellschaft konfrontiert sieht.[16]

Man hat versucht, das Textkorpus Romanze von anderen literarischen Gattungen zu unterscheiden.[17] Obwohl diese Versuche nicht immer überzeugen, weil einerseits die Unterscheidungskriterien fragwürdig und andererseits die Grenzen zwischen den verschiedenen Textsorten oft so undeutlich sind, dass klare Abgrenzungen schwierig werden, ist ein solcher Ansatz grundsätzlich richtig. Die folgenden Kriterien könnten bei einem solchen Unternehmen hilfreich sein: die aristokratische Herkunft des Helden in den Romanzen; ihre komische Struktur; das irdische Ziel; der fiktionale Status von Held und Geschichte; und die stringente Organisation und Durchführung der Erzählung. In dieser Reihenfolge betrachtet, unterscheidet sich die Romanze vom Schwank (nicht-aristokratischer Protagonist), der *chanson de geste* oder Heldenepos (tragisches Ende), der Heiligenvita (Transzendenz), der Chronik oder Geschichtsschreibung (Tatsachenbericht) und der Ballade (lockerer Aufbau).

Wie lässt sich jedoch das heterogene Korpus vernünftig gliedern und kann man überhaupt eine Subspezies Artusromanze postulieren? Auch hierzu gibt es wieder die verschiedensten Ansätze, die in aller Kürze referiert werden sollen. PEARSALL schlägt eine Aufteilung in epische und lyrische Romanzen vor: „the former more prosaic, realistic, historical and martial, the latter more emotive, more concerned with love, faith, constancy and the marvellous" [die erste mehr prosaisch, realistisch, historisch und martialisch, die zweite mehr das Gefühl ansprechend, mehr befasst mit Liebe, Treue, Beständigkeit und dem Wunderba-

---

16 Für eine hervorragende Einleitung zu den „popular romances" siehe MCDONALD, A Polemical Introduction, S. 1, in der die Autorin die Gattung wie folgt beschreibt: „It is fast-paced and formulaic; it markets itself unabashedly as genre fiction; it is comparatively cheap and, in performance, ephemeral; it has a sensationalist taste for sex and violence; and it seems content to reproduce the easy certainties of sexist, racist and other bigoted ideologies" [Sie ist rasant und formelhaft; sie verkauft sich ungeniert als Gattungsliteratur; sie ist verhältnismäßig billig und von ihrer Darbietungsart her kurzlebig; sie hat eine effekthascherische Vorliebe für Sex und Gewalt; und sie gibt sich anscheinend damit zufrieden, die einfachen Gewissheiten sexistischer, rassistischer und bigotter Ideologien zu reproduzieren].

17 Vgl. EVERETT, A Characterization of the Middle English Romances, S. 15–22, HUME, The Formal Nature of Middle English Romance, S. 169–80, DIEKSTRA, Le roman en moyen anglais, S. 69–127 und GAUNT, Romance and Other Genres, S. 45–59.

ren].[18] Die Frage stellt sich, ob die epische Romanze, die auf der französischen *chanson de geste* basiert, überhaupt eine Romanze ist. FINLAYSON (Anm. 8) schließt diesen Typus zusammen mit den homiletischen (exegetisch-predighaften) und exemplarischen Romanzen vom Kanon aus, weil er meint, sie ständen im Widerspruch zum Temperament der Gattung. HUMEs Unterteilung der Gattung in drei Gruppen im Hinblick auf „the hero and the background against which he works out his destiny" [den Helden und den Hintergrund, vor dem sich sein Geschick vollzieht] ist deshalb interessant, weil sie die historische Situation in den Romanzen mit einbezieht. Sie unterscheidet einen Typ A, die Volksgeschichte, in der nur der Held zählt, der Schauplatz aber völlig nebensächlich ist; einen Typ B, in dem der Held auf einem historischen oder pseudohistorischen Schauplatz agiert; und einen Typ C, in dem die Historie die Aktionen des Helden überlagert.[19] Die Frage stellt sich natürlich, ob Typ C überhaupt noch eine Romanze ist. In keinem dieser Gliederungsversuche erscheint die Artusromanze als eine eigenständige Form, obwohl die Artusliteratur bereits im Mittelalter als eine wesentliche Textgruppe anerkannt wurde. Jean Bodel unterteilt Literatur in *trois materes ... / De France et de Bretaigne et de Romme la grant* [drei Stoffgebiete ... von Frankreich, der Bretagne und dem großen Rom].[20] Mit der Bretagne ist natürlich der Artusstoff gemeint, der auch in England in den verschiedensten Formen und Gattungen vertreten ist. BARRON hat die Präsenz von Artus in der me. Artusliteratur zum Anlass genommen, nach Gemeinsamkeiten zwischen den verschiedenen Texten zu suchen. Er betont insbesondere den nationalen Geist und das dynastische Element als inhärentes Merkmal der englischen Vertreter der Artusliteratur.[21] So wertvoll diese Beobachtung auch sein mag, eine gemeinsame Thematik allein reicht nicht aus, um eine Verwandtschaft zwischen den verschiedenen Texten zu etablieren. Man muss darüber hinaus sowohl die Gattungszugehörigkeit der Texte als auch ihr Verhältnis zur Wirklichkeit bzw. Geschichte berücksichtigen.

2 KATEGORISIERUNG UND DEFINITION

Legt man die traditionelle Ciceronische Kategorisierung von Schriften nach ihrem Wahrheitsgehalt zugrunde, dann lässt sich die umfangreiche me. Artusliteratur den folgenden drei Kategorien zuordnen: *historia*, *argumentum* und *fabula*. *Historia* bezeichnet eine wahrheitsgemäße Beschreibung eines Ereignisses, das wirklich stattgefunden hat, oder von dem man annahm, es habe stattgefunden – letzteres ist eine wichtige Einschränkung. *Argumentum* bezieht sich auf einen erfundenen Bericht über etwas, was sich hätte ereignen können, aber nicht in dieser Form ereignet hat. *Fabula* schließlich bezeichnet einen Bericht über Ereignisse, die

---

18 PEARSALL, The Development of Middle English Romance, S. 16.
19 HUME, The Formal Nature of Middle English Romance, S. 161.
20 Saxenlied, S. 28, V. 6–7.
21 BARRON, Arthurian Romance: Traces of an English Tradition, S. 2–23 und The Arthur of the English, S. xiv–xvii.

weder wahr noch realitätsnah sind.[22] Da fiktionales Erzählen zur bloßen Unterhaltung im christlichen Mittelalter als töricht bzw. eitel galt, betonen Dichter immer wieder die Realitätsnähe, den Wahrheitsgehalt und die Authentizität ihrer Werke, um dem Vorwurf der Unwahrheit zu entgehen.[23]

Appliziert man Ciceros Kategorien auf die me. Artusliteratur, ergeben sich die folgenden drei Gruppen: eine Chronik-Tradition, eine Tradition historiographischer Fiktion und eine fiktionale poetische Tradition. Die Chronik-Tradition basiert auf Geoffrey of Monmouths pseudohistorischem Werk, der ‚Historia Regum Britanniae‘[24] sowie auf dessen Übertragung ins Französische, Waces ‚Brut‘,[25] eine Verschronik, die bereits höfische Züge trägt. Obwohl William of Newburgh die Glaubwürdigkeit von Geoffreys Artusgeschichte schon früh in Frage gestellt und sie als *ridicula … figmenta* [lächerliche … Erfindungen] bezeichnet hat, wurde die ‚Historia Regum Britanniae‘ zur Grundlage der historischen Artusgeschichte in England.[26] Zwischen dem ersten Viertel des dreizehnten und dem dritten Viertel des fünfzehnten Jahrhunderts inkorporierten Layamon, Robert of Gloucester, Robert Manning, der anonyme Autor des ‚Brut‘, Thomas Castleford und John Harding diese Geschichte in ihre diversen Chroniken.[27]

Die me. Tradition historiographischer Fiktion beruht auf drei Quellen: dem ‚Roman de l'estoire du Graal‘, dem ‚Merlin‘ (beide von Robert de Boron) und dem altfranzösischen Vulgata Zyklus. Alle drei Kompositionen versuchen das mechanisierte nachklassische (also sinnentleerte) Modell des Artusromans, das Chrétiens ahistorisches, fiktionales Modell ablöste, wieder in den Lauf der Geschichte zu überführen. Diese Entwicklung wurde durch die fragmentarische Natur zweier Chrétienscher Romane begünstigt: dem ‚Chevalier de la charrette‘ und dem ‚Conte du Graal‘. Beide Fragmente riefen verschiedene Bearbeiter auf den Plan, die in ihren Fortsetzungen das ahistorische Geschehen bei Chrétien einerseits mit der Artus- und andererseits mit der Gralsgeschichte verbanden. Die Lancelot-Erzählung wurde mit dem Untergang des Artusreichs, wie er von Geoffrey of Monmouth bzw. Wace erzählt wird, verknüpft und die Grals-Erzählung wurde erweitert und zu einem Gralszyklus ausgebaut, der die gesamte Heilsgeschichte von der Einsetzung des Abendmahls bis zu Artus' Tod umspannte. In

---

22 Cicero, De inventione, S. 54–5: *Historia est gesta res, ab aetatis nostrae memoria remota* [Geschichte ist eine Erzählung von wirklichen Ereignissen, die sich entfernt von der Erinnerung unserer Zeit (zugetragen haben)]; *Argumentum est ficta res, quae tamen fieri potuit* [Argumentum ist ein erfundener Bericht, der sich trotzdem hätte zutragen können]; *Fabula est in qua nec verae nec verisimiles res continentur* [Fabula ist eine Erzählung, in der die Dinge weder der Wahrheit noch der Wirklichkeit entsprechen].

23 Vgl. MINNIS, Medieval Theory of Authorship: Scholastic literary attitudes in the later Middle Ages, S. 21 (*intentio auctoris* [auktoriale Intention]), S. 23 (*utilitas* [Nutzen]), S. 160–210 (Die Haltung weltlicher Autoren wie z. B. von Gower und Chaucer). Natürlich diente Literatur auch zur Unterhaltung. Siehe dazu OLSON, The Profits of Pleasure, S. 275–87.

24 The History of the Kings of Britain: An Edition and Translation of De gestis Britonum (Historia Regum Britanniae).

25 Le Roman du Brut de Wace.

26 William of Newburgh, Historia Rerum Anglicarum, I, S. 11.

27 GÖLLER, König Arthur in der englischen Literatur des späten Mittelalters, S. 23–40.

England wurde diese Tradition durch folgende Werke fortgesetzt: ‚Of Arthour and Merlin‘, ‚The Legend of King Arthur‘, ‚King Arthur's Death‘, den ‚Prosa-Merlin‘, Lovelichs ‚Merlin‘ und ‚History of the Holy Grail‘, ‚Joseph of Arimathie‘, dem ‚Stanzaic Morte Arthur‘, dem ‚Alliterative Morte Arthure‘ und Malorys ‚Morte Darthur‘, dem wohl bekanntesten englischen Artusroman. Alle diese Werke sind poetische, manchmal romanzenhafte oder auch balladenhafte Bearbeitungen der historischen „Fakten" in der historiographischen Literatur und wurden deshalb zum Teil in den Kanon der me. Romanzenliteratur aufgenommen wie z. B. ‚The Legend of King Arthur‘, ‚King Arthur's Death‘ (beides Balladen im Percy Folio), Lovelichs ‚Merlin‘ und der ‚Stanzaic Morte Arthur‘, den man auch als *fabula* bezeichnen und in der nächsten Gruppe aufführen könnte, denn trotz der „histori-schen" Thematik wird der Stoff im Gegensatz zum ‚Alliterative Morte Arthure‘ in romanzenhafter Form behandelt. Die Grenzen zwischen *argumentum* und *fabula* sind oft fließend.

Die Tradition fiktionaler Artusdichtung ist in der me. Literatur mit achtzehn bzw. neunzehn Werken belegt, fünfzehn bzw. sechzehn (inklusive dem ‚Stanzaic Morte Arthur‘) Romanzen oder Lais und drei längere Balladen oder „ballad-romances" [Balladen-Romanzen] im Percy Folio (um 1650) zusammen mit kürze-ren Romanzen in Schweifreimstrophen, von denen drei ‚The Marriage of Sir Gawain‘, ‚The Carle of Carlisle‘ und ‚The Greene Knight‘ Themen behandeln, die auch in längeren Romanzenversionen überliefert sind: ‚The Weddynge of Sir Gawain and Dame Ragnell‘, ‚Sir Gawain and the Carle of Carlisle‘ und ‚Sir Gawain and the Green Knight‘. Bei den drei Balladen handelt es sich um ‚Sir Lancelot du Lake‘, ‚King Arthur and King Cornwall‘ und ‚The Boy and the Mantle‘. Während es seit langem viele Untersuchungen zum Romanzenkorpus *in toto* gibt, ist die me. Artusromanze als eigenständige Form in der Forschung stiefmütterlich behandelt worden. Die umfangreichen Untersuchungen zu den me. Romanzen im allgemeinen können hier nicht im Einzelnen behandelt werden. Deshalb sollte der interessierte Leser die beiden in Fußnote 28 zitierten Aufsätze konsultieren, die eine Detailanalyse der Problematik bieten, zusammen mit einer ausführlichen Bibliographie zu den einschlägigen Untersuchungen zum klassi-schen und nachklassischen französischen und deutschen Artusroman, der in der Forschung schon seit langem als eigenständige literarische Form anerkannt ist.[28] Hilfreich für das Studium der me. Artusliteratur in Romanzenform ist außerdem der eingangs erwähnte Sammelband The Arthur of the English, herausgegeben von BARRON (Anm. 3).

Auffällig ist zunächst einmal das späte Auftreten der me. Artusromanze. Während Chrétien die Gattung im letzten Drittel des zwölften Jahrhunderts entwi-

---

28 FICHTE, The Middle English Arthurian Verse Romance: Suggestions for the Development of a Literary Typology und FICHTE, Grappling With Arthur or Is There an English Arthurian Verse Romance? zusammen mit der überarbeiteten Fassung in FICHTE, From Camelot to Obamalot. Zur Doppelwegstruktur des klassischen Artusromans siehe vor allem FROMM, Doppelweg, S. 64–79, HAUG, Chrétiens de Troyes ‚Erec‘- Prolog und das arthurische Strukturmodell, und SCHMOLKE-HASSELMANN, Der arturische Versroman von Chrestien bis Froissart: Zur Geschichte einer Gattung, S. 35–47.

ckelte und sie mit formgebenden Merkmalen ausstattete, Merkmale, die von den deutschen Epikern wie Hartmann und Wolfram übernommen wurden, erscheinen die Artusromanzen in England erst am Anfang des vierzehnten Jahrhunderts, also lange nach dem klassischen und dem nachklassischen Artusroman auf dem Kontinent. Wie die meisten nicht-arturischen Romanzen sind auch die me. Artusromanzen Produkte des vierzehnten bzw. fünfzehnten Jahrhunderts. Grund für dieses späte Datum ist die generelle zeitliche Verschiebung der volkssprachlichen Literatur in England, die erst im dreizehnten Jahrhundert beginnt und sich langsam neben Latein und Anglonormannisch einen Hörer- und Leserkreis erobert. Die arturische Versromanze erscheint in England somit hundertfünfzig Jahre später zu einem Zeitpunkt, als auf dem Kontinent der Prosaroman zur vorherrschenden literarischen Form geworden ist, der wiederum erst im fünfzehnten Jahrhundert in der Form von Malorys Artuszyklus ‚Morte Darthur' in England in Erscheinung tritt. Diese zeitliche Verschiebung, die auf alle Gattungen in England mit Ausnahme des Dramas zutrifft, führte zu sehr eigentümlichen Ausprägungen literarischer Formen und Genres, die der me. Literatur eine gewisse Sonderstellung in der mittelalterlichen Literaturlandschaft verleihen. In Hinblick auf die me. Artusromanze zeigt sich dies bereits in der Vielzahl der Reimschemata und Strophenformen. Anstelle des konventionellen paarweise gereimten Tetrameters in der altfranzösischen und mittelhochdeutschen Artusepik, gibt es in England folgende Formen: Acht Romanzen sind in Schweifreimstrophen geschrieben,[29] eine in einer elfzeiligen Strophe,[30] vier bzw. fünf (inklusive dem ‚Stanzaic Morte Arthur') in paarweise gereimten Tetrametern bzw. Pentametern,[31] zwei in gereimten Stabreimstrophen,[32] und eine in Strophen mit ungereimten Stabreimen, gefolgt von vier gereimten Kurzversen.[33] Der Umfang dieser Werke variiert von 541 bis zu 4032 Versen; sie sind also deutlich kürzer als die französischen oder die deutschen Artusromane. Ihre Provenienz ist das Mittelland und der Norden einschließlich Schottlands, d. h. sie stammen aus den entlegeneren Landesteilen und nicht aus dem urbanen London bzw. den südlichen Grafschaften des Landes. Fast alle Werke sind in Sammelhandschriften überliefert, oft zusammen mit didaktischer Literatur und religiösen Schriften. Dies gilt für die Überlieferung der englischen Romanzen im Allgemeinen.[34]

Angesichts der formalen und regionalen Diversität der me. Artusromanzen ist es schwierig, sie in Gruppen zu unterteilen. Trotzdem scheint dies sinnvoll, um das Korpus einigermaßen angemessen präsentieren zu können. Ausgangspunkt muss Chrétien sein, denn nur so lässt sich beurteilen, in welchem Bezug die me.

---

29 ‚Sir Launfal', ‚The Greene Knight', ‚Sir Gawain and the Carle Carlisle', ‚The Jeaste of Sir Gawain', ‚The Avowynge of King Arthur', ‚The Weddynge of Sir Gawain and Dame Ragnell', ‚The Turke and Sir Gawain', ‚Sir Percyvell of Gales'.

30 ‚Sir Tristram'.

31 ‚Ywain and Gawain', ‚Libeaus Desconus', ‚The Carle of Carlisle', ‚Lancelot of the Laik', ‚Stanzaic Mort Arthur'.

32 ‚The Avowynge of King Arthur', ‚Golagros and Gawain'.

33 ‚Sir Gawain and the Green Knight'.

34 Vgl. GUDDAT-FIGGE, Catalogue of Manuscripts Containing Middle English Romances.

Artusromanze zum klassischen Modell steht, sollte ein solcher Bezug überhaupt noch nachweisbar sein. Leider existiert nur eine me. Übersetzung eines Chrétienschen Romans: ‚Ywain and Gawain‘, eine me. Adaptation des ‚Ivain‘. Da dieses Werk seines Umfangs wegen (4032 Verse) nicht in diese Anthologie aufgenommen werden konnte, soll hier wenigstens der Versuch unternommen werden, die wesentlichen Unterschiede der me. Fassung zum Original darzulegen, damit deutlich wird, auf welche Weise das klassische Modell in England rezipiert und weitergeführt wurde.

Die Handlung des Chrétienschen Artusromans wird durch zwei Handlungselemente bestimmt: Aventiure und Queste, die sich zu einer Doppelkreisstruktur verbinden. Die eigentliche Geschichte, wenn nicht durch eine Vorgeschichte wie im ‚Conte du Graal‘ eingeleitet, beginnt mit einer Herausforderung des Artushofs durch einen Vertreter der Gegenwelt, der die Handlung initiiert. Der geforderte Ritter bzw. ein von Artus beauftragter Vertreter der Artusgesellschaft zieht aus, um der Gefahr zu begegnen. Diese erste Aventiure-Fahrt ist immer mit einer Brautwerbung verbunden und endet damit, dass der Ritter (manchmal in Begleitung seiner Braut) an den Artushof zurückkehrt. Der Erfolg des Ritters während der ersten Aventiure-Serie ist nie von Dauer, denn der Protagonist stürzt in eine tiefe persönliche Krise, die durch die ungenügende Harmonisierung seines sozialen mit seinem persönlichen Ich entsteht, da es ihm nicht gelingt, die Anforderungen an ihn als ritterliches Individuum mit seinen Pflichten und Aufgaben gegenüber seiner Geliebten zu verbinden. Das Verhältnis leidet entweder an einem Mangel oder aber einem Überschuss an Liebe. Um dieses Ungleichgewicht auszugleichen, muss sich der Held auf eine erneute Aventiure-Fahrt begeben. Auf dieser Fahrt bzw. Queste gerät er in immer schwierigere Situationen, die er unter Einsatz seines Lebens meistern muss. Der Held muss durch den Tod hindurch, der sich als physischer Scheintod (Erec), gesellschaftlicher Tod (Ivain) oder geistlicher Tod (Perceval) manifestiert bzw. eine Reise ins Jenseits ist (Lancelot), um das innere und äußere Gleichgewicht wieder herzustellen und Schaden von der Artusgesellschaft abzuwenden. Auf diese Weise läutert sich der Held und kann am Ende seiner Aventiure-Fahrt oder Queste erfolgreich an den Artushof zurückkehren. Mit der Rückkehr des Helden gewinnt die Artusgesellschaft ihre ursprüngliche Harmonie zurück, ein Zustand, der mit dem abschließenden Fest am Ende des Romans gefeiert wird. Da sich diese kreisförmige Struktur in einer geschichts- und zeitlosen Topographie mit immer neuen Protagonisten als utopische Fiktion konkretisiert, kann sich der Zyklus von Herausforderung, Aventiure-Fahrt oder Queste, Zwischeneinkehr, Krise, erneute Aventiure-Fahrt oder Queste, Rückkehr und Fest beliebig oft wiederholen.

Diese durch die extrinsische Struktur des Artusromans bedingte inhärente Fähigkeit zur Wiederholung eröffnet zugleich große Variationsmöglichkeiten in der Gestaltung der intrinsischen Strukturelemente. Motive, Szenen, Episoden, Charaktere und Handlungsorte können verhältnismäßig frei gestaltet werden. Dem Autor steht es anheim, welche Elemente er verwenden möchte, um seinen Helden durch die Aventiure-Landschaft zu führen. Die Aventiuren-Fahrt kann entweder linear progressiv oder aber in Form sich verflechtender Handlungsstränge verlaufen wie im ‚Conte du Graal' mit seiner Perceval- und Gawain-Handlung. In den Augen des Protagonisten erscheint seine Fahrt oder Queste als eine Abfolge von zufälligen Begegnungen; in Wirklichkeit sind diese jedoch vom Autor sorgfältig geplant und in die narrative Entwicklung des Romans mit Parallel- und Kontrast-handlungen eingebettet. Was dem Protagonisten und dem Leser oder Zuhörer als willkürlich und zufällig erscheint, ist wohl konstruiert und wird im Laufe der Handlung aufgelöst und erklärt.

Wie diese extrinsische und intrinsische Struktur des klassischen Artusroman auf die me. Artusromanze übertragen wird, lässt sich am besten durch eine kurze Analyse von ‚Iwain and Gawain' darstellen, der einzigen me. Artusromanze, die unmittelbar auf ein Chrétiensches Original zurückgeht. Eine solche Untersuchung verdeutlicht die Adaptationsstrategien, die generell in der Übertragung des klassi-schen Artusromans in die Form der englischen Artusromanze wirksam werden. Diese Eingriffe betreffen vor allem den Umfang der Werke und ihre narrative Gestaltung, die sich zielstrebig und ohne wesentliche auktoriale Kommentare vollzieht. Die me. Artusromanze ist gewöhnlich kein reflektives Genre, sondern zumeist handlungsorientiert.

Obwohl der englische Dichter den Umfang des ‚Ivain' um zwei Fünftel kürzt, verändert er die intrinsische Struktur kaum, d. h. er übernimmt die wesentlichen Szenen, Episoden, Charaktere und Handlungsorte seiner Vorlage. Der thematische Fokus jedoch verlagert sich: Während Chrétien die Liebe in den Vordergrund seiner Betrachtung stellt, indem er einerseits ihre veredelnde Wirkung preist, andererseits aber auch ihr Leid betont,[35] wird für den englischen Autor dieses zentrale Thema zweitrangig; er substituiert dafür *trowth* [Treue] (V. 40).[36] Ywain bricht sein Treueversprechen gegenüber Alundyne, als er nicht zum vereinbarten Termin zu ihr zurückkehrt. Er kann seine ritterliche Treue nur dadurch wieder erlangen, dass er alle seine Versprechen einhält, die er während seiner Queste im zweiten Handlungsdurchgang gegeben hat. Das Brautwerbungsmotiv, das sowohl Chrétien als auch Hartmann zum Anlass einer detaillierten Liebesanatomie nehmen und das Phänomen einer klinischen und psychologischen Analyse unter-ziehen, hat in der englischen Version nur den Zweck, die Handlung in Gang zu setzen. Infolgedessen reduziert der englische Autor diesen Teil des Romans, der bei Chrétien 1449 und bei Hartmann 1500 Verse umfasst, auf 692 Verse. Diese Reduktion hat Auswirkungen auf die Art der Krise des Protagonisten am Ende des ersten Handlungskreises. In der englischen Version wird die Krise durch Iwains Erkenntnis ausgelöst, dass er sein Wort gebrochen hat; es ist keine existentielle Krise, die durch den Verlust von Alundynes Liebe hervorgerufen wird. Auch im zweiten Handlungsabschnitt unterscheidet sich die Zielsetzung der englischen Romanze von der der Vorlage. Der englische Autor zeigt, wie ein hervorragender Ritter, der unbeabsichtigt seinen Treueschwur gebrochen hat, diese Treue und seine Zuverlässigkeit unter Beweis stellt, indem er eine Reihe von Abenteuern

---

35 Kristian von Troyes, Yvain, V. 12–8.
36 Ywain and Gawain, V. 33–40. Siehe auch MEHL, (Anm. 12), S. 183 und HAMILTON, The Breaking of the Troth in *Ywain and Gawain,* S. 111–35.

unternimmt und erfolgreich zu Ende führt. Die Sinnstruktur dieser Aventiuren im französischen Original erkennt er nicht. Folglich geht die Bedeutung des vorsichtig abgestuften Reifeprozesses des Protagonisten verloren und wird auf eine bloße Abfolge von mehr oder weniger zufälligen Abenteuern reduziert. Während Ivain bei Chrétien und Hartmann die Natur wahrer Liebe begreifen muss, die aus selbstlosem karitativen Handeln entsteht, fehlt dieser Aspekt in der englischen Adaptation.

Es überrascht deshalb nicht, dass sich der Tenor der abschließenden Episode stark von dem des französischen bzw. deutschen Romans unterscheidet. Für Chrétiens Ivain wird seine Versöhnung mit Laudine zu einer existentiellen Frage, in der sich seine Glückseligkeit begründet. Wie ein reuiger Sünder beichtet er sein Vergehen. Er verwendet nicht nur die Terminologie der Beichte, sondern er durchschreitet auch die drei Stufen des Sakraments der Beichte: Reue, Beichte und Wiedergutmachung.[37] Sobald Laudine Ivains Buße akzeptiert und sich zur Versöhnung bereit erklärt, löst sich die existentielle Krise des Protagonisten. Hartmann hingegen betont nicht nur das religiöse Element stärker, sondern er bindet Laudine in den Versöhnungsprozess mit ein. Sie erkennt den Kummer, den sie Iwein durch ihre Zurückweisung bereitet hat. Deshalb bittet auch sie um Vergebung. Mit einer dramatischen Geste fällt sie Iwein zu Füßen nieder und wiederholt in symbolischer Weise Iweins Sturz vom Glück ins Unglück.[38] In seiner Version des Romans vermittelt Hartmann, dass die Krise von beiden Partnern verschuldet wurde; deshalb müssen beide ihr Versagen eingestehen und einander um Vergebung bitten. Beide erniedrigen sich, um erhöht zu werden. Die Erfahrung ähnelt der Auferstehung des Herrn am Ostertag, denn Iwein nennt den Augenblick der Versöhnung *mîner vreuden ôstertac* (Iwein, V. 8120).

Im Gegensatz zu diesen beiden Fassungen des Romanendes wirkt die englische Version hausbacken und bieder: Es gibt keine religiösen Anklänge. Ywain bedauert seine Verfehlung, die nicht mehr beinhaltet, als dass er den vereinbarten Termin für seine Rückkehr versäumt hat.[39] Er bittet Alundyne, ihn wieder in Gnaden aufzunehmen, was sie sofort tut. Dann nimmt er sie in die Arme und küsst sie: *Was he never are so blith* [er war nie zuvor so glücklich] (V. 4008). Die Versöhnung ist keine existentielle Frage wie bei Chrétien und schon gar keine Wiederauferstehung wie bei Hartmann, sondern sie führt zur Gründung eines glücklichen Hausstands, in dem alle eingeschlossen sind, selbst der Löwe.

Dieser kurze Vergleich der drei Versionen zeigt, dass sich die me. Romanzenfassung trotz Beibehaltung der extrinsischen und intrinsischen Struktur erheblich von der des klassischen Artusromans unterscheidet. Durch die Eliminierung der Liebesthematik verändern sich die Art der Krise des Helden, die Bedeutung seiner

---

37 Yvain, V. 6777–89.
38 Hartman von Aue, Iwein, V. 8121–51. Es ließe sich natürlich argumentieren, dass Hartmann hier Laudines Charakterisierung bei Chrétien als Minneherrin nicht gerecht wird. Die Veränderung scheint jedoch beabsichtigt: Sie unterstreicht Hartmanns Auffassung von der Gegenseitigkeit wahrer Liebe.
39 Ywain and Gawain, V. 3998.

Aventiuren und das Konzept von innerer und äußerer Harmonie am Ende der Erzählung. Obwohl der englische Autor alle Ereignisse seiner Vorlage übernimmt, fehlt ihm das Verständnis für Chrétiens tieferen Sinn der Erzählung. Er hat ihn entweder nicht verstanden, oder, und das ist wahrscheinlicher, er war für ihn nicht relevant. Sein Umgang mit der sinnstiftenden Struktur des klassischen Artusromans ist typisch für die me. Artusromanze. Die psychologische Betrachtung der Liebe, ein Kernstück des Chrétienschen Romans, wird zugunsten reiner Aventiure-Handlung aufgegeben. In dieser Hinsicht ähneln die me. Artusromanzen den me. Romanzen in allgemeinen, in denen der Protagonist von Aktion zu Aktion hetzt. Dieser Romanzenheld, oft ein Superheld, ist völlig statisch konzipiert und entwickelt sich trotz oder wahrscheinlich gerade wegen seines Aktionismus nicht. Dadurch wird die ursprünglich kinetische Gattung Romanze, eine Subspezies des Erziehungsromans, zu einer mechanisierten literarischen Form, die sich aber gerade wegen ihrer standardisierten Form (Figureninventar, Handlungsführung und Thematik) großer Beliebtheit erfreute. Darin ähnelt die Romanze dem Märchen, das ebenfalls klare Strukturen und eindeutig definierte Akteure aufweist.[40]

Die englische Adaptation verändert die Vorlage noch in einem weiteren Punkt, der ebenfalls für die Entwicklung der me. Artusromanze von Bedeutung ist: Sie bindet das Geschehen in die Nationalgeschichte ein. Nicht nur das Thema Liebe ist marginalisiert und wird durch andere Aktivitäten wie Waffentaten, die Jagd und ritterliche Abenteuer ersetzt, sondern Chrétiens ursprüngliche Klage, die Liebe, die zu König Artus' Zeiten in Ehre gehalten worden sei, sei jetzt verkommen, wird in der englischen Romanze durch eine *laudatio temporis acti* ersetzt, in der die bereits erwähnte Treue und die Aufrichtigkeit gelobt werden. Diese Glorifizierung der Vergangenheit wird durch zwei Lobeshymnen auf Artus und seine Ritter umrahmt: Artus *Of al knightes … bare þe prise* [war der beste aller Ritter] (V. 11). *His curtayse cumpany* [seine höfische Gesellschaft] (V. 44) war die *flowre of chevallry* [die Blüte der Ritterschaft] (V. 45). Die *laudatio temporis acti* in der englischen Romanze verweist auf die glorreiche Vergangenheit, deren hervorragendster Vertreter Artus war. Obwohl Chrétien auch in der Präteritalform schreibt, tut er es nicht, um die Handlung in der Vergangenheit anzusiedeln, sondern er präsentiert vielmehr eine utopische Vision: Er erzählt eine Geschichte *Del roi, qui fu de tel tesmoing, / Qu'an an parole pres et loing; / Si m'acort de tant as Bretons, / Que toz jorz mes vivra ses nons* [vom König, dessen Berühmtheit so groß war, / dass die Menschen noch heute nah und fern von ihm sprechen; / und ich stimme mit den Bretonen überein, / dass sein Name ewig leben wird] (V. 35–8). Für Chrétien verkörpert Artus und die Artusgesellschaft ein omnipräsentes, zeitloses Ideal mit Modellfunktion. Im Gegensatz zu Chrétien, der erzählt, der König habe sein Hoffest zu Pfingsten gefeiert, fixiert der englische Autor die Handlung in der Geschichte: Das Fest fand statt, nachdem der König Wales und Schottland erobert

---

40 Vgl. PROPP, Morphologie des Märchens, S. 31–66.

hatte (V. 7–9).[41] Dadurch werden Artus, der Hof und die nachfolgende Erzählung in den Lauf der Geschichte integriert. Sie haben eine exemplarische Bedeutung wie viele andere geschichtliche Persönlichkeiten und Ereignisse: In diesem Fall verkörpern Artus und seine Ritter Treue und Aufrichtigkeit, Tugenden, die in der darauf folgenden Erzählung von Ywain unter Beweis gestellt werden.

Eine zweite Gruppe von me. Artusromanzen beinhaltet Werke, die nicht in direkter Abhängigkeit zum klassischen Archetypus stehen. Sie basieren entweder auf einer unbekannten oder aber einer verlorenen Version der Geschichte bzw. gehen auf einen nachklassischen Roman zurück. Zum ersten Typus gehören ‚Sir Percyvell of Gales‘ und ‚Libeaus Desconus‘, zum zweiten ‚Gologras and Gawain‘, ‚The Jeaste of Sir Gawain‘ und ‚Lancelot of the Laik‘. Auch ‚Sir Launfal‘, eine Adaptation eines Lai von Marie de France, könnte dieser Gruppe zugerechnet werden. Wie der Name der ersten beiden Werke suggeriert, handelt es sich zum einen um eine Behandlung des Parzival-Stoffs und zum anderen um eine der vielen Bearbeitungen von Renaut de Beaujeus ‚Le Bel Inconnu‘ (etwa 1200). Wie die Parzival-Geschichte erfreute sich ‚Le Bel Inconnu‘ im Mittelalter großer Beliebtheit. Versionen finden sich sowohl auf dem Kontinent – der ‚Wigalois‘ des Wirnt von Grafenberg in Deutschland und der anonyme ‚Carduino‘ in Italien – als auch in England, der ‚Libeaus Desconus‘, den Chaucer neben ‚Sir Percyvell‘ in seiner Romanzenparodie ‚The Tale of Sir Thopas‘ erwähnt. Beide Werke reproduzieren nicht mehr das sinnstiftende Schema des klassischen Artusromans, wie die Analyse in der Einleitung zur me. Romanze ‚Sir Percyvell of Gales‘ zeigen wird, ein Werk, das ausgewählt wurde, um diesen Typus zu illustrieren. Die beiden Romanzen ‚Gologras and Gawain‘ und ‚The Jeaste of Sir Gawain‘ basieren auf Episoden, die der nachklassischen ‚Continuation‘ von Chrétiens ‚Conte du Graal‘ entnommen sind, und ‚Lancelot of the Laik‘ behandelt eine Episode aus dem französischen Vulgata Zyklus, einem fünfteiligen Prosaroman aus der ersten Hälfte des dreizehnten Jahrhunderts.[42]

---

41 HUNT, Beginnings, Middles, and Ends: Some Interpretative Problems in Chrétien's *Yvain* and Its Medieval Adaptations, S. 91 führt eine historische Parallele an: „There is a constellation of elements which may point to the figure of Arthur as a symbol for Edward I. 'Þe Kyng of Yngland / Þat wan al Wales with his hand / And al Scotland' (ll. 7–9) may evoke Edward's conquest of Wales in 1274–86 and his attempted subjugation of Scotland with the Scottish campaign of 1296 or the taking of Stirling Castle in 1304.“ [Es gibt eine Konstellation von Elementen, die möglicherweise auf die Figur von Artus als Symbol für Eduard I. verweisen. ‚Der König von England, / der ganz Wales mit seiner Hand gewann / und ganz Schottland‘ (V. 7–9) könnte eine Anspielung auf Eduards Eroberung von Wales in den Jahren 1274–86 sein und seine versuchte Unterwerfung Schottlands im schottischen Feldzug im Jahr 1296 oder die Einnahme von Stirling Castle im Jahre 1304]. Dem entsprechend wäre auch ‚Ywain and Gawain‘ eine Romanze, die wenigstens zu Beginn die historische Realität widerspiegelt so wie viele der alliterierenden Artusromanzen aus dem Norden oder dem nordwestlichen Mittelland zu Anfang des fünfzehnten Jahrhunderts, wie z. B. ‚The Awntyrs of Arthure‘.

42 Anzumerken wäre, dass Stoff und Vorlagen der englischen Artusromanzen grundsätzlich vom Kontinent nach England kamen und nicht auf direktem Weg aus Wales, obwohl Artus in seiner vorhöfischen Gestalt ursprünglich ein keltischer Held und Heerführer war. Dieser Umstand lässt sich wahrscheinlich dadurch erklären, dass der literarische Geschmack der

,Gologras and Gawain' könnte man auch der dritten Gruppe, den alliterierenden Artusromanzen, zuordnen, zu denen weiterhin ,Sir Gawain and the Green Knight' und ,The Awntyrs off Arthure' gehören. Alle drei Romanzen verbindet nicht nur die alliterierende Versform und ihre Herkunft aus den nördlichen Landesteilen Englands bzw. aus Schottland, sondern auch eine kritische Haltung gegenüber Artus und seinem Hof.[43] Besonders die Werke, die nahe der englisch-schottischen Grenze entstanden, enthalten kritische Äußerungen zu Artus' Imperialismus. Artus und die Artusgesellschaft haben in allen diesen Werken den zeitlosen utopischen Raum in Chrétiens Romanen verlassen und sind zu einem Teil der Historie geworden. Die erzählten Ereignisse werden dadurch einmalig und sind nicht wiederholbar im Gegensatz zur Zeitauffassung des klassischen Artusromans, in dem der jeweilige Protagonist immer wieder dieselben Stationen durchläuft. Ein Beispiel für diesen Typus in dieser Anthologie ist die alliterierende Artusromanze ,The Awntyrs off Arthure'.

Eine vierte und letzte Gruppe von Werken umfasst kurze Romanzen, in denen gewöhnlich eine Episode behandelt wird, die zumeist auf folkloristischen Motiven beruht: ,Sir Gawain and the Carle of Carlisle', ,The Weddynge of Sir Gawain and Dame Ragnell', ,The Turke and Sir Gawain' und ,The Avowynge of King Arthur'. Die meisten dieser Romanzen tendieren zur Burleske und Groteske. Das Geschehen trägt des Öfteren schwankhafte Züge, die unvereinbar mit dem Ethos des klassischen Artusromans sind. Diese unseriöse Darstellung mindert das Ansehen von Artus und seinem Hof. Ausgenommen davon ist Gawain, der zum Held in vielen dieser Romanzen avanciert. Die Sonderstellung Gawains ist eine Eigenart der me. Romanzenliteratur. Da Gawain jedoch kein wandelbarer, sondern ein „präformierter Charakter" ist,[44] fehlt diesem Romanzentypus das für den klassischen Artusroman charakteristische Merkmal der persönlichen Entwicklung des Helden. Die Figur Gawains in diesen Romanzen variiert kaum: Er ist in allen Werken das Sinnbild unerschütterlicher arturischer Höfischkeit und allen Situationen gewachsen. In der Anthologie ist dieser Typ der me. Artusromanze durch ,The Weddynge of Sir Gawain and Dame Ragnell' vertreten.

Die Artusromanze ähnelt in vieler Hinsicht den anderen me. Romanzen, deren charakteristische Merkmale oben angeführt und kurz besprochen wurden. Das gilt besonders für den Stil dieser Romanzen, der im letzten Abschnitt dieser Einleitung noch einmal erörtert werden soll. Für die drei exemplarischen Werke in der Anthologie werden Forschungslage und Interpretationsansätze in individuellen Einleitungen dargestellt. Die einschlägige Primär- und Sekundärliteratur zu den einzelnen Werken findet sich im Literaturverzeichnis zusammen mit einer Liste zusätzlicher Primär- und Sekundärliteratur.

---

normannischen Aristokratie französisch geprägt war. Die keltischen Randgebiete inklusive ihrer Dichtung erfreuten sich in England keiner Wertschätzung.

43 Eine kritische Haltung Artus gegenüber ist nichts Ungewöhnliches. Man begegnet ihr auch im französischen Artusroman wie z. B. im ,Yder', den SCHMOLKE-HASSELMANN (Anm. 28), S. 76–85 als Anti-Artusroman bezeichnet hat.

44 CORMEAU, ,Wigalois' und ,Diu Crône': Zwei Kapitel zur Gattungsgeschichte des nachklassischen Aventiureromans, S. 126.

3 ÜBERSETZUNGSPRINZIPIEN

Die Übersetzungen der drei me. Romanzen ins Deutsche sind Erstübertragungen. Dies hat sowohl Vor- als auch Nachteile. Der Vorteil ist: Man steht nicht in Konkurrenz zu anderen Übersetzungen oder muss sich mit deren Übersetzungsmethoden auseinandersetzen. Der Nachteil ist: Es fehlen die Vergleichsmöglichkeiten. In gewisser Hinsicht wird hier Neuland betreten, vor allem bei der Übersetzung der beiden mittelenglischen Schweifreimromanzen ‚Sir Percyvell of Gales‘ und ‚The Weddynge of Sir Gawain and Dame Ragnell‘. Zwar gibt es Übersetzungen von Chaucers Schweifreimromanze, ‚Tale of Sir Thopas‘, aber keine Übertragungen von Artusromanzen in Schweifreimstrophen mit verhältnismäßig komplizierten Reimschemata. Die ‚Awntyrs off Arthure‘, eine alliterierende Romanze mit acht abababab gereimten Langzeilen, gefolgt von einer Langzeile und einer vierzeiligen gereimten Kurzstrophe mit dem Reimschema abbba, wurde zwar auch noch nicht ins Deutsche übertragen; es existiert aber eine gute Übersetzzung von ‚Sir Gawain and the Green Knight‘, einer höfischen Romanze mit ähnlichem Strophenaufbau (wenn auch mit ungereimten Langzeilen) und ähnlicher Diktion, von MARKUS, die als Orientierungshilfe dienen kann.[45]

Ziel dieser Studienausgabe ist zunächst einmal, dem Leser eine möglichst genaue Übersetzung der me. Texte ins Deutsche an die Hand zu geben, damit er sich die Originale im (Selbst-) Studium erschließen kann. Um dies zu gewährleisten, wurden die me. Texte möglichst unter Beibehaltung von Grammatik und Syntax ins Deutsche übertragen, d. h., die Übersetzung folgt den sprachlichen Vorgaben der Originale. Dies ist deshalb möglich, weil das Mittelenglische noch viele Merkmale einer synthetischen Sprache besitzt wie z. B. stärker ausgeprägte morphologische Endungen und somit dem Deutschen ähnlicher ist als das weithin endungslose moderne Englisch. Ein Vorteil dieses Vorgehens – die weitgehende Beibehaltung der Syntax der Originale – ist die bessere Vermittlung der Vortragssituation und des Vortragstils, wie sie in den zwei me. Schweifreimromanzen fingiert werden: In beiden Romanzen wendet sich der Erzähler an eine wirkliche bzw. imaginierte Zuhörerschaft in einem Sprachstil, der der mündlichen Dichtungstradition verpflichtet ist. Diesem Vorgehen sind jedoch auch Grenzen gesetzt, da aufgrund des komplizierten Reimschemas z. B. in ‚Sir Percyvell‘ die zumeist parataktische Syntax in den Vierhebern manchmal verschachtelt ist und aufgelöst werden muss, um den Inhalt verständlich zu machen.

Sowohl ‚Sir Percyvell‘ als auch ‚The Weddynge‘ benutzen den Vers als syntaktische Einheit. Enjambement, also das Übergehen des Satzes in den nächsten Vers, findet man kaum. In den ‚Awntyrs‘ mit seinen gereimten alliterierenden Langzeilen tritt Enjambement gelegentlich, wenn auch nicht häufig, auf. Diese Art der syntaktischen Komposition verleiht den Versen, vor allem, wenn sie so kurz sind wie die im ‚Sir Percyvell‘, einen staccatoartigen Effekt, der durch das Reim-

---

45 MARKUS, Sir Gawain and the green knight: englisch und deutsch.

schema aaabcccbddddbeeeb verstärkt wird. Da die Verse kurz und holprig sind, erzeugen sie einen stampfenden Rhythmus – eine Eigenschaft der Schweifreimstrophe, die Chaucer in ‚Sir Thopas‘ „meisterlich" durch Übertreibung parodiert. Die Übersetzung, die, wenn immer möglich, die Syntax der einzelnen Verse wiedergibt, versucht, diesen Effekt nachzuahmen.

Schwierigkeiten ergeben sich vor allem bei der Übersetzung bzw. Wiedergabe der vielen formelhaften Wendungen, die charakteristisch für die Spielmannsdichtung (minstrel romances) sind, wie die ‚popular romances‘ früher oft genannt wurden. Der Autor konnte auf einen großen Schatz vorgefertigter, undifferenzierter Redewendungen zurückgreifen und sie nach Bedarf in seine Verse einbauen. Diese Diktion ist klischeehaft – es handelt sich um bedeutungslose, in sich erstarrte Redewendungen, die nur noch Füllfunktion haben. Viele dieser Redewendungen sind alliterierend wie z. B. *faire and free* [wohlgestalt und edel] (Percyvell, V. 3), *fell in his fighte* [ungestüm im Kampf] (V. 4), *doughty of dede* [tapfer in seinen Taten] (V. 18) oder *to have and to holde* [zu besitzen] (V. 24) usw. Sie gehören zur Gattung „popular romance", in der Standardsituationen beschrieben werden und nicht-individualisierte Helden auftreten, deren Typenhaftigkeit durch die Verwendung der vielen Formeln bestätigt wird. Für diese formelhaften Redewendungen gibt es im Deutschen oft keine adäquaten Ausdrücke, die deren rhetorische Gestalt und fehlenden Gehalt wiedergeben. Wenn die Übersetzung gelegentlich unelegant erscheint, dann nicht immer wegen des Unvermögens des Übersetzers, sondern häufig aufgrund der stilistischen Eigenheiten der Vorlage. Weder ‚Sir Percyvell‘ noch ‚The Weddynge‘ lassen sich als poetische Meisterwerke bezeichnen im Gegensatz zur Romanze ‚The Awntyrs‘, die auf einem weitaus höheren sprachlichen Niveau steht.

Angesichts des reichen formelhaften Wortschatzes, vor allem in den zwei Schweifreimromanzen, sind den beiden wichtigen übersetzerischen Kriterien von Wörtlichkeit und Genauigkeit Grenzen gesetzt. Da die Sprache der Schweifreimromanzen ungenau ist, kann sich eine deutsche Übersetzung dem Stil dieser Texte nur annähern. Dasselbe gilt für ‚The Awntyrs‘, da das Vokabular der alliterierenden Dichtung ebenfalls häufig unpräzise ist. Wenn jede Verszeile mindestens zwei alliterierende Stäbe aufweisen muss, gewöhnlich jedoch drei und manchmal sogar vier hat, dann bedarf es eines Grundstocks an vorgefertigten Redewendungen bzw. an Wörtern, die flexibel eingesetzt werden können, wie z. B. Verben der Bewegung. Weil der Dichter in V. 26 den Stabreim „g" benötigt, reitet Ginevra nicht auf ihrem Maultier, sondern sie *glides* [gleitet]. Eine zusätzliche Schwierigkeit bei der Übersetzung der alliterierenden Dichtung ist das komplexe Spezialvokabular, vor allem bei der Beschreibung höfischen Zeremoniells, des Kampfs und der Jagd. Hier stößt der Übersetzer auf fast unüberwindbare Schwierigkeiten, einerseits das *mot juste* zu finden und andererseits die Förmlichkeit dieser Beschreibungen wiederzugeben, in denen die höfische Gesellschaft inszeniert und präsentiert wird.

Eine weitere Eigenheit der me. Texte, der ständige Tempuswechsel von Präsens zu Imperfekt und von Imperfekt zu Präsens sowie die Verwendung des historischen Präsens, wurden hier zugunsten eines kohärenteren Tempusgebrauchs aufgegeben. Wenn das historische Präsens im Text keine deiktische Funktion hat,

also auf etwas verweist, das gerade geschieht, wird es als Imperfekt wiedergegeben. Weiterhin wurden die Texte so übertragen, dass die im Deutschen übliche
consecutio temporum gewahrt bleibt, also Imperfekt im Mittelenglischen
gelegentlich als Plusquamperfekt erscheint. Auch die Modalverben, die im Mittelenglischen zwar denen im modernen Englisch ähneln, jedoch andere Bedeutungen
haben, wurden der Textsituation entsprechend übersetzt.

Angesichts dieser Schwierigkeiten wurde versucht, eine möglichst sinnge-
treue, wörtliche Übersetzung zu erstellen, die dem Leser die Lektüre der me.
Texte erleichtern soll. Die Übersetzung ersetzt weder die Originale noch beabsichtigt sie dies, sondern sie dient lediglich als Einführung in eine literarische Gattung,
die im Mittelalter in England äußerst beliebt war. Um einen Zugang zu diesem
Textkorpus zu finden, bedarf es des intensiven Studiums der Originale, die auch
heute noch nichts von ihrer Vitalität und Plastizität verloren haben. Nur das Lesen
der Originaltexte kann einen wirklichen Einblick in diese populäre Unterhaltungs-
literatur des vierzehnten und fünfzehnten Jahrhunderts ermöglichen.

SIR PERCYVELL OF GALES

EINLEITUNG

Die folgende Darstellung gliedert sich in vier Teile: 1. Strophenform, Metrik und Vokabular; 2. ‚Sir Percyvell' im Kontext der Parzival-Dichtung; 3. ‚Sir Percyvell' als ein Beispiel der me. „popular romances"; 4. Handschrift.

1 STROPHENFORM, METRIK UND VOKABULAR

Wie bereits in den Ausführungen zu den Übersetzungsprinzipien erwähnt, ist die Romanze in einer komplexen Strophenform verfasst, einer sechszehn-zeiligen Strophe mit dem Reimschema aaabcccbdddbeeeb. Nur ‚Sir Degrevant' und ‚The Avowynge of King Arthur' weisen das gleiche Reimschema auf. Diese komplizierte Anordnung der Reime macht eine mündliche Kompositionsmethode äußerst unwahrscheinlich, vor allem auch, weil die Strophen zusätzlich untereinander verbunden sind. Der letzte Vers der vorhergehenden Strophe wird im ersten Vers der nachfolgenden Strophe wieder aufgenommen. Ein Werk von dieser Länge (2288 Verse verteilt auf 143 sechzehn-zeilige Strophen) in einer derart diffizilen Strophenform kann nur ein Produkt schriftlicher Komposition sein, obwohl der Autor stark von den Konventionen mündlicher Dichtung beeinflusst ist. Das zeigt sich deutlich am Vokabular, das viele formelhafte Wendungen aufweist. Die Verwendung der häufigen Formeln kommt jedoch nicht überraschend, denn, um ein so kompliziertes Reimschema durchzuhalten, bedarf es eines großen Repertoires an vorgefertigten Redewendungen, die als syntaktische und metrische Einheiten einsetzbar sind. Besonders die Dreiergruppen mit gleichem Endreim sind zumeist parataktisch angeordnet, eine syntaktische Konstruktion, die sich mit Formeln gut durchführen lässt. Von der Diktion her ist ‚Sir Percyvell' geradezu ein Paradebeispiel für die „popular romances", also die volkstümlichen Romanzen oder Spielmannsromanzen, wie sie früher genannt wurden. Die Verankerung in dieser Tradition hat Vor- und Nachteile. Einerseits kann der Dichter auf einen großen Fundus an Redewendungen zurückgreifen, was die Komposition eines so langen Werks erleichtert, andererseits wirkt die Diktion oft klischeehaft und unoriginell. Sprachliche Originalität ist jedoch auch gar nicht beabsichtigt, denn sie widerspricht dem Ziel dieser Gattung, das Typenhafte zu beschreiben und hervorzuheben. Vor allem die zur Personenbeschreibung eingesetzten Adjektive wiederholen sich ständig. Percyvell ist *fair and fre* [wohlgestalt und edel] (V. 3) oder *wighte* [tapfer] (V. 1589), Gawain ist *meke and mylde* [bescheiden und sanft] (V. 290), Artus ist *dere* [edel] (V. 508), Lufamour ist *bright* [schön] (V. 1222) oder *lele* [vorzüglich] (V. 1277), d. h. die verwendeten Epitheta entsprechen den Erwartungen des Publikums; sie gehören zur *descriptio*-Tradition (Personenbeschreibung) dieser Gattung. Sie sollen die Charaktere nicht individualisieren, sondern sie als idealtypische Vertreter ihres Standes oder ihres Geschlechts darstellen.

Dennoch gelingt es dem Autor, wenigstens den Protagonisten besonders zu kenn-zeichnen, indem er ihn entweder als *childe* [Jüngling] oder als *fole on the filde* [Tor auf dem Feld] bezeichnet. Diese beiden Bezeichnungen werden in fast leitmotivischer Manier immer wieder zur Beschreibung von Percyvell verwandt, um einerseits seine Jugend und andererseits seine Weltfremdheit hervorzuheben. Sie dienen zur Charakterisierung des Helden, der in seinem jugendlichen Unge-stüm oft unüberlegt und draufgängerisch agiert, dafür aber vom Autor nicht getadelt wird. Obwohl er unerfahren und ungebildet ist, wird Percyvell durchwegs in dem zur Beschreibung von Romanzenhelden üblichen Idiom vorgestellt, so dass auch er zu einem Vertreter dieser Art von Protagonist wird. Das Vokabular typisiert ihn und macht ihn zu einer Identifikationsfigur.

Trotz dieses stark standardisierten Vokabulars, was ‚Sir Percyvell‘ zu einem typischen Vertreter der Gattung macht, ist das Werk eine der besseren Romanzen. Die Strophen sind klar gegliedert, die Syntax ist unkompliziert und der Stil ist einheitlich. Die Sprache ist einfach, aber wirkungsvoll, weil der Autor zielstrebig und ohne Umschweife erzählt. Er verzichtet z. B. auf den Einsatz von Topoi. Beginnt Chrétiens Werk mit dem traditionellen Natureingang, so ersetzt der me. Dichter diesen Topos mit der für die Romanzendichtung üblichen Aufforderung an sein Publikum, ihm beim Vortrag zuzuhören. Die ausführliche *descriptio* von Blanchefleur, die in der me. Version Lufamour heißt, wird reduziert auf *the fayrest to byholde / The myldeste mayden on molde* [um die Schönste anzusehen, / die züchtigste Maid auf dieser Welt] (V. 1322–3). Der Autor verzichtet sogar auf die in der me. Romanzendichtung beliebten Kataloge. Jedes für den Fortgang der Handlung unwichtige deskriptive Element wie z. B. die Beschreibung der Burg von Gornemanz de Goort oder die Ausbildung des Protagonisten in der Handha-bung von Waffen entfällt. Nur die Kampf- und Schlachtszenen werden ausführli-cher beschrieben. Hier erweist sich der junge Percyvell als kühner Streiter, der auch ohne Unterricht jede Waffengattung hervorragend beherrscht. Bei der Beschreibung dieser Szenen offenbart der Autor einen gewissen Sinn für schwar-zen Humor, der sich bisweilen in markanten Bildern ausdrückt, wie z. B., wenn der Held die Köpfe seiner sarazenischen Gegner abhaut, dass sie wie Hagelkörner auf dem Gras einher springen oder er die Enthauptung des Riesen kommentiert: *He was ane unhende knave / A geantberde so to schafe* [Er war ein rüder Kerl / einen Riesenbart so zu rasieren] (V. 2094–5).

2 ‚SIR PERCYVELL‘ IM KONTEXT DER PARZIVAL-DICHTUNG

‚Sir Percyvell of Gales‘ basiert sicherlich auf Chrétiens ‚Conte du Graal‘, der um 1180 geschrieben wurde. Zwischen der mutmaßlichen Entstehungszeit und der Komposition der me. Romanze (zwischen 1300 und 1340) liegen mindestens hundertzwanzig Jahre. Weitere einhundert Jahre vergehen bis zu ihrer Aufzeich-nung im Lincoln Cathedral MS 91. Angesichts dieser großen zeitlichen Distanz zum Original fragt man sich, wie der englische Dichter zu seinem Stoff gekom-men ist und in welcher Form sein Werk überliefert wurde. Die „hitzige Quellendiskussion" zu Ende des neunzehnten und zu Beginn des zwanzigsten Jahrhunderts, wie GÖLLER schreibt, ist längst vorbei, denn die moderne Forschung ist im allgemeinen von der Auffassung abgerückt, Chrétiens Werk habe dem Verfasser als unmittelbare Vorlage gedient.[1] Trotzdem besteht kein Zweifel, dass er eine Version der Chrétienschen Perceval-Fassung gekannt haben muss, die auch in England im vierzehnten Jahrhundert verbreitet gewesen ist, wie die Existenz einer im anglo-normannischen Dialekt abgefassten Handschrift des ‚Conte du Graal', (Handschrift H), London College of Arms, Arundel H XIV, aus der Mitte des vierzehnten Jahrhunderts belegt. Auf welche Weise der englische Dichter mit Chrétiens Werk in Berührung kam, lässt sich nicht rekonstruieren. Er kannte jedenfalls die Geschichte oder wenigstens einen Teil davon, nämlich die sogenannten *enfances*. Folglich erzählt er ein Drittel von Chrétiens Roman bis zu Percyvells Suche nach seiner Mutter. Die Romanze endet, nachdem die Suche nach der Mutter erfolgreich abgeschlossen ist. Eine Gralsepisode enthält das Werk nicht, dafür aber eine Reihe von Motiven aus der volkstümlichen me. Romanzentradition, die nicht dem ‚Conte du Graal' entstammen. Diese Motive finden sich vor allem im abschließenden Teil der me. Version, in der die Suche nach und das Wiedersehen mit der Mutter beschrieben wird. Dabei spielt der mit dem Saalfräulein (entspricht dem Zeltfräulein bei Chrétien) getauschte Ring eine entscheidende Rolle.

Die drastische Kürzung der Handlung, d. h. das Fehlen der Gralsgeschichte und der Gawain-Aventiuren, hat gravierende Auswirkungen nicht nur auf die Komposition der me. Romanze, sondern auch auf ihre Aussage. Die eindeutige Umorientierung der Handlung verändert zunächst einmal das Kompositionsprinzip des me. ‚Percyvell'. An die Stelle des Chrétienschen Zweikreisschemas, das bei der radikalen Verkürzung des Texts gar nicht zur Anwendung kommen kann, findet man folgende für die me. Romanzenliteratur charakteristische Struktur: Der Motivkomplex Verlust und Wiedererlangung ist mit dem Motivkomplex Liebe und Ehe verbunden. Der erste Motivkomplex besteht aus der Episodensequenz: Verlust, Adoption, Erkennung und Wiedererlangung; der zweite aus der Episodenfolge: Liebe, gefährdete Ehe, Befreiung und Ehe. Wie WITTIG überzeugend nachgewiesen hat, bestimmen diese beiden Motivkomplexe, die aus zwei bzw. vier unterschiedlichen, miteinander kombinierbaren Episodensequenzen bestehen können, die narrative Struktur der me. Versromanzen.[2]

An dieser Struktur orientiert sich offensichtlich auch der me. Autor in seiner eigenwilligen Bearbeitung des Parzival-Stoffs. Da die me. Romanzen dieses Typs

---

1 GÖLLER, König Arthur in der englischen Literatur des späten Mittelalters, S. 84. Zu der gegenteiligen Annahme, dass der englische Autor Chrétiens Text in der Originalfassung gekannt habe, siehe FOWLER, *Le Conte du Graal and Sir Perceval of Galles* und BUSBY, Chrétien English'd and *Sir Perceval of Galles, Le Conte du Graal, and La Continuation-Gauvain*: The Methods of an English Adaptor. Die moderne Forschung untersucht ‚Sir Percyvell' als ein wichtiges eigenständiges Werk, besonders auch im seinem Bezug zu Chrétiens ‚Conte du Graal'. Siehe PUTTER, Story line and story shape in *Syr Percyvell of Gales* and Chrétien de Troyes's *Conte du Graal*, S. 171–96.
2 WITTIG, Stylistic and Narrative Structures in the Middle English Romances, S. 143–78.

mit einer Verlustgeschichte beginnen, schaltet er seiner Erzählung eine Vorge-
schichte vor. Percyvells Vater, der ebenfalls Sir Percyvell heißt, wird in einem
Turnier zur Feier der Geburt seines Sohns vom Roten Ritter erschlagen. Aus Gram
über den Tod ihres Ehemanns verlässt Percyvells Mutter ihren herrschaftlichen
Wohnsitz und zieht sich in den Wald zurück, wo der junge Percyvell nun fern
ritterlicher Lebensart heranwächst. Der Held verliert also seine angestammte
Position. Als Percyvell zum Artushof kommt, wird er sogleich freundlich vom
König aufgenommen, der sich beim Anblick des jungen Manns an seinen Schwa-
ger erinnert fühlt. Es folgt die Tötung des Roten Ritters, Percyvells Aufnahme im
Schloss eines alten Ritters, die Ankunft des Boten aus dem Maidenland, der von
der Belagerung seiner Herrin Lufamour berichtet, und Percyvells Aufbruch, um
die Königin vor ihrem Feind, einem heidnischen Sultan, zu beschützen. Der Bote
reitet weiter und kommt schließlich zum Artushof. Dort berichtet er von seinem
Zusammentreffen mit Percyvell, den der König aufgrund der Beschreibung des
Boten als seinen Neffen erkennt. Damit endet zunächst die Episodensequenz des
Themenkomplexes Verlust und Wiedererlangung und der zweite Themenkomplex
wird eingeschoben. Nach seiner Ankunft in Lufamours Burg verlieben sich Percyvell und die Burgherrin, die von dem Sultan hart bedrängt wird, der sie zur Frau
begehrt. Im darauf folgenden Zweikampf tötet Percyvell seinen Gegner und
Nebenbuhler und heiratet Lufamour. Damit wird der zweite Themenkomplex
abgeschlossen. Es fehlt somit nur noch eine Episode: die Wiedererlangung, die
hier logischerweise mit dem Motiv der Wiederauffindung der Mutter verknüpft ist.
Auf dem Weg zur Mutter muss Percyvell noch einen Riesen töten, der um seine
Mutter wirbt. Dann kehren Mutter und Sohn gemeinsam zu Lufamour zurück, wo
Percyvell nun als König regiert, bis er ins Heilige Land zieht und dort stirbt.

Diese Veränderungen des Strukturprinzips im Vergleich zu Chrétiens ‚Conte
du Graal‘ führen zwangsläufig auch zu einer Veränderung des literarischen
Genres. Man kann nicht mehr von einem Artusroman sprechen, sondern nur noch
von einer Romanze mit einem Protagonisten aus dem Artuskreis. Allein die auf
sich selbst bezogenen Taten des Protagonisten stehen im Mittelpunkt. Der Weg
des Helden in die persönliche Krise und durch den geistlichen Tod hindurch zu
einer vollkommeneren Existenz, die in der Bewältigung der inneren Krise und
dem Sieg über die Vertreter der Gegenwelt ihren Ausdruck findet, wodurch das
Ansehen des Artushofs und die Hofesfreude vermehrt werden, wird nicht mehr
thematisiert. Der für den klassischen Artusroman so wichtige Bezug zwischen
Individuum und Gesellschaft wird im me. ‚Sir Percyvell of Gales‘ kaum hergestellt. Im Gegensatz zu Chrétiens Held, der alle seine besiegten Gegner an den
Artushof zurückschickt und somit die Weissagung des Mädchens und des Narren
erfüllt, bricht Percyvell den Kontakt zum Hof sofort ab, obwohl er Artus
ursprünglich ersucht hat, ihn zum Ritter zu schlagen. Als Gawain ihm nach
seinem Sieg über den Roten Ritter vorschlägt, zum Artushof zurückzukehren,
lehnt Percyvell dieses Ansinnen strikt mit der Erklärung ab, er sei Artus ebenbür-
tig. Darauf macht Artus sich selbst auf den Weg, um Percyvell zu suchen, den er
schließlich vor der belagerten Burg der Königin Lufamour trifft. Nach einem
Waffengang mit Gawain erkennen sich die beiden Vettern. Sie versöhnen sich und

reiten in die Burg zurück, wo Percyvell noch vor seinem Kampf mit dem Sultan von Artus zum Ritter geschlagen wird. Dies geschieht eher *en passant* und beendet den Auftritt des Königs. Es entsteht der Eindruck, als sei Artus hauptsächlich zur Ausführung dieser Aufgabe ins Geschehen eingeführt: Der Ritterschlag gehört offiziell dazu, wenngleich diese Zeremonie das weitere Verhalten des so Geehrten nicht im geringsten beeinflusst. Er wird dadurch nicht ritterlich im höfischen Sinn. In der englischen Romanze findet man vielmehr noch die vorhöfische Auffassung, dass der Stärkste König werden soll, der Stärkste, der natürlich auch edler Abstammung ist. Percyvell kämpft nicht als gewöhnlicher Ritter oder Artusritter auf Aventiure-Fahrt, sondern als märchenhafter „starker Hans" völlig außerhalb der ritterlichen Ordnung gegen unritterliche Feinde. Sobald er zum König avanciert, hört er auf, ein Tor zu sein. Seine *kynde wolde oute sprynge* [Natur wird sich durchsetzen] (V. 355), eine Entwicklung, die der Autor bereits am Anfang in Aussicht gestellt hat.[3] Seine *nurture* [Erziehung] (V. 397) hingegen bleibt bis zum Ende rudimentär, weil der Held im Gegensatz zu Perceval/Parzival keine ritterliche Ausbildung erhält.

3 ‚SIR PERCYVELL' ALS EIN BEISPIEL DER ME. „POPULAR ROMANCES"

Im me. ‚Sir Percyvell' begegnet man also der für die me. Versromanzen charakteristischen Vorstellung vom Aufstieg des männlichen Aschenbrödels zum König, der seine Prinzessin heiratet.[4] Damit wird dem Wunsch der unteren Klassen nach Aufstieg Rechnung getragen. Auf der anderen Seite steht die Überzeugung, dass nur ein Edelmann, auch ein verkannter, edle Taten vollbringen kann. Somit dient die Romanze zugleich auch der Selbstbestätigung des Adels.[5] Die Romanzen sind sowohl Wunschbild als auch Ausdruck des Selbstverständnisses einer Gesellschaft, die im vierzehnten Jahrhundert in England noch durchlässiger war als im fünfzehnten, als die Kluft zwischen Hochadel und Landadel (gentry) sehr groß geworden war.[6] Und doch stammen die meisten Handschriften, in denen uns diese Romanzen und die darin vermittelten Wertvorstellungen überliefert werden, aus dem fünfzehnten Jahrhundert, in dem man vielleicht etwas nostalgisch auf die Vergangenheit zurückblickte.

Auch ‚Sir Percyvell of Gales' ist uns in einer Handschrift aus dem fünfzehnten Jahrhundert überliefert. Die von ihrem Verfasser Robert Thornton wohl geordnete Sammelhandschrift Lincoln Cathedral MS. 91 beginnt mit dem Prosaroman ‚The Life of Alexander', dem ein historisches Epos der ‚Alliterative Morte Arthure' und sieben Romanzen folgen. Der zweite Teil enthält Meditationsliteratur, mystische Traktate, viele davon Richard Rolle zugeschrieben, und geistliche Lyrik. Den dritten und letzten Teil bilden medizinische Abhandlungen. Als einzige

---

3   FICHTE, Arthurische und nicht-arthurische Texte im Gespräch, S. 29–30.
4   WITTIG (Anm. 2), S. 189 spricht vom „male-Cinderella pattern".
5   Ebd., S. 189.
6   MCFARLANE, The Nobility of Later Medieval England, S. 275.

Sammelhandschrift von Romanzen enthält das Manuskript auch eine Anzahl von
lateinischen Texten, was darauf hinweist, dass Robert Thornton einen verhältnismäßig hohen Bildungsgrad besaß. Diese Handschrift und die ebenfalls von ihm
verfasste Sammelhandschrift British Library, Additional 31042, die vier weitere
Romanzen enthält, waren wahrscheinlich für den privaten Gebrauch bestimmt.
Die Thornton Familie gehörte zum Landadel. Auf Folio 49 erscheint der Eintrag
Wyll[ia]m thornton ar[miger] this boke. William Thornton, der hier als Ritter
bezeichnet wird, war der Sohn des Verfassers.

Thornton scheint u. a. ein Interesse an Romanzen gehabt zu haben, die die
Identitätsfindung des jugendlichen Helden thematisieren, d. h. den Weg des
Protagonisten zur sozialen, kulturellen und sexuellen Identität. Neben ‚Octavian‘
und ‚Eglamour‘ gehört mit Einschränkungen auch ‚Sir Percyvell of Gales‘ zu
diesem Typus von Romanze, die von HARDMAN als Identifikationsangebot für
junge Hörer bezeichnet worden ist, denen auf diese Weise die Werte einer adligen
Gesellschaft vermittelt werden sollen.[7] Das entspräche grundsätzlich den Zielen
der „popular romances“. Die Schwierigkeit dabei ist aber der Inhalt der sogenannten Lehren. Im Gegensatz zu Chrétien und Wolfram, wo der Dümmling von vier
Lehrern etwas lernt – von seiner Mutter, von Gornemanz, vom namenlosen
Eremiten (Chrétien) bzw. dem Einsiedler Trevrizent (Wolfram) und aus eigener
leidvoller Erfahrung – bleibt der englische Percyvell seltsam ungebildet, was zum
Teil auch auf die Veränderung der Antagonisten zurückgeht, mit denen sich der
junge Mann nach seinem Auszug in die Welt auseinandersetzen muss. Anstatt
sich mit Rittern zu messen und im ritterlichen Zweikampf zu üben, wird er mit
Vertretern des Anderen konfrontiert: dem diabolischen Roten Ritter und seiner
Hexenmutter; einem muslimischen Sultan, der Lady Lufamours Burg belagert und
die Schlossherrin zur Ehe drängt; und einem heidnischen Riesen, der um Percyvells Mutter wirbt. Ein Blick auf die Romanzen in den beiden Handschriften zeigt,
dass Thornton eine Vorliebe für Werke hatte, in denen sich die Protagonisten im
Kampf gegen Sarazenen selbst verwirklichen bzw. eine christliche Streitmacht
gegen übermächtige Sarazenenheere kämpft. Sieben der elf Romanzen thematisieren diese Auseinandersetzung zwischen Christen und Heiden, d. h. zwischen den
Vertretern des abendländisch-ritterlichen Kulturkreises und denen des fremden
Morgenlands, das in vielen me. Versromanzen geradezu zum Inbegriff von Alterität wird.[8] Alle Formen des befremdlichen und deshalb bedrohlichen Anderen
werden damit assoziiert, von denen einige in ‚Sir Percyvell of Gales‘ erscheinen.

In diesem Sinne werden die Hauptereignisse, die der englische Autor von
seiner Quelle übernommen hat, umgestaltet. Die Rote Ritter Episode, in der Perceval in seinem ungestümen Tatendrang einen Feind von König Artus tötet, wird zu
einer Auseinandersetzung mit einem diabolischen Gegner, der bereits Percyvells
Vater mit unlauteren Mitteln in einem Turnier besiegt und getötet hatte. Wenn man

---

7   HARDMAN, Popular Romance and Young Readers, S. 151.
8   ‚Octavian‘, ‚Sir Isumbras‘ und ‚Sir Percyvell of Gales‘ in Lincoln Cathedral Manuscript 91
     und ‚The Destruction of Jerusalem‘, ‚The Sege of Melayne‘, ‚Duke Roland and Sir Otuel‘ und
     ‚Richard Coer de Lion‘ in British Library MS Additional 31042.

der von PUTTER vorgeschlagenen Lesart von *Wo worthe wykkyde armour* [ein Fluch auf die üble Handhabung von Waffen] (V. 139), anstatt der traditionellen Interpretation [ein Fluch auf die fehlerhafte Rüstung] folgt, wird dies klar.[9] Es handelt sich hier um eine Verletzung der Turnierregeln, die besagen, dass Gegner im Kampf nicht absichtlich verletzt oder getötet werden dürfen.[10] Keiner der Turnierteilnehmer wagt ihn aufzuhalten, um den Tod von Percyvell Senior zu rächen. Auch später, wenn der Rote Ritter regelmäßig jedes Jahr zum Artushof kommt, um den goldenen Becher des Königs zu rauben, ist ihm keiner gewachsen. Es obliegt Percyvell, seinen Vater zu rächen und Unheil vom Hof abzuwenden.

Nachdem Percyvell den Roten Ritter mit seinem Wurfspeer getötet und ihm Gawain beim Ausziehen der Rüstung geholfen hat, verbrennt er den Körper seines Gegners in einem gewaltigen Feuer. Warum, so fragt man sich, tut Percyvell das und warum lässt Gawain es zu, der auch in dieser Romanze der Inbegriff arturischer Höfischkeit ist? Der Grund dafür scheint in der Natur des Roten Ritters zu liegen, der in der englischen Version der Parzival-Geschichte kein gewöhnlicher ritterlicher Gegner ist, sondern ein Vertreter des radikal Anderen. Artus, der seinen jährlichen Übergriffen hilflos ausgesetzt ist, wünscht sich sehnlich, er hätte einen tapferen Mann, der *May make yone fende dwelle* [jenem Feind/Teufel das Handwerk legen kann] (V. 632). Natürlich bedeutet das Wort *fende* zunächst einmal Feind oder Gegner, aber es wird auch zur Bezeichnung des Erzfeinds des Menschen, des Teufels, gebraucht. *Yone fende* könnte somit durchaus auf das diabolische Wesen des Roten Ritters verweisen, dessen blutrote Kleidung ebenfalls für eine solche Annahme spräche, da die Farbe rot die Farbe des Teufels ist.[11] Die *craftes* [Fähigkeiten, Macht] (V. 560, 561, 608, 609) des Roten Ritters sind dergestalt, dass ihn kein gewöhnlicher Mensch mit Schwert, Speer oder Messer töten kann. Dieser Eindruck von den übernatürlichen Kräften des Roten Ritters verstärkt sich, da der Rote Ritter in der me. Romanze der Sohn einer Hexe ist, die behauptet, sie hätte den Körper ihres toten Sohns wieder beleben und heilen können, wenn Percyvell ihn nicht verbrannt hätte. Der Rote Ritter erleidet also das Schicksal von Hexen im Spätmittelalter und in der frühen Neuzeit, das seine Mutter mit ihm teilen wird, die Percyvell auf der Spitze seines Speers zum Feuer trägt und hineinwirft.

Hexenverbrennungen sind jedoch in England im vierzehnten Jahrhundert nicht belegt. Der Autor des ‚Percyvell of Gales' bildet hier keine Realität ab, sondern er bewegt sich im Reich der Folklore. Obwohl weiße Magie in den Romanzen häufig erscheint, ist schwarze Magie eher selten. Sie wird dort besonders mit der heidnischen bzw. klassisch-paganen Welt assoziiert und beinhaltet vor allem Schadenszauber und vor- bzw. nicht-christliche Beschwörungsrituale. In der

---

9   PUTTER, The Text of *Sir Perceval of Galles*, S. 192–3.

10 BARKER, The Tournament in England 1100–1400, S. 143. Das Turnier ist eindeutig ein „hastiludium à plaisance" [Lanzenkampf zur Unterhaltung] und kein Kampf „à outrance" [bis zum Ende].

11 GUMMERE, On the Symbolic Use of the Colors Black and White in Germanic Tradition, S. 129.

Romanzenwelt sind Hexerei (*wicchecraft*) und Zauberei *(nigromancy)* das charakteristische Merkmal von Teufelsbündlern.[12] Percyvells erste Bewährungsprobe in
der me. Romanze muss folglich aus dieser Perspektive gesehen werden. Indem er
den Roten Ritter und dessen Mutter tötet, besiegt er keinen ritterlichen Gegner wie
bei Chrétien oder gar einen Verwandten wie bei Wolfram, sondern er befreit den
Artushof von den Übergriffen eines diabolischen Antagonisten, dem in der Artuswelt, wie sie in dieser Romanze entworfen wird, niemand gewachsen ist.

Nach seinem Sieg über den Roten Ritter wird Percyvell zum zweiten Mal mit
einem ungewöhnlichen Gegner, einem heidnischen Sultan, konfrontiert. Das Geschehen entspricht der Beaurepaire Episode bei Chrétien, ist jedoch völlig anders
gestaltet. Clamadeu und sein Seneschall Engygeron, wenn auch aufgrund ihrer
Zurückweisung Blancheflor feindlich gesinnt, sind ehrenvolle Gegner, die Perceval im ritterlichen Zweikampf besiegt. Sie können dem Muster des Artusromans
folgend in die Artusgesellschaft integriert werden, sobald sie Percevals Botschaft
überbracht und sich Artus unterworfen haben. Das gilt nicht für den Sultan, der
von Percyvell besiegt und getötet werden muss.

Der Dichter des ‚Percyvell of Gales' evoziert mit wenigen Worten das landläufige Bild vom Typus des heidnischen Potentaten, wie er in den me. Romanzen
häufig erscheint. Der Sultan ist mit seinen heidnischen Horden ins Maidenland
eingefallen und hat den Vater, den Onkel und die Brüder von Lufamour erschlagen. Er will sie zwingen, ihn zu heiraten, doch Lady Lufamour will lieber sterben
als dem Sultan zu Willen sein. Unterschwellig in dieser Beschreibung ist die
Angst vor sexuellen Übergriffen wie Schändung und Vergewaltigung, denen die
schutzlosen Frauen des Maidenland ausgesetzt sind. Seit dem ersten Kreuzzug
wird diese Gefahr sowohl in der geistlichen als auch in der weltlichen Kreuzzugs-
propaganda häufig thematisiert.[13] Die Leser bzw. Zuhörer wissen, dass heidnische
Potentaten um christliche Fürstinnen werben (auch mit Gewalt) bzw. sie einfach
rauben. Der ersten Situation begegnet man z. B. im ‚King of Tars', der zweiten in
‚Sir Isumbras'.[14]

Mit einfachen deskriptiven Mitteln markiert der Dichter die Dichotomie:
Heidentum – Christentum, die zu einem binären System erhoben wird. Demnach
muss der Sultan ein übermächtiger Gegner sein, der Lufamour mit Gewalt gefügig
machen will. Er verfügt über ein riesiges Heer von heidnischen Kämpfern, die den
gängigen Vorstellungen von Sarazenen entsprechen: Sie treten in Massen auf, sind
kampfbereit und lüstern. Der Autor nennt sie *folkes of envy* [verhasstes Volk] (V.-
1296) und ihren Sultan *uncely* [böse, bösartig, verflucht] (V. 1674, 1699). Sie
werden also eindeutig als Heiden markiert und verdienen somit weder die Anteil-
nahme des Publikums noch die Schonung des Helden Percyvell. Er tötet sie

---

12   Vgl SAUNDERS, Magic and the Supernatural in Medieval English Romance, S. 152–78.
13   UEBEL, Unthinking the Monster: Twelfth-Century Responses to Saracen Alterity, S. 264–91.
14   Zu diesemThema gibt es ein reiches Angebot an Sekundärliteratur wie z. B. die Monograph-
     ien von METLITZKI, The Matter of Araby in Medieval England, S. 137–60, SCHILDGEN,
     Pagans, Tartars, Moslems, and Jews in Chaucer's Canterbury Tales, S. 48–68, HENG, Empire
     of Magic: Medieval Romance and the Politics of Cultural Fantasy, S. 226–37 und CALKIN,
     Saracens and the Making of English Identity: The Auchinlek Manuscript, S. 107–28.

massenweise und streckt schließlich auch ihren Anführer, den Sultan, nieder. Obwohl Percyvell immer noch unerfahren im Zweikampf ist und wilden Gedanken anhängt, gelingt es ihm nach einigen Anlaufschwierigkeiten, die seine defizitäre ritterliche Ausbildung belegen, den Sultan vom Pferd zu stoßen und anschließend zu enthaupten. Auch dieses Verfahren entspricht dem Umgang mit Sarazenen, deren Anführer in den me. Romanzen immer auf diese Art getötet werden; die Todesart entspricht also der Hinrichtung von Aufständischen und Verrätern. Als Sarazene, d. h. als Muslim, ist der Sultan ein Verräter am christlichen Glauben und wird wie der Religionsstifter, der schismatische Mohammed in Dantes ‚Inferno', durch das Schwert zerteilt.[15]

Mit der Heirat von Lufamour und dem Gewinn des Reichs endet der Teil des ‚Percyvell of Gales', der sich in groben Zügen an die traditionelle Parzival-Handlung anlehnt. Danach wird das Geschehen zum Ausgangspunkt der Handlung zurückgespult. Genau ein Jahr nach Percyvells Auszug am Weihnachtstag, um Ritter zu werden, fällt ihm plötzlich seine Mutter ein, an die er im Gegensatz zu Chrétiens oder Wolframs Protagonist ein ganzes Jahr nicht gedacht hatte. Man mag das als späte Einsicht werten und Percyvells Entschluss, nach seiner Mutter zu suchen, ist in der Forschung gelegentlich als Zeichen von Reife und Verantwortung gesehen worden.[16] Das ist jedoch nur bedingt richtig, denn Percyvell verhält sich seiner Frau Lufamour genauso rücksichtslos gegenüber wie einstmals seiner Mutter.[17] Sein plötzlicher Abschied entspricht seinem ursprünglichen eigensinnigen Verhalten.

Auf dem Umweg über ein abermaliges Zusammentreffen mit dem Saalfräulein (entspricht dem Zeltfräulein bei Chrétien und Jeschute bei Wolfram) und dem Sieg über ihren Begleiter, den Schwarzen Ritter (entspricht Orgueilleux bei Chrétien und Orilus de Lalander bei Wolfram), findet Percyvell den Weg zurück zur Mutter. Der Ring, den die Mutter ihm bei der Ausfahrt gegeben und den er mit dem des Saalfräuleins getauscht hatte, befindet sich in der Hand eines Riesen. Der Weg zur Mutter führt also über den Riesen, den Percyvell im Kampf besiegen muss, um den Ring zurück zu gewinnen. Riesenkämpfe sind ein fester Bestandteil der me. Romanzen, die die Selbstfindung des Helden thematisieren. Sie sind ein identitätsstiftendes Element, denn junge Ritter erlangen ihre Identität oft durch die Auseinandersetzung mit einem ins Gigantische gesteigerten Vertreter der nichthöfischen Gegenwelt.[18] Solche Zweikämpfe findet man u. a. in ‚Ywain and Gawain', ‚Lybeaus Desconus', ‚Sir Torrent of Portyngale', ‚Sir Eglamour', ‚King Horn', ‚Guy of Warwick', ‚Bevis of Hampton' und ‚Octavian'. Diese Riesen sind häufig auch Sarazenen wie in ‚King Horn', ‚Guy of Warwick', ‚Bevis of Hampton' und ‚Octavian', d. h. das Element der Anders- bzw. Fremdartigkeit wird

---

15   Dante Alighieri, La Commedia, Inferno, xxviii, V. 41–42.

16   Siehe dazu BARON, Mother and Son in *Sir Perceval of Galles*, S. 3–14. Andere Leser sehen keinen Entwicklungsfortschritt wie z. B. ECKHARDT, The Simpleton-Hero in *Sir Perceval of Galles*, S. 206 und WRIGHT, 'Þe Kynde Wolde Oute Sprynge': Interpreting the Hero's Progress in *Sir Perceval of Galles*, S. 45.

17   ROSE, Acheflour, Wise Woman or Foolish Female?, S. 453.

18   COHEN, Of Giants: Sex, Monsters, and the Middle Ages, S. xviii.

durch die Zugehörigkeit zu einem anderen Kultur- oder präziser gesagt Unkultur-kreis noch gesteigert. Die Antagonisten wirken jedoch nicht nur von ihrem Ausse-hen her ungeheuerlich, sondern sie sind auch von ihrem heidnischen Wesen her fremdartig. Durch ihre Größe verkörpern sie Exzess.[19] Sie besitzen nicht nur Riesenkräfte, sondern auch Riesengelüste, vor allem sexuelle, und neigen zur Perversion.[20] Allein die Tatsache, dass Percyvells nächster Gegner ein Riese ist, evoziert diese Assoziationen. Da spielt es keine Rolle, dass dieser Riese eigentlich nicht in das herkömmliche Schema passt. Er haust nicht in einer Höhle, auf einem Berg oder im finsteren Wald, sondern er wohnt auf einer Burg. Er ist kein asozia-les Monster, das Jungfrauen vergewaltigt und/oder seine Umwelt terrorisiert wie der kannibalische Unhold von Mont St. Michel im ‚Alliterative Morte Arthure‘ (ebenfalls in MS Lincoln Cathedral 91) oder der Riese Harpyns in ‚Ywain and Gawain‘, sondern ein feudaler Landesherr, der zunächst einmal sein Territorium gegen den Eindringling Percyvell verteidigen will. Auch scheint er Percyvells Mutter nicht bedrängt zu haben, sondern *hir wele and lely / He luffede* [liebte (sie) mit guter und aufrichtiger Gesinnung] (V. 2139–40), wie man das von einem Ritter erwarten würde. Trotz dieser zunächst positiven Charakterisierung wird er zum Antagonisten. Aufgrund seiner exzessiven körperlichen Gestalt, seines heidnischen Glaubens – er ruft Mohammed im Kampf an – und seiner Bewaff-nung mit einer riesigen Keule entspricht er der landläufigen Vorstellung vom Riesen als Manifestation des feindlichen Anderen in den me. Versromanzen. Percyvell muss ihn aus dem Weg räumen, um zu seiner Mutter zurückkehren zu können.

Mit dem Sieg über den Riesen ist das letzte Hindernis auf der Queste nach der Mutter beseitigt. Diese Suche bringt Percyvell zum Ausgangspunkt der Haupt-handlung in die Wildnis zurück, wohin sich seine Mutter Acheflour mit dem Knaben zurückgezogen hatte, um ihn davor zu bewahren, wie sein Vater als Ritter im Kampf zu fallen. Wie die Handlungsführung jedoch gezeigt hat, folgt Percyvell der Natur seines Vaters, der sich für seinen Sohn eine ritterliche Karriere gewünscht hatte (V. 119–20). Allen Bestrebungen der Mutter zum Trotz, ihn vom Rittertum und Turnieren fernzuhalten, begehrt Percyvell nach dem Treffen mit den drei Artusrittern, selbst zum Ritter geschlagen zu werden und gewinnt schließlich Braut und Herrschaft. Damit ist die Selbstfindung des Protagonisten abgeschlos-sen. Bei Chrétien und Wolfram stirbt die Mutter aus Gram und Perceval/Parzival muss für sein herzloses Verlassen der Mutter Buße tun. Die Sühne ist ein Teil des Reife- und Abnablungsprozesses, den Perceval/Parzival auf seinem Weg zu einem verantwortungsvollen Mitglied der ritterlichen Gesellschaft durchlaufen muss. Wenn die Mutter aber am Leben bleibt und der Held zu ihr zurückkehren will, obwohl er in der Zwischenzeit geheiratet hat, erfolgt die Loslösung von der Mutter nur unvollständig. Somit ist die Queste im zweiten Handlungsabschnitt letztlich eine Regression, die sich auch darin zeigt, dass Percyvell sich seiner

---

19   WILLIAMS, Deformed Discourse: The Function of the Monsters in Medieval Thought and Literature, S. 113.
20   Vgl. OSWALD, Monsters, Gender and Sexuality in Medieval English Literature, S. 159–64.

Rüstung entledigt, seine Kleider aus Ziegenfell wieder anlegt und zu Fuß in den Wald läuft, um die von ihrem Leid zu erlösen, von der er sagt: *I laye in hir syde* [Ich lag in ihrem Schoß] (V. 2176) und von dem es zu Anfang heißt *All that nyghte till it was day, / The childe by the mother lay* [Die ganze Nacht bis zum Tagesanbruch / lag der Jüngling bei seiner Mutter] (V. 417–8). Die ödipalen Assoziationen sind unverkennbar. Dem Aufstieg in die ritterliche Welt folgt der Abstieg in den mütterlichen Schoß, symbolisiert durch den Wald. Erst die Rückkehr von Mutter und Sohn zum Hof von Lufamour beendet Percyvells Regression zur Mutter und korrigiert die falsche sexuelle Orientierung. Er kehrt in den maskulinen Bereich des Vaters und seines Oheims, König Artus, zurück, um seine Aufgaben als Landesherr und Herrscher wahrzunehmen.

Damit endet die Romanze jedoch nicht, sondern es wird in vier Zeilen berichtet, dass Percyvell anschließend ins Heilige Land gezogen sei, dort viele Städte eingenommen und schließlich den Tod gefunden habe. Man kann diesen Schluss als frommen Zusatz lesen – auch ‚Sir Degrevant‘, ebenfalls in MS Lincoln Cathedral 91, endet auf diese Weise.[21] Betrachtet man ‚Sir Percyvell of Gales‘ jedoch unter dem Gesichtspunkt des Verhältnisses des Helden zu den Vertretern des Anderen, dann ließe sich der Schluss auch als Fortsetzung und Kulminationspunkt von Percyvells Kampf gegen die Mächte interpretieren, die im Laufe der Romanze den Artushof, das Territorium einer christlichen Herrscherin und Percyvells Familie bedroht haben. Darüber hinaus reiht sich Percyvell in den Reigen der christlichen Streiter ein, von deren heldenhaften Taten im Heiligen Land in vielen me. Romanzen berichtet wird. Ein solcher Held kann wie Sir Isumbras zusammen mit seiner Frau und seinen plötzlich auf dem Schlachtfeld erscheinenden Söhnen 30003 Sarazenen erschlagen oder wie der junge Octavian zusammen mit einer Löwin ein ganzes Sarazenenheer vernichten oder wie Percyvell vierhundert Sarazenen in der ersten Kampfhandlung töten. Percyvells Auszug ins Heilige Land muss also nicht unbedingt nur ein frommer Reflex sein, sondern er ist vielmehr die Krönung seiner Auseinandersetzung mit dem Anderen, denn alle seine Gegner, die er im Abendland besiegt hatte, erscheinen in potenzierter Form im Morgenland, das in vielen me. Versromanzen geradezu paradigmatisch für Alterität steht. Das Ende rekapituliert das Geschehen und vollendet die Erziehung des Helden im christlichen Sinne, eine Erziehung, die bis dahin nur unvollständig und punktuell geblieben war.

4 HANDSCHRIFT

Der einzige Text dieses Werks ist in der Handschrift Lincoln Cathedral MS 91, Folios 161r–176r überliefert, hiernach abgekürzt als T. Er folgt unmittelbar im Anschluss an ‚The Awntyrs off Arthure‘. Das Manuskript, eine Sammelhandschrift, die aus drei Teilen besteht – Romanzen, religiösen Schriften und medizini-

---

21 VELDHOEHN, I Haffe Spedde Better Þan I Wend: Some Notes on the Structure of the M.E. *Sir Perceval of Galles*, S. 282.

schen Traktaten – wurde von Robert Thornton, einem Landedelmann aus Yorkshire, um 1440 zusammengestellt. ‚Percyvell of Gales' bildet den Abschluss des Romanzenteils in Lage K. Das Werk, hier vorwiegend im nördlichen Dialekt niedergeschrieben, war ursprünglich in der Mundart des nordöstlichen Mittellandes verfasst. Von seiner Komposition, Diktion und seinem Reimschema (eine sechzehn-versige Schweifreimstrophe) weist es viele Gemeinsamkeiten mit den Schweifreimromanzen, den sogenannten Spielmannsromanzen, des östlichen Mittellandes auf. Vom nördlichen Mittelland verbreitete es sich sowohl nach Süden bis nach London als auch nach Norden, woher das einzige noch erhaltene Exemplar stammt. Für eine Beschreibung der Hs. und Angaben zu Robert Thornton siehe KAISER, Lincoln Cathedral Library MS, S. 158–78 und The Life and Milieu of Robert Thornton, S. 111–19 sowie BREWER/OWEN, The Thornton Manuscript (Lincoln Cathedral MS. 91), S. vii–xvi.

Dieser Ausgabe liegt die überarbeitete Fassung des Werks in ‚Middle English Metrical Romances' hg. v. WALTER HOYT FRENCH und CHARLES BROCKWAY HALE, New York 1930, S. 531–603 zugrunde. Die Interpunktion der Vorlage wurde stark verändert und die Orthographie der modernen Schreibweise angepasst:

1. Auflösung von þ zu th: V. 3 þat > that.

2. Die Buchstaben u/v/w wurden der modernen Schreibweise gemäß dargestellt: V. 24 haue > have; V. 35 vntolde > untolde; V. 115 duelle > dwelle; V. 281 Yow > you.

3. Das Zeichen ʒ wurde je nach Position wie folgt umgeschrieben: ʒ in Initialposition: V. 8 ʒitt > yitt; ʒ in Mittelposition: V. 98 moʒte > moghte; ʒ in Endposition: V. 79 hamewardeʒ > hamewardes.

4. Der Buchstabe i in Initialposition wurde, wenn nötig, als j wiedergegeben: V. 46 iustyng > justyng.

5. Doppelkonsonant ff in Initialposition wurde vereinfacht: V.7 ffosterede > fosterede.

HERE BYGYNNES THE ROMANCE OFF SIR PERCYVELL OF GALES

Lef, lythes to me,
Two wordes or thre,
Off one that was faire and fre
    And fell in his fighte.
5   His righte name was Percyvell,
He was fosterde in the felle,
He dranke water of the welle;
    And yitt was he wyghte.
His fadir was a noble man;
10   Fro the tyme that he began
Miche wirchippe he wan
    When he was made knyghte;
In Kyng Arthures haulle
Beste byluffede of alle:
15   Percyvell thay gan hym calle,
    Whoso redis ryghte.

Who that righte can rede,
He was doughty of dede,
A styffe body on a stede
20   Wapynes to welde.
Tharefore Kyng Arthour
Dide hym mekill honoure:
He gaffe hym his syster Acheflour
    To have and to holde
25   Fro thethyn till his lyves ende,
With brode londes to spende.
For he the knyght wele kende,

HIER BEGINNT DIE ROMANZE SIR PERCYVELL VON WALES

Liebe Leute, hört mich an:
Zwei oder drei Worte
zu einem, der wohlgestalt und edel war
und ungestüm im Kampf.
5 Wahrlich, sein Name war Percyvell;
er wuchs in der Wildnis auf;
er trank Wasser aus einer Quelle,
aber trotzdem war er kräftig.
Sein Vater war ein Edelmann:
10 Von dem Zeitpunkt an,
als er zum Ritter geschlagen wurde,
gewann er großes Ansehen.
Im Rittersaal von König Artus
war er der Meistgeschätzte:
15 Percyvell nannte man ihn,
um die Wahrheit zu sagen.

Um die Wahrheit zu sagen,
war er tapfer in seinen Taten;
ein kräftiger Mann auf dem Pferd
20 in der Handhabung von Waffen.
Deshalb ehrte ihn
König Artus ganz besonders:
Er gab ihm seine Schwester Acheflour
zur Frau, um sie
25 von jetzt bis zu seinem Lebensende
zusammen mit ausgedehnten Ländereien zu besitzen.
Weil er den Ritter sehr schätzte,

1 *Lef, lythes to me*. Dieser Eröffnungsvers ist typisch für die Romanzen in der Tradition der sogenannten Spielmannsdichtung. Diese Werke, oft ostmittelländischer Provenienz, sind meistens in Schweifreimstrophen verfasst. **2** *Two wordes or thre*. Bei einem Umfang von 2283 Versen ist diese Aussage eine humorvolle Untertreibung. **5** *Percyvell*. Der Vater des Protagonisten, der hier den gleichen Namen wie sein Sohn trägt. **7** In Chaucers ‚Tale of Sir Thophas', CT, VII, 915–6, findet sich eine Anspielung auf ‚Sir Percyvell': *Hymself drank water of the well / As dide the knyghte sire Percyvell*. **23** *Acheflour*. Nur in dieser Romanze erscheint eine Schwester von König Artus mit diesem Namen. In anderen Artusromanzen und in der historischen Artustradition findet man sonst nur Artus' Halbschwestern Anna und Morgan le Fay. **26** *brode londes*. Mittelalterlichem Recht zufolge übt der Ehemann die Kontrolle über die Ländereien seiner Frau aus, die diese als Mitgift in die Ehe einbringt. Die Ehefrau erhält im Gegenzug ein Drittel des Landbesitzes ihres Ehemanns. Nach dem Tod ihres Ehemanns fällt Acheflours Mitgift an sie zurück.

He bytaughte hir to welde;
With grete gyftes to fulfill,
30 He gaffe his sister hym till –
To the knyght, at ther bothers will,
    With robes in folde.

He gaffe hym robes in folde,
Brode londes in wolde,
35 Mony mobles untolde,
    His syster to take.
To the kirke the knyghte yode
For to wedde that frely fode,
For the gyftes that ware gude,
40   And for hir ownn sake.
Sythen, withoutten any bade,
A grete brydale thay made,
For hir sake that hym hade
    Chosen to hir make;
45 And after, withoutten any lett,
A grete justyng ther was sett;
Off all the kempes that he mett
    Wolde he none forsake.

Wolde he none forsake,
50 The Rede Knyghte ne the Blake,
Ne none that wolde to hym take
    With schafte ne with schelde.
He dose als a noble knyghte,
Wele haldes that he highte;
55 Faste preves he his myghte:
    Deres hym none elde.
Sexty schaftes, I say,
Sir Percyvell brake that ilke day,
And ever that riche lady lay
60 One walle and byhelde.
Thofe the Rede Knyghte hade sworne,
Oute of his sadill is he borne
And almoste his lyfe forlorne,
    And lygges in the felde.

stattet er sie mit Ländereien aus.
Mit reichen Geschenken, um ihn zufrieden zu stellen,
30 gab er ihm seine Schwester –
in beiderseitigen Einverständnis –
zusammen mit prächtigen Kleidern.

Er gab ihm prächtige Kleider,
reiche Ländereien zur Herrschaft,
35 zahllose Besitztümer,
damit er seine Schwester zur Frau nehme.
Der Ritter ging zur Kirche,
um das hübsche Mädchen zu heiraten –
wegen der reichen Geschenke
40 und um ihrer selbst willen.
Danach – unverzüglich –
hielten sie eine große Hochzeit
zu ihren Ehren,
die ihn zu ihrem Mann erkoren hatte.
45 Und dann – ohne zu säumen –
wurde ein großes Turnier anberaumt.
Keinen der Kämpen, die er traf,
schickte er fort.

Er schickte keinen fort:
50 weder den Roten noch den Schwarzen Ritter,
auch keinen anderen,
der ihn mit Speer und Schild herausforderte.
Er verhielt sich wie ein edler Ritter:
Er hielt was er versprach.
55 Er stellte seine Kampfkraft unter Beweis –
das Alter machte ihm noch keine Beschwerden.
Sechzig Speere, sage ich (euch),
zerbrach Sir Percyvell an diesem Tag,
und immer weilte die edle Dame
60 auf dem Wall und schaute zu.
Obwohl der Rote Ritter (das Gegenteil) geschworen hatte,
wurde er aus dem Sattel geschleudert
und verlor fast sein Leben
und liegt nun auf dem Feld.

---

46 *justyng*. Das Turnier ist eindeutig ein „hastiludium à plaisance", das mit abgestumpften Lanzen-spitzen bestritten wurde, um Verletzungen zu vermeiden. Das Ziel war es, die Lanze des Gegners zu zersplittern oder ihn vom Pferd zu stoßen. Siehe BARKER, The Tournament in England 1100–1400, S. 143 bzw. Kapitel 5 The Tournament as Spectacle, S. 84–111 und Kapitel 7 The Forms of Combat, S. 137–161.

65   There he lygges in the felde –
     Many men one hym byhelde –
     Thurgh his armour and his schelde
          Stoneyde that tyde.
     That arghede all that ther ware,
70   Bothe the lesse and the mare,
     That noble Percyvell so wele dare
          Syche dynttys habyde.
     Was ther nowthir more ne lasse
     Off all those that ther was
75   That durste mete hym one the grasse
          Agaynes hym to ryde.
     Thay gaffe Sir Percyvell the gree
     Beste worthy was he;
     And hamewardes than rode he,
80   And blythe was his bryde.

     And thofe the bryde blythe be
     That Percyvell hase wone the gree,
     Yete the Rede Knyghte es he
          Hurte of his honde;
85   And therfore gyffes he a gyfte
     That if he ever covere myghte,
     Owthir by day or by nyghte,
          In felde for to stonde,
     That he scholde quyte hym that dynt
90   That he of his handes hynte;
     Sall never this travell be tynt,
          Ne tolde in the londe
     That Percyvell in the felde
     Schulde hym schende thus undire schelde,
95   Bot he scholde agayne it yelde,
          If that he were leveande.

     Now than are thay leveande bathe.
     Was noghte the Rede Knyghte so rathe
     For to wayte hym with skathe,
100   Er ther the harmes felle;
     Ne befelle ther no stryffe
     Till Percyvell had in his lyffe
     A son by his yonge wyffe,
          Aftir hym to dwelle.

95 Bot...yelde] *Wegen des defekten Reims emendieren* CAMPION/HOLTHAUSEN, *Sir Perceval of Galles, die Lesart der Hs.* it scholde agayne be ʒolden *zu* he scholde agayne it yelde.

65 Dort liegt er auf dem Feld –
viele Leute blickten auf ihn –
besinnungslos,
durch Rüstung und Schild getroffen.
Das erschreckte alle, die da waren, –
70 die Mächtigen und die Geringen –
dass der edle Percyvell es wagte,
sich solchen Schlägen auszusetzen.
Keiner der Mächtigen und Geringen,
der dort anwesend war,
75 wagte ihn auf dem Turnierplatz herauszufordern
und gegen ihn anzureiten.
Sie erkannten Sir Percyvell den Preis zu –
er war dessen am würdigsten.
Dann ritt er nach Hause;
80 seine Braut war glücklich.

Obwohl die Braut glücklich war,
dass Percyvell den Preis gewonnen hatte,
war der Rote Ritter doch
durch seine Hand verletzt worden.
85 Darum gelobte dieser,
sollte er sich je wieder soweit erholen –
sei es bei Tag oder Nacht –,
um auf dem (Turnier)platz zu stehen,
dass er ihm den Schlag vergelten würde,
90 den er von seiner Hand erhalten hatte:
Sein Leiden sollte weder umsonst sein,
noch sollte es im Land herumerzählt werden,
dass Percyvell ihn auf dem Platz
im Kampf besiegt hatte.
95 Vielmehr wollte er sich rächen,
sollte er überleben

Nun leben sie (noch) beide.
Der Rote Ritter war nicht so ungestüm,
ihm in übler Absicht aufzulauern,
100 bevor das Unglück eintraf.
Es kam zu keinem Aufeinandertreffen
bis Percyvell noch zu Lebzeiten
einen Sohn von seiner jungen Frau hatte,
der sein Nachfolger werden sollte.

105 When the child was borne,
     He made calle it one the morne
     Als his fadir highte byforne –
          yonge Percyvell.
     The knyghte was fayne, a feste made
110 For a knave-childe that he hade;
     And sythen, withoutten any bade,
     Offe justynges thay telle.

     Now of justynges thay tell:
     Thay sayne that Sir Percyvell,
115 That he will in the felde dwelle,
          Als he hase are done.
     A grete justynge was ther sett
     Of all the kempes that ther mett,
     For he wolde his son were gette
120   In the same wonne.
     Theroff the Rede Knyghte was blythe,
     When he herde of that justynge kythe,
     And graythed hym armour ful swythe,
          And rode thedir righte sone.
125 Agayne Percyvell he rade,
     With schafte and with schelde brade,
     To holde his heste that he made
          Of maistres to mone.

     Now of maistres to mone,
130 Percyvell hase wele done,
     For the love of his yonge sone,
          One the firste day.
     Ere the Rede Knyghte was bownn,
     Percyuell hase borne downn
135 Knyght, duke, erle, and baroun,
          And vencusede the play.
     Right als he hade done this honour,
     So come the Rede Knyghte to the stowre;
     Bot "Wo worthe wykkyde armour!"
140   Percyvell may say;
     For ther was Sir Percyvell slayne,
     And the Rede Knyghte fayne
     (In herte is noghte for to layne),

---

139 Bot … armour] *Die Übersetzung folgt der Interpretation von* PUTTER, *The Text of* Sir Perceval
of Galles, *S. 192–3 „ein Fluch auf die üble Handhabung von Waffen" anstatt der üblichen Lesart
„ein Fluch auf schlechte Waffen".*

105   Als das Kind geboren war,
    nannte er es sogleich
    wie sein Vater hieß:
    Jung Percyvell.
    Der Ritter war erfreut – er gab ein Fest
110   zu Ehren des Knaben, der ihm geboren worden war;
    und – ohne Verzug – wurde danach
    ein Turnier ausgerufen.

    Jetzt ruft man ein Turnier aus
    (und) verkündet, dass Sir Percyvell
115   auf dem Turnierplatz sein werde,
    wie er es bereits zuvor gewesen war.
    Ein großes Turnier wurde ausgerichtet
    mit all den Kämpen, die sich dort versammelt hatten.
    Er wollte nämlich, dass sein Sohn
120   sich daran gewöhnen sollte.
    Der Rote Ritter freute sich darüber,
    als er von dem Turnier hörte.
    Er wappnete sich alsbald
    und ritt sofort dorthin.
125   Gegen Percyvell ritt er –
    mit Speer und breitem Schild –,
    um sein Gelübde einzuhalten,
    an Kampfestaten zu erinnern.

    Um an Kampfestaten zu erinnern:
130   Aus Liebe zu seinem jungen Sohn
    zeichnete sich Percyvell
    am ersten Tag aus.
    Bevor der Rote Ritter sich gewappnet hatte,
    hatte Percyvell bereits
135   Ritter, Herzog, Earl und Baron zu Boden geworfen
    und im Kampfspiel besiegt.
    Als er diese ruhmreiche (Tat) vollbracht hatte,
    erschien der Rote Ritter auf dem Kampfplatz.
    Doch „ein Fluch auf die üble Handhabung von Waffen",
140   hätte Percyvell wohl sagen können,
    da er dort getötet wurde.
    Der Rote Ritter freute sich
    in seinem Herzen aufrichtig darüber,

119–20 Die Absicht des Vaters, seinen Sohn zu einem Ritter zu erziehen, der sich dereinst in Tournieren bewähren soll, unterscheidet sich radikal von den Wünschen, die seine Mutter in V. 165–68 äußert.

When he went on his way.

145   When he went on his way,
    Durste ther no man to hym say,
    Nowther in erneste ne in play,
       To byd hym habyde;
    For he had slayne righte thare
150   The beste body at thare ware:
    Sir Percyvell, with woundes sare,
       And stonayed that tyde.
    And than thay couthe no better rede
    Bot put hym in a prevee stede,
155   Als that men dose with the dede –
       In erthe for to hyde.
    Scho that was his lady
    Mighte be full sary,
    That lorne hade siche a body:
160   Hir vaylede no pryde.

    And now is Percyvell the wighte
    Slayne in batelle and in fyghte,
    And the lady hase gyffen a gyfte,
       Holde if scho may,
165   That scho schall never mare wone
    In stede with hir yonge sone,
    Ther dedes of armes schall be done,
       By nyghte ne be daye;
    Bot in the wodde schall he be:
170   Sall he no thyng see
    Bot the leves of the tree
       And the greves graye;
    Schall he nowther take tent
    To justes ne to tournament,
175   Bot in the wilde wodde went
       With bestes to playe.

    With wilde bestes for to playe,

---

160 vaylede] aylede *in der Hs. (Emendation* CAMPION/HOLTHAUSEN).

als er davon ritt.

145 Als er davon ritt,
traute sich keiner, ihn anzusprechen
(sei es im Scherz oder Ernst)
und ihn zum Bleiben aufzufordern.
Er hatte nämlich dort
150 den besten Mann, den es gab, getötet:
Sir Percyvell mit schweren Verletzungen.
Alle waren sie völlig verwirrt.
Sie wussten keinen anderen Rat,
als ihn in an einen abgelegenen Ort zu bringen,
155 wie man es mit Toten tut,
um ihn in der Erde zu vergraben.
Sie, die seine Frau war,
hatte allen Grund, darüber traurig zu sein,
dass sie einen solchen Mann verloren hatte.
160 Ihr half da kein Stolz.

Nun ist der tapfere Percyvell
in Schlacht und Kampf gefallen.
Die Dame legte ein Gelübde ab –
möge sie es, wenn möglich, halten –,
165 dass sie nie mehr mit ihrem jungen Sohn
dort leben will,
wo Kampfestaten vollbracht werden –
bei Tag und bei Nacht –,
sondern er sollte im Walde aufwachsen.
170 Er sollte nichts anderes sehen
als die Blätter der Bäume
und die grünen Wälder.
Er sollte kein Interesse
am Tjostieren und an Turnieren haben,
175 sondern im wilden Wald umherstreifen
und sich mit (dem Jagen) wilder Tiere vergnügen.

Um sich mit dem Wild zu vergnügen,

---

175 *wilde* [wild, ungestüm, ungebildet, unzivilisiert]: MILLS, Ywain and Gawain, Sir Percyvell of Gales, The Anturs of Arther, S. 193, weist darauf hin, dass dieses Adjektiv eines der wesentlichen Bezeichnungen in ‚Percyvell' ist. Mit *wilde* (V. 596, 1353, 1497, 1584 und 1678) werden Percyvells Benehmen und seine Handlungen bezeichnet, die vor allem seiner fehlenden Erziehung zuzuschreiben sind. Ähnlich wie der Begriff *fole* [Dümmling, Einfaltspinsel, Narr, Tor] (V. 289, 505, 660, 674, 681, 686, 1211 und 1498) ist *wilde* ein Leitmotiv, das sich durch den ersten Teil der Romanze zieht. Erst verhältnismäßig spät erkennt Percyvell, dass er seine Mutter schutzlos zurückgelassen hat, weil er *wilde ways I chese* [ich ungestüm war] V. 1786.

Scho tuke hir leve and went hir waye,
Bothe at baron and at raye,
180   And went to the wodde.
Byhynde scho leved boure and haulle;
A mayden scho tuke hir withalle
That scho myghte appon calle
    When that hir nede stode.
185 Other gudes wolde scho nonne nayte,
Bot with hir tuke a tryppe of gayte,
With mylke of tham for to bayte
    To hir lyves fode.
Off all hir lordes faire gere,
190 Wolde scho noghte with hir bere
Bot a lyttill Scottes spere,
Agayne hir son yode.

And when hir yong son yode,
Scho bade hym walke in the wodde,
195 Tuke hym the Scottes spere gude,
    And gaffe hym in hande.
"Swete modir," sayde he,
"What manere of thyng may this bee
That ye nowe hafe taken mee?
200   What calle yee this wande?"
Than byspakke the lady:
"Son," scho sayde, "sekerly,
It is a dart doghty;
    In the wodde I it fande."
205 The childe es payed of his parte,
His modir hase gyffen hym that darte;
Therwith made he many marte
    In that wodde-lande.

Thus he welke in the lande
210 With hys darte in his hande;
Under the wilde wodde-wande
    He wexe and wele thrafe.
He wolde schote with his spere
Bestes and other gere,
215 As many als he myghte bere.
    He was a gude knave!
Smalle birdes wolde he slo,
Hertys, hyndes also;
Broghte his moder of thoo:
220   Thurte hir none crave.

nahm sie ihren Abschied
von Baronen und König, ging fort
180 und zog sich in den Wald zurück.
Sie verließ Kemenate und Rittersaal.
Sie nahm nur eine Magd mit,
an die sie sich wenden konnte,
wenn sie sie brauchte.
185 Keinen anderen Besitz wollte sie für den eigenen Bedarf
als eine Ziegenherde,
um sich mit deren Milch
als Lebensmittel zu ernähren.
Von all dem guten Rüstzeug ihres Herrn
190 wollte sie nur einen kleinen Schottenspeer
mitnehmen (für die Zeit),
wenn ihr Sohn Laufen gelernt hatte.

Als ihr Sohn Laufen gelernt hatte,
forderte sie ihn auf, in den Wald zu gehen.
195 Sie reichte ihm den guten Speer
und gab ihn ihm in die Hand.
„Liebe Mutter", sagte er,
„Was ist das für ein Ding,
das du mir da gerade gegeben hast?
200 Wie nennt man das?"
Dann antwortete die Dame,
„Sohn", sagte sie, „sicherlich,
ist das ein starker Wurfspieß.
Ich habe ihn im Wald gefunden."
205 Der Junge ist glücklich,
dass ihm seine Mutter den Wurfspieß gegeben hat.
Damit tötete er gar manches Tier
im Wald.

So ging er durchs Land
210 mit dem Spieß in der Hand
unter den Zweigen des wilden Waldes.
Er wuchs und entwickelte sich prächtig.
Mit dem Speer erlegte er
Tiere und andere Dinge –
215 so viele, wie er zu tragen vermochte.
Er war ein guter Junge.
Kleine Vögel erlegte er,
sowie Hirsche und Hirschkühe.
Davon brachte er seiner Mutter;
220 sie brauchte ihn nicht darum zu bitten.

So wele he lernede hym to schote,
Ther was no beste that welke one fote
To fle fro hym was it no bote,
   When that he wolde hym have.

225 Even when he wolde hym have.
Thus he wexe and wele thrave,
And was reghte a gude knave
   Within a fewe yere.
Fyftene wynter and mare
230 He dwellede in those holtes hare;
Nowther nurture ne lare
   Scho wolde hym none lere.
Till it byfelle, on a day,
The lady till hir son gun say:
235 "Swete childe, I rede thou praye
   To Goddes Sone dere,
That he wolde helpe the –
Lorde, for his poustee –
A gude man for to bee,
240   And longe to dwelle here."

"Swete moder," sayde he,
"Whatkyns a godd may that be
That nowe bydd mee
   That I schall to pray?"
245 Then byspakke the lady even:
"It es the grete Godd of heven.
This worlde made he within seven,
   Appon the sexte day."
"By grete Godd," sayde he than,
250 "And I may mete with that man,
With alle the crafte that I kan,
   Reghte so schall I pray!"
There he levede in a tayte
Bothe his modir and his gayte,
255 The grete Godd for to layte,
   Fynde hym when he may.

And as he welke in holtes hare,
He sawe a gate, as it ware;
With thre knyghtis mett he thare

---

247 within seven] *in der Hs. scheint eine verderbte Form für* within dayes seven *zu sein.*   **248** day]
Aufgrund eines Lochs in der Handschrift fehlt der Buchstabe a.

Er konnte so gut werfen,
dass es kein Tier gab,
das ihm zu Fuß entrinnen konnte,
wenn er es erlegen wollte.

225   Selbst wenn er es erlegen wollte.
So wuchs und gedieh er
und war ein guter Junge
innerhalb von ein paar Jahren.
Fünfzehn Winter und länger
230   lebte er in diesem grauen Wald.
Weder Höfischkeit noch Gelehrsamkeit
brachte sie ihm bei,
bis es sich eines Tages ereignete,
dass die Dame zu ihrem Sohn sprach:
235   „Liebes Kind, ich rate dir,
zu Gottes lieben Sohn zu beten,
dass er dir hilft –
der Herr in seiner Allmacht –,
ein guter Mensch zu werden
240   und lange zu leben."

„Liebe Mutter", sagte er,
„Was für ein Gott ist das,
zu dem du mir
zu beten befiehlst?"
245   Dann antwortete die Dame sogleich:
„Es ist der große Gott im Himmel.
Die Welt erschuf er in sieben Tagen
am sechsten Tag."
„Beim großen Gott", sagte er dann,
250   „wenn ich diesen Mann treffen sollte,
will ich mit all meiner Macht, die ich besitze,
zu ihm beten."
Dann verließ er sogleich
sowohl seine Mutter als auch die Ziegen,
255   um den großen Gott zu suchen
und ihn zu finden, wenn es möglich wäre.

Als er im grauen Wald einherging,
sah er eine Art Pfad.
Dort begegnete er drei Rittern

260   Off Arthurs in.
    One was Ewayne fytz Asoure,
    Another was Gawayne with honour,
    And Kay, the bolde baratour,
       And all were of his kyn.
265   In riche robes thay ryde;
    The childe hadd no thyng that tyde
    That he myghte in his bones hyde,
       Bot a gaytes skynn.
    He was burely of body, and therto right brade;
270   One ayther halfe a skynn he hade;
    The hode was of the same made,
       Juste to the chynn.

    His hode was juste to his chyn,
    The flesche halfe tourned within.
275   The childes witt was full thyn
       When he scholde say oughte.
    Thay were clothede all in grene;
    Siche hade he never sene:
    Wele he wened that thay had bene
280   The Godd that he soghte.
    He said: "Wilke of you alle three
    May the grete Godd bee
    That my moder tolde mee,
       That all this werlde wroghte?"
285   Bot than answerde Sir Gawayne
    Faire and curtaisely agayne:
    "Son, so Criste mote me sayne,
       For swilke are we noghte."

    Than saide the fole one the filde,
290   Was comen oute of the woddes wilde,
    To Gawayne that was meke and mylde
       And softe of answare:
    "I sall sla you all three,
    Bot ye smertly now telle mee
295   Whatkyns thynges that ye bee,
       Sen ye no goddes are."
    Then answerde Sir Kay:

260 Arthurs] Arthrus *in der Hs. (Emendation).*

260 vom Artushof.
Einer war Iwain der Sohn von Asoure,
der andere Gawain, der ehrbare,
und (der dritte) Keie, der kühne Kämpfer –
alle waren mit ihm verwandt.
265 In prächtiger Kleidung ritten sie.
Der Junge hatte zu dieser Zeit nichts weiter an,
womit er seinen Körper bedecken konnte
als ein Ziegenfell.
Er war stark und kräftig gewachsen;
270 auf jeder Seite trug er ein Fell;
seine Kapuze, die ihm eng am Kinn anlag,
war ebenfalls daraus gemacht.

Seine Kapuze lag eng an seinem Kinn an –
die Innenseite (des Fells) nach innen.
275 Die Fähigkeit des Jünglings,
sich auszudrücken war gering.
Sie waren alle grün gekleidet:
So etwas hatte er noch nie gesehen.
Deshalb glaubte er, dass sie
280 der Gott wären, den er suchte.
Er sagte: „Welcher von euch dreien
ist der große Gott,
von dem mir meine Mutter erzählt hat,
er habe die Welt erschaffen?"
285 Ihm antwortete Sir Gawain
freundlich und höflich:
„(Mein) Sohn, – Christus möge mich segnen –,
der sind wir nicht."

Dann sagte der Tor auf dem Feld –
290 er war aus den wilden Wäldern gekommen –
zu Gawain, der so bescheiden und sanft war
und dazu milde in seiner Antwort:
„Ich werde euch alle drei töten,
wenn ihr mir nicht auf der Stelle sagt,
295 was ihr seid,
wenn ihr keine Götter seid."
Dann antwortete Keie:

---

261 *Ewayne fytz Asoure.* Ivains Vater heißt gewöhnlich Uriens.   **262** *Gawayne* ist Artus' Neffe, der Sohn seiner Halbschwester Anna und von König Lot. Das macht ihn in dieser Romanze zu Percyvells Cousin.   **263** *Kay* ist Artus' Seneschall, der auch in diesem Werk seinem traditionell schlechten Ruf als Spötter gerecht wird.

   "Who solde we than say
   That hade slayne us to-day
300   In this holtis hare?"
   At Kayes wordes wexe he tene:
   Bot he a grete bukke had bene
   Ne hadd he stonde tham bytwene,
    He hade hym slayne thare.

305   Bot than said Gawayn to Kay:
   "Thi proude wordes pares ay;
   I scholde wyn this childe with play,
    And thou wolde holde the still."
   "Swete son," than said he,
310   "We are knyghtis all thre;
   With Kyng Arthoure dwelle wee
    That hovyn es on hyll."
   Then said Percyvell the lyghte,
   In gayte-skynnes that was dyghte:
315   "Will Kyng Arthoure make me knyghte.
    And I come hym till?"
   Than saide Sir Gawayne righte thare:
   "I kane gyffe the nane answere;
   Bot to the Kynge I rede thou fare,
320   T[o w]ete his aw[ene] w[ill]."

   To wete than the Kynges will
   Thare thay hoven yitt still;
   The childe hase taken hym till
    For to wende hame.
325   And als he welke in the wodde,
   He sawe a full faire stode
   Offe coltes and of meres gude,
    Bot never one was tame;
   And sone saide he: "Bi Seyne John,
330   Swilke thynges as are yone
   Rade the knyghtes apone;
    Knewe I thaire name,
   Als ever mote I thryffe or thee,

302 Bot…305 Kay] *Das Substantiv* bukke *[Körper bzw. Bock] bereitet Schwierigkeiten.* FRENCH/HALE, *deren Emendation des Verses zu* Bot a grete bukke *hier nicht wiedergegeben ist, meinen, dass ein großer Rehbock plötzlich zwischen Percyvell und Keie tritt und somit verhindert, dass Percyvell den Seneschall wegen seines rüden Betragens zur Rechenschaft ziehen kann.* PUTTER, The Text of Sir Perceval of Galles, *S. 194, behält das Personalpronomen* he *bei und bezieht es auf Keie. Die Übersetzung folgt dieser Lesart.* **320** To … will] *Der Vers ist zum größten Teil unlesbar. Die in Klammern gesetzten Buchstaben wurden emendiert.*

„Wer, sollen wir sagen,
hat uns heute
300   in diesem grauen Wald getötet?"
Keies Worte wegen wurde er zornig.
Wenn er ein großer Rehbock gewesen wäre,
hätte er nicht zwischen ihnen gestanden,
denn er hätte ihn auf der Stelle getötet!

305   Dann sprach Gawain zu Keie:
„Deine herablassenden Worte richten immer nur Schaden an.
Ich will diesen Jüngling im Spiel (für uns) gewinnen,
wenn du dich ruhig verhältst."
„Lieber Sohn", sagte er dann,
310   „Wir alle drei sind Ritter,
die bei König Artus leben,
der oben auf einem Hügel wohnt."
Dann sagte Percyvell, der behände –
er war in Ziegenfellen gekleidet –
315   „Wird König Artus mich zum Ritter schlagen,
wenn ich zu ihm komme?"
Darauf entgegnete Sir Gawain sogleich:
„Ich kann darauf keine Antwort geben.
Ich rate dir, zum König zu gehen,
320   um seinen Willen zu erkunden."

Um des Königs Willen zu erkunden,
blieben sie noch da.
Der Jüngling entschloss sich,
nach Hause zu gehen.
325   Als er durch den Wald ging,
sah er eine prächtige Herde
von Fohlen und guten Mären –
keine(s) davon aber war zahm.
Sogleich sagte er: „Beim heiligen Johannes,
330   auf solchen Dingern wie dort
ritten die Ritter –
wüsste ich nur deren Namen!
Sollte es mir beschieden sein,

The moste of yone that I see
335 Smertly schall bere mee
      Till I come to my dame."

He saide: "When I come to my dame,
And I fynde hir at hame,
Scho will telle [me] the name
340   Off this ilke thynge."
The moste mere he thare see
Smertly overrynnes he,
And saide: "Thou sall bere me
      To-morne to the Kynge."
345 Kepes he no sadill-gere,
Bot stert up on the mere:
Hamewarde scho gun hym bere,
      Withoutten faylynge.
The lady was never more sore bygone:
350 Scho wiste never whare to wonne,
When scho wiste hir yonge sonne
      Horse hame brynge.

Scho saw hym horse hame brynge;
Scho wiste wele, by that thynge,
355 That the kynde wolde oute sprynge
      For thynge that be moughte.
Than als sone saide the lady:
"That ever solde I sorowe dry
For love of thi body
360   That I hafe dere boghte!"
"Dere son," saide scho [hym to],
"Thou wirkeste th[is]elfe mekill unroo;
What will thou with this mere do
      That thou hase hame broghte?"
365 Bot the boye was never so blythe,
Als when he herde the name kythe
Of the stode-mere stythe:
      Of na thyng than he roghte.

Now he calles hir a mere,
370 Als his moder dide ere;
He wened all other horses were
      And hade bene callede soo.

---

339 me] *Emendation von* CAMPION/HOLTHAUSEN.   **361** hym to] *Wörter in der Hs. unlesbar.*
362 thiselfe] *Loch in der Hs.*

dann sollte das größte (Tier) von ihnen, das ich sehe,
335   mich schnell tragen,
bis ich zu meiner Mutter komme."

Er sagte: „Wenn ich zu meiner Mutter komme
und sie zu Hause antreffe,
wird sie mir den Namen
340   dieses Dinges sagen."
Die größte Märe, die er dort sah,
holte er sogleich ein,
und sagte: „Du sollst mich
morgen zum König tragen."
345   Er kümmert sich nicht um einen Sattel,
sondern springt sofort auf.
Die Märe trug ihn sogleich
ohne Fehl nach Hause.
Die Dame war niemals zuvor trauriger:
350   Sie wusste nicht, was sie tun sollte,
als sie sah, wie ihr junger Sohn
das Pferd nach Hause brachte.

Sie sah, wie er das Pferd nach Hause brachte.
Daran erkannte sie deutlich,
355   dass sich die Natur trotz allem
durchsetzen würde.
Dann sagte die Dame sogleich:
„Dass ich jemals Leid erdulden sollte
aus Liebe zu dir –
360   das kommt mich teuer zu stehen!"
„Lieber Sohn", sagte sie zu ihm,
„Du fügst dir viel Leid zu!
Was willst du mit der Märe machen,
die du mit nach Hause gebracht hast?"
365   Der Junge war sehr froh,
als er die Bezeichnung
der kräftigen Märe hörte:
Jetzt scherte ihn nichts mehr.

Jetzt nennt er sie eine Märe,
370   wie seine Mutter es zuvor tat.
– er glaubte, alle anderen Pferde
hießen so.

"Moder, at yonder hill hafe I bene,
Thare hafe I thre knyghtes sene,
375   And I hafe spoken with tham, I wene,
      Wordes in throo;
I have highte tham all thre
Before thaire Kyng for to be:
Siche on schall he make me
380   As is one of tho!"
He sware by grete Goddes myghte:
"I schall holde that I hafe highte;
Bot if the Kyng make me knyghte,
      To-morne I sall hym sloo!"

385   Bot than byspakke the lady,
That for hir son was sary –
Hir thoghte wele that scho myght dy –
      And knelyde one hir knee:
"Sone, thou has takyn thi rede
390   To do thiselfe to the dede!
In everilke a strange stede,
      Doo als I bydde the:
To-morne es forthirmaste yole-day,
And thou says thou will away
395   To make the knyghte, if thou may,
      Als thou tolde mee.
Lyttill thou can of nurtoure:
Luke thou be of mesure
Bothe in haulle and in boure,
400   And fonde to be fre."

Than saide the lady so brighte:
"There thou meteste with a knyghte,
Do thi hode off, I highte,
      And haylse hym in hy."
405   "Swete moder," sayd he then,
"I saw never yit no men;
If I solde a knyghte ken,
      Telles me wharby."

397 nurtoure] nuttoure *in der Hs. (Emendation).*

„Mutter, ich war auf dem Hügel dort drüben.
Dort habe ich drei Ritter gesehen
375 und mit ihnen gesprochen – wie ich glaube –
Worte im Zorn.
Ich habe ihnen allen drei versprochen,
beim König zu erscheinen.
Er soll mich
380 zu einem von ihnen machen."
Er schwor bei Gottes Allmacht:
„Ich will halten, was ich versprochen habe.
Wenn der König mich nicht morgen zum Ritter schlägt,
werde ich ihn umbringen!"

385 Dann sprach die Dame,
die sehr um ihren Sohn trauerte –
sie glaubte, sterben zu müssen –
und kniete nieder:
„Sohn, du hast dich entschlossen,
390 dich selbst umzubringen!
An jedem fremden Ort
tue was ich dir jetzt empfehle.
Morgen ist der erste Weihnachtstag
und du sagst, dass du fort willst,
395 um, wenn möglich, ein Ritter zu werden,
so wie du es mir erzählt hast.
Du hast fast keine Erziehung:
Gib Acht, dass du dich maßvoll verhältst
sowohl im Rittersaal als auch in der Kemenate,
400 und bemühe dich, edelmütig zu sein.

Dann sagte die schöne Frau:
„Wenn du einen Ritter triffst,
dann nimm deine Kappe ab, rate ich dir,
und grüße ihn sofort."
405 „Liebe Mutter", sagte er dann,
„Ich habe noch nie solche Männer gesehen.
Wenn ich einen Ritter erkennen soll,
sagt mir, woran!"

389 ff. Die Instruktionen, die Percyvell von seiner Mutter erhält, sind wesentlich elementarer als bei Chrétien oder bei Wolfram. Die entscheidende Empfehlung, nicht zu viele Fragen zu stellen, fehlt ganz, denn sie ist für die Entwicklung der Handlung im me. ‚Percyvell' unwichtig, da die Gralssuche fehlt. **406–8** Angesichts der Tatsache, dass Percyvell gerade den Artusrittern begegnet ist, überrascht diese Äußerung.

Scho schewede hym the menevaire –
410 Scho had robes in payre; –
"Sone, ther thou sees this fare
    In thaire hodes lye."
"Bi grete God," sayd he,
"Where that I a knyghte see,
415 Moder, as ye bidd me,
    Righte so schall I."

All that nyghte till it was day,
The childe by the modir lay,
Till on the morne he wolde away,
420   For thyng that myghte betyde.
Brydill hase he righte nane;
Seese he no better wane,
Bot a wythe hase he tane
    And kevylles his stede.
425 His moder gaffe hym a ryng,
And bad he solde agayne it bryng:
"Sonne, this sall be oure takynnyng,
    For here I sall the byde."
He tase the rynge and the spere,
430 Stirttes up appon the mere:
Fro the moder that hym bere,
    Forthe gan he ryde.

One his way as he gan ryde,
He fande an haulle ther besyde;
435 He saide: "For oghte that may betyde,
    Thedir in will I."
He went in withoutten lett;
He fande a brade borde sett,
A bryghte fire, wele bett,
440   Brynnande therby.
A mawnger ther he fande,
Corne therin lyggande;
Therto his mere he bande
    With the withy.
445 He saide: "My modir bad me
That I solde of mesure bee;

432 ryde] *Hier hat der Schreiber den folgenden Text eingefügt:* Here es a ffytt of Percyvell of Galles *[Hier ist ein Abschnitt von Percyvell of Galles]. Der nächste Vers beginnt mit einem großen O, das über vier Zeilen gezogen ist.*

Sie zeigt ihm den Pelzeinsatz;
410 sie besaß ein paar Gewänder:
„Sohn, wenn du dies
in ihren Kapuzen siehst."
„Beim großen Gott", sagte er,
„wo immer ich einen Ritter sehe,
415 werde ich das tun,
Mutter, was du mir empfohlen hast."

Die ganze Nacht über bis zum Tagesanbruch
lag der Jüngling bei seiner Mutter,
bis er am Morgen fort wollte –
420 was immer auch geschehen sollte.
Er hatte keinen Zügel;
er sah nichts Besseres
als einen (biegsamen) Zweig, den er nahm,
um sein Pferd zu zäumen.
425 Seine Mutter gab ihm einen Ring
und befahl ihm, diesen zurückzubringen:
„Sohn, dies soll unser Erkennungszeichen sein,
denn ich werde hier auf dich warten."
Er nahm den Ring und den Speer,
430 schwang sich auf die Märe
und von der Mutter, die ihn getragen hatte,
ritt er davon.

Auf dem Weg, als er dahin ritt,
fand er in der Nähe eine Burg.
435 Er sagte: „Was auch immer geschehen sollte,
dahin will ich."
Ohne zu zögern trat er ein:
Er fand eine große gedeckte Tafel;
ein helles, wohl genährtes Feuer
440 brannte dort.
Er fand einen Trog –
Getreide lag darin.
Sein Pferd band er
dort mit dem Zweig an.
445 Er sagte: „Meine Mutter empfahl mir,
ich solle maßvoll sein.

---

409 *menevaire*. Eichhörnchenpelz, der zur Verzierung von Kleidung den Adligen vorbehalten war. Siehe sumptuary law [Gesetz gegen übertriebenen Luxus]) von Eduard III. aus dem Jahre 1363 in The Statutes of the Realm, I, S. 381.   **425** *ryng*. Der Ring als Erkennungszeichen ist ein häufiges Motiv in der me. Romanzenliteratur. Man findet es z. B. in ‚King Horn' und in ‚Sir Isumbras'.

Halfe that I here see
　　Styll sall it ly."

The corne he pertis in two,
450　Gaffe his mere the tone of thoo,
And to the borde gan he goo,
　　Certayne that tyde.
He fande a lofe of brede fyne
And a pychere with wyne,
455　A mese of the kechyne,
　　A knyfe ther besyde.
The mete ther that he fande
He dalte it even with his hande,
Lefte the halfe lyggande
460　A felawe to byde.
The tother halfe ete he;
How myghte he more of mesure be?
Faste he fonded to be free,
　　Thofe he were of no pryde.

465　Thofe he were of no pryde,
Forthir more gan he glyde
Till a chambir ther besyde,
　　Moo sellys to see.
Riche clothes fande he sprede,
470　A lady slepande on a bedde;
He said: "Forsothe, a tokyn to wedde
　　Sall thou lefe with mee."
Ther he kyste that swete thynge;
Of hir fynger he tuke a rynge;
475　His awenn modir takynnynge
　　He lefte with that fre.
He went forthe to his mere,
Tuke with hym his schorte spere,
Lepe on lofte, as he was ere;
480　His way rydes he.

Now on his way rydes he,
Moo selles to see;
A knyghte wolde he nedis bee,
　　Withoutten any bade.
485　He come ther the Kyng was

Die Hälfte von dem, was ich hier sehe,
soll liegen bleiben.

Er teilt das Getreide in zwei Teile:
450   Seiner Märe gab er den einen Teil
und begab sich dann
zur Tafel.
Er fand einen Laib von feinem Brot
und einen Krug mit Wein,
455   eine Malzeit aus der Küche
und daneben ein Messer.
Das Mal, das er dort fand,
teilte er ganz genau mit seiner Hand.
Die eine Hälfte ließ er
460   für jemand anderes liegen.
Die andere Hälfte aß er –
wie hätte er noch maßvoller sein können?
Er versuchte Edelmut zu zeigen,
obwohl ihm jeglicher (sozialer) Status fehlte.

465   Obwohl ihm jeglicher (sozialer) Status fehlte,
schritt er weiter
zu einer nahen Kammer,
um noch mehr seltsame Dinge zu sehen.
Er fand reiche Decken, die ausgebreitet waren,
470   und eine Dame, die auf einem Bett schlief.
Er sagte: „Wahrlich ein Pfand
sollst du mir hinterlassen."
Dann küsste er die liebliche Maid.
Von ihrem Finger streifte er einen Ring ab –
475   das Erkennungszeichen seiner Mutter
ließ er bei der edlen (Dame) zurück.
Er ging zu seinem Pferd,
nahm seinen kurzen Speer
(und) schwang sich wieder auf.
480   (Dann) ritt er seines Weges.

Jetzt reitet er seines Weges,
um mehr seltsame Dinge zu sehen.
Er wollte unbedingt ein Ritter werden
und zwar ohne Umschweife.
485   Er kam gerade dann an, als dem König

474–6 Der Ringtausch, nicht der Raub des Rings wie bei Chrétien und Wolfram, ist von erheblicher Bedeutung für das Denouement der Romanze.

Servede of the firste mese:
To hym was the maste has
 That the childe hade;
And thare made he no lett
490 At gate, dore, ne wykett,
Bot in graythely he gett –
 Syche maistres he made.
At his firste in-comynge,
His mere, withoutten faylynge,
495 Kyste the forhevede of the Kynge –
 So nerehande he rade!

The Kyng had ferly thaa,
And up his hande gan he taa,
And putt it forthir hym fraa,
500 The mouthe of the mere.
He saide: "Faire childe and free,
Stonde still besyde mee,
And tell me wythen that thou bee,
 And what thou will here."
505 Than saide the fole of the filde:
"I ame myn awnn modirs childe,
Comen fro the woddes wylde
 Till Arthure the dere.
Yisterday saw I knyghtis three:
510 Siche on sall thou make mee
On this mere byfor the,
 Thi mete or thou schere!"

Bot than spak Sir Gawayne,
Was the Kynges trenchepayne,
515 Said: "Forsothe, is noghte to layne,
 I am one of thaa.
Childe, hafe thou my blyssyng
For thi feres folowynge!
Here hase thou fonden the Kynge
520 That kan the knyghte maa."
Than sayde Percyvell the free:
"And this Arthure the Kyng bee,
Luke he a knyghte make mee:
 I rede at it be swaa!"
525 Thofe he unborely were dyghte,

der erste Gang serviert wurde.
Zu ihm (zu kommen) war
das besondere Anliegen des Jünglings.
Er verweilte nicht
490 am Tor, an der Tür oder am Eingang,
sondern ließ sich selbst schnellstens ein –
solche Drohgebärden machte er.
Bei seinem Einritt
küsste seine Märe zweifelsohne
495 das Gesicht des Königs –
so nahe ritt er an ihn heran.

Der König war erstaunt
und hob seine Hände empor
und das Maul der Märe
500 weiter von ihm weg!
Er sagte: „Schöner, edler Jüngling
stell dich an meine Seite
und sage mir, woher du kommst
und was du willst."
505 Dann entgegnete der Tor auf dem Felde:
„Ich bin meiner Mutter Kind –
aus dem wilden Wald hierher gekommen
zum edlen Artus.
Gestern sah ich drei Ritter:
510 Zu einem solchen sollst du mich machen
auf dieser Märe vor dir,
bevor du dein Fleisch schneidest.

Dann sprach Sir Gawain,
der des Königs Brotschneider war,
515 und sagte: „Wahrhaftig, es lässt sich nicht verleugnen,
bin ich einer von diesen.
Jüngling, sei gesegnet dafür,
dass du deinen Gefährten gefolgt bist.
Hier hast du den König gefunden,
520 der dich zum Ritter schlagen kann."
Dann sagte der edle Percyvell:
„Da dieser Artus König ist,
soll er sich bemühen, mich zum Ritter zu machen:
Ich rate ihm, dies zu tun!"
525 Obwohl er ärmlich gekleidet war,

493ff. Das plötzliche Erscheinen eines Ritters zu Pferde vor dem König ist ein typisches Romanzenmotiv. Siehe ‚Sir Gawain and the Green Knight' und Chaucers ‚Squire's Tale'.

He sware by mekill Goddes myghte:
"Bot if the Kyng make me knyghte,
   I sall hym here slaa!"

All that ther weren, olde and yynge,
530 Hadden ferly of the Kyng,
That he wolde suffre siche a thyng
   Of that foull wyghte
On horse hovande hym by.
The Kyng byholdes hym on hy;
535 Than wexe he sone sory,
   When he sawe that syghte,
The teres oute of his eghne glade:
Never one another habade.
"Allas," he sayde, "that I was made,
540   Be day or by nyghte,
One lyve I scholde after hym bee
That me thynke lyke the:
Thou arte so semely to see,
   And thou were wele dighte!"

545 He saide: "And thou were wele dighte,
Thou were lyke to a knyghte
That I lovede with all my myghte
   Whills he was one lyve.
So wele wroghte he my will
550 In all manere of skill,
I gaffe my syster hym till,
   For to be his wyfe.
He es moste in my mane:
Fiftene yere es it gane,
555 Sen a theffe hade hym slane
   Aboute a littill stryffe!
Sythen hafe I ever bene his fo,
For to wayte hym with wo;
Bot I myghte hym never slo,
560   His craftes are so ryfe."

He sayse: "His craftes are so ryfe,
Ther is no man apon lyfe,
With swerde, spere, ne with knyfe
   May stroye hym allan,
565 Bot if it were Sir Percyvell son,
Whoso wiste where he ware done!
The bokes says that he mon

schwor er bei Gottes Allmacht:
„Wenn der König mich nicht zum Ritter macht,
werde ich ihn töten!"

Alle, die dort anwesend waren, alt und jung,
530   waren über den König erstaunt,
dass er sich so etwas gefallen ließ
von einem so ungehobelten Kerl,
der auf dem Pferd neben ihm stand.
Der König schaute nach oben zu ihm auf.
535   Sogleich wurde er traurig
bei diesem Anblick;
die Tränen rannen ihm aus den Augen –
sie hörten nicht auf:
„O weh", sagte er, „dass ich je geboren wurde
540   (und) Tag und Nacht
noch den überleben muss,
an den du mich erinnerst.
Du bist so hübsch anzusehen.
Wenn du dich nur so (gut) entwickeln würdest."

545   Er sagte: „Wenn du dich so entwickeln würdest,
dann würdest du einem Ritter ähneln,
den ich mit ganzem Herzen liebte,
als er noch am Leben war.
So gut erfüllte er meine Wünsche
550   in vollkommenster Art und Weise,
dass ich ihm meine Schwester
zur Frau gab.
An ihn erinnere ich mich am meisten.
Fünfzehn Jahre ist es her,
555   dass ihn ein Übeltäter getötet hat –
einer Nichtigkeit wegen!
Seitdem bin ich immer sein (erklärter) Feind gewesen
(und) habe ihm aufgelauert, um ihm Leid zuzufügen,
aber es gelang mir nicht, ihn zu töten –
560   seine Fähigkeiten sind so vielfältig."

Er sagte: „Seine Fähigkeiten sind so vielfältig,
dass kein lebender Mensch
ihn mit Schwert, Speer, oder Messer
alleine töten kann,
565   es sei denn, er wäre der Sohn von Sir Percyvell –
wenn man nur wüsste, wo er wäre.
Die Bücher behaupten, dass er

    Venge his fader bane."
The childe thoghte he longe bade
570   That he ne ware a knyghte made,
For he wiste never that he hade
    A fader to be slayne;
The lesse was his menynge.
He saide sone to the Kynge:
575   "Sir, late be thi jangleynge!
   Of this kepe I nane."

He sais: "I kepe not to stande
With thi jangleyn[ge]s to lange;
Make me knyghte with thi hande,
580   If it sall be done!"
Than the Kyng hym hendly highte
That he schold dub hym to knyghte,
With-thi-that he wolde doun lighte
    And ete with hym at none.
585   The Kyng biholdes the vesage free,
And ever more trowed hee
That the childe scholde bee
   Sir Percyvell son.
It ran in the Kynges mode,
590   His syster Acheflour the gude –
How scho went into the wodde
    With hym for to wonn.

The childe hadde wonnede in the wodde:
He knewe nother evyll ne gude;
595   The Kynge hymselfe understode
    He was a wilde man.
Faire he spakke hym withall,
He lyghtes down in the haulle,
Bonde his mere amonge tham alle,
600   And to the borde wann.
Bot are he myghte bygynn
To the mete for to wynn,
So commes the Rede Knyghte in
   Emanges tham righte than,
605   Prekande one a rede stede;
Blode-rede was his wede.
He made tham gammen full gnede,
    With craftes that he can.

578 jangleynges] iangleyns *in der Hs. (Emendation).*

seines Vaters Tod rächen muss."
Der Jüngling dachte, er hätte bereits zu lange darauf gewartet,
570   zum Ritter geschlagen zu werden,
denn er hatte keine Ahnung,
dass er einen Vater hatte, der getötet worden war.
Deshalb war seine Trauer nicht groß.
Er sagte alsbald zum König:
575   „Herr, lass dein Geschwätz –
davon will ich nichts hören."

Er sagte: „Ich stehe hier nicht herum,
um mir dein Geschwätz noch lange anzuhören:
Schlage mich zum Ritter,
580   wenn es geschehen soll!"
Dann versprach ihm der König freundlich,
dass er ihn zum Ritter schlagen würde,
wenn er abstiege
und sogleich mit ihm äße.
585   Der König betrachtete das edle Gesicht
und glaubte immer fester,
dass der Jüngling
Sir Percyvells Sohn sei.
Der König erinnerte sich daran,
590   wie seine Schwester, die gute Acheflour,
in den Wald ging,
um mit ihm dort zu leben.

Der Jüngling hatte im Wald gelebt:
Er kannte weder Recht noch Unrecht.
595   Der König sah,
dass er ein wilder Mann war.
So freundlich sprach er zu ihm,
dass er (vom Pferd) in den Saal herab sprang.
Er band seine Märe an
600   und ging zur Tafel.
Doch bevor er zu essen
anfangen konnte,
erschien der Rote Ritter
unter ihnen allen.
605   Er stürmte vorwärts –
blutrot war seine Kleidung –
und verdarb ihnen die Festtagslaune
aufgrund seiner (außergewöhnlichen) Fähigkeiten.

With his craftes gan he calle,
610   And callede tham recrayhandes all,
Kynge, knyghtes within walle,
    At the bordes ther thay bade.
Full felly the coupe he fett,
Bifore the Kynge that was sett;
615   Ther was no man that durste hym lett,
    Thofe that he were fadde.
The couppe was filled full of wyne;
He dranke of that that was therinn.
All of rede golde fyne
620   Was the couppe made.
He tuke it up in his hande,
The coupe that he there fande,
And lefte tham all sittande,
    And fro tham he rade.

625   Now fro tham he rade,
Als he says that this made.
The sorowe that the Kynge hade
    Mighte no tonge tell.
"A! dere God," said the Kyng than,
630   "That all this wyde werlde wan,
Whethir I sall ever hafe that man
    May make yone fende dwelle?
Fyf[ten]e yeres hase he thus gane,
And my coupes fro me tane,
635   And my gude knyghte slayne,
    Men calde Sir Percyvell;
Sythen taken hase he three,
And ay awaye will he bee,
Or I may harnayse me
640   In felde hym to felle."

"Petir!" quod Percyvell the yynge,
"Hym than wil [I] down dynge
And the coupe agayne brynge,
    And thou will make me knyghte."
645   "Als I am trewe kyng," said he,

---

611 within] in with *in der Hs. (Emendation).*   **633** Fyftene] Fyve *in der Hs. (Emendation*
CAMPION/HOLTHAUSEN).   **642** I] *fehlt in der Hs.*

Aufgrund dieser Fähigkeiten rief er
610   und nannte sie alle Feiglinge:
den König, die Ritter im Saal
an der Tafel, wo sie saßen.
Den Becher, der vor dem König stand,
riss er ungestüm an sich.
615   Da gab es keinen, der ihn aufzuhalten wagte,
ganz gleich wie tapfer er auch war.
Der Becher war voll Wein;
er trank den Inhalt.
Ganz aus feinem Gold
620   war der Becher gemacht.
Er nahm ihn in seine Hand –
den Becher, den er dort fand –,
ließ sie dort sitzen
und ritt fort.

625   Jetzt ritt er fort –
wie der sagt, der diese Geschichte geschrieben hat.
Das Leid, das der König erduldete,
vermag keiner zu beschreiben.
„Ach, lieber Gott", sagte der König dann,
630   „der die ganze Welt erlöst hat,
ob ich wohl jemals einen Mann haben werde,
der diesem Feind/Teufel das Handwerk legen kann?
Schon fünfzehn Jahre hat er dies getan,
mir meine Becher weggenommen
635   und meinen tapferen Ritter getötet,
der Percyvell hieß.
Seitdem hat er drei (Becher) genommen
und ist auf und davon,
bevor ich mich wappnen kann,
640   um ihn auf dem Feld nieder zu strecken.

„Petrus!", sprach da der junge Percyvell,
„den will ich zu Boden werfen
und den Becher wieder bringen,
wenn du mich zum Ritter schlägst."
645   „So wahr ich ein König bin", entgegnete er,

613 ff. Der Raub des Bechers, der auch bei Chrétien zum Zweikampf zwischen Perceval und dem Roten Ritter führt, spielt in der englischen Version der Parzival-Erzählung eine größere Rolle, denn ganz gleich ob man *fyfe* in V. 633 beibehält oder die von CAMPION/HOLTHAUSEN, Sir Perceval of Gales, emendierte Form *fyf[ten]e* übernimmt, ist dieser Raub kein einmaliges Ereignis, sondern geschah bereits öfter.

"A knyghte sall I make the,
Forthi thou will brynge mee
   The coupe of golde bryghte."
Up ryses Sir Arthoure,
650 Went to a chamboure
To feche down armoure
   The childe in to dyghte;
Bot are it was down caste,
Ere was Percyvell paste,
655 And on his way folowed faste
   That he solde with fyghte.

Wi[t]h his foo for to fighte,
None othergates was he dighte,
Bot in thre gayt-skynnes righte,
660 A fole als he ware.[…]

He cryed: "How, man on thi mere!
Bryng agayne the Kynges gere,
Or with my dart I sall the fere
   And make the unfere!"
665 And after the Rede Knyghte he rade,
Baldely, withoutten bade.
Sayd: "A knyght I sall be made
   For som of thi gere."
He sware by mekill Goddes payne:
670 "Bot if thou brynge the coupe agayne,
With my dart thou sall be slayne
   And slongen of thi mere."
The knyghte byhaldes hym in throo,
Calde hym fole that was hys foo,
675 For he named hym soo –
   The stede that hym bere.

And for to see hym with syghte,
He putt his umbrere on highte,
To byhalde how he was dyghte
680   That so till hym spake;
He sayde: "Come I to the, appert fole,
I sall caste the in the pole,
For all the heghe days of Yole,
   Als ane olde sakke."
685 Than sayd Percyvell the free:

„zum Ritter werde ich dich schlagen,
wenn du mir
den goldenen Becher zurückbringst."
Herr Artus stand auf
650   und ging in eine Kammer,
um eine Rüstung zu holen,
mit der der Jüngling ausgestattet werden sollte.
Aber bevor die Rüstung zur Hand war,
war Percyvell bereits fort
655   und folgte dem auf dem Weg,
mit dem er kämpfen wollte.

Um mit seinem Gegner zu kämpfen,
hatte er nichts anderes an
als drei Ziegenfelle –
660   der Tor, der er war. […]

Er rief: „He, Mann auf deiner Märe!
Bring das Eigentum des Königs zurück,
oder ich werde dir mit meinem Spieß Angst machen
und dich zur Strecke bringen!"
665   Er ritt hinter dem Roten Ritter her –
kühn ohne zu zögern
und sagte: „Ich soll zum Ritter geschlagen werden
im Austausch für dein Zeug!"
Er schwor beim Leiden des großen Gottes,
670   „Wenn du den Becher nicht zurückbringst,
wirst du durch meinen Spieß sterben
und von deiner Märe geworfen werden!"
Der Ritter schaute ihn verärgert an,
nannte ihn einen Tor, der sein Gegner war,
675   denn er hatte sein Streitross,
das ihn trug, (Märe) genannt.

Um ihn (richtig) sehen zu können,
öffnete er sein Visier,
auch um zu schauen, wie der ausgerüstet war,
680   der so mit ihm sprach.
Er sagte: „Wenn ich zu dir komme, du Einfaltspinsel,
werde ich dich in den Teich werfen –
auch wenn es Weihnachten ist –
wie einen alten Sack!"
685   Dann entgegnete der edle Percyvell,

683 Während der zwölftägigen Weihnachtszeit waren Kämpfe untersagt.

"Be I fole, or whatte I bee,
Now sone of that sall wee see
   Whose browes schall blakke."
Of schottyng was the child slee.
690 At the knyghte lete he flee,
Smote hym in at the eghe
   And oute at the nakke.

For the dynt that he tuke,
Oute of sadill he schoke.
695 Whoso the sothe will luke,
   And ther was he slayne.
He falles down one the hill;
His stede rynnes whare he will,
Than saide Percyvell hym till:
700   "Thou art a lethir swayne."
Then saide the childe in that tyde:
"And thou woldeste me here byde,
After thi mere scholde I ryde
   And brynge hir agayne.
705 Then myghte we bothe with myghte
Menskfully togedir fyghte,
Ayther of us, as he were a knyghte,
   Till tyme the tone ware slayne."

Now es the Rede Knyghte slayne,
710 Lefte dede in the playne;
The childe gon his mere mayne
   After the stede.
The stede was swifter than the mere,
For he hade no thynge to bere
715 Bot his sadill and his gere,
   Fro hym thofe he yede.
The mere was bagged with fole
And hirselfe a grete bole,
For to rynne scho myghte not thole,
720   Ne folowe hym no spede.
The childe saw that it was soo,
And till his fete he gan hym too;
The gates that he scholde goo
   Made he full gnede.

725 The gates made he full gnede
In the waye ther he yede;
With strenght tuke he the stede

„Ob ich ein Tor bin oder nicht,
gleich werden wir sehen,
wessen Brauen bleich werden.
Der Jüngling war im Werfen wohl geübt.
690 Er ließ (den Speer) auf den Ritter fliegen
und traf ihn ins Auge,
so dass er am Nacken wieder heraus kam.

Aufgrund dieses Wurfs, den er abbekam,
taumelte er aus dem Sattel –
695 wer richtig hinsehen will –
und wurde dort getötet.
Er fiel auf den Hügel nieder –
sein Streitross rannte davon wohin es wollte.
Dann sagte Percyvell zu ihm:
700 „Du bist ein übler Bursche!"
Darauf sagte der Jüngling:
„Wenn du hier auf mich wartest,
dann werde ich deiner Märe nachreiten
und sie zurückbringen.
705 Dann wollen wir beide mit Macht
richtig mit einander kämpfen,
jeder von uns wie ein Ritter,
bis einer von uns tot ist."

Nun ist der Rote Ritter erschlagen –
710 tot liegt er auf dem Feld.
Der Jüngling lenkte seine Märe
dem Ross nach.
Der Hengst war schneller als die Märe,
denn er hatte nichts weiter zu tragen
715 als Sattel und Zaumzeug.
Deshalb enteilte er ihm.
Die Märe trug ein Fohlen
und sie selbst war groß wie ein Ball.
Sie konnte weder rennen
720 noch der Geschwindigkeit (des Hengstes) folgen.
Als der Jüngling sah, dass es so war,
sprang er ab.
Die Wege, die er zu nehmen hatte,
machte er ganz kurz.

725 Die Wege machte er ganz kurz,
da wo er ging.
Mit Gewalt nahm er das Ross

And broghte to the knyghte.
"Me thynke," he sayde, "thou arte fele
730   That thou ne will away stele;
Now I houppe that thou will dele
    Strokes appon hyghte.
I hafe broghte to the thi mere
And mekill of thyn other gere;
735   Lepe on hir, as thou was ere,
    And thou will more fighte!"
The knyghte lay still in the stede:
What sulde he say, when he was dede?
The childe couthe no better rede,
740   Bot down gun he lyghte.

Now es Percyvell lyghte
To unspoyle the Rede Knyghte,
Bot he ne couthe never fynd righte
    The lacynge of his wede;
745   He was armede so wele
In gude iryn and in stele,
He couthe not gett of a dele,
    For nonkyns nede.
He sayd: "My moder bad me,
750   When my dart solde broken be,
Oute of the iren bren the tree:
    Now es me fyre gnede."
Now he getis hym flynt,
His fyre-iren he hent,
755   And then, withoutten any stynt,
    He kyndilt a glede.

Now he kyndils a glede:
Amonge the buskes he yede
And gedirs (full gude spede)
760   Wodde, a fyre to make.
A grete fyre made he than,
The Rede Knyghte in to bren,
For he ne couthe nott ken
    His gere off to take.

und brachte es zum Ritter zurück.
„Ich glaube", sagte er, „dir kann man trauen,
730 dass du dich nicht davon stiehlst.
Nun hoffe ich, dass du jetzt
kräftige (Schwert)streiche austeilen wirst.
Ich habe dir deine Märe mitgebracht
und viel von deinem anderen Rüstzeug:
735 Spring auf sie wie zuvor
und dann kannst du weiter kämpfen."
Der Ritter lag bewegungslos auf der Stelle –
was sollte er auch sagen, wenn er tot war?
Der Jüngling wusste keinen besseren Rat,
740 als (vom Pferd) zu springen.

Nun ist Percyvell herunter gesprungen,
um den Roten Ritter seiner Rüstung zu entkleiden.
Er konnte aber
die Verschnürung der Rüstung nicht finden.
745 Er war so gut gerüstet
in gutem Eisen und Stahl –
davon konnte er (Percyvell) kein Stück herunter bekommen –
nicht um alles in der Welt!
Er sagte: „Meine Mutter riet mir,
750 einen gebrochenen Speer
mit Feuer aus dem Schaft zu brennen –
jetzt brauche ich Feuer."
Er besorgt sich einen Feuerstein,
nimmt sein Feuereisen
755 und zündet ohne zu zögern
ein Feuer an.

Nun zündet er ein Feuer an,
geht in den Büschen umher
und sammelt schnell
760 Holz, um ein Feuer zu machen.
Er macht ein großes Feuer,
um den Roten Ritter darin zu verbrennen,
denn er wusste nicht,
wie er seine Rüstung herunter bekommen sollte.

737–40 Die gewollte Komik der vorhergehenden Szene erreicht mit dem trockenen Kommentar des Autors ihren Höhepunkt, denn Percyvells „höfisches" Gebaren seinem toten Gegner gegenüber wird hier dramatisch abgewertet.

765   Be than was Sir Gawayne dyght,
     Folowede after the fyghte
     Betwene hym and the Rede Knyghte,
        For the childes sake.
     He fande the Rede Knyght lyggand,
770   Slayne of Percyvell hande
     Besyde a fyre brynnande
        Off byrke and of akke.

     Ther brent of birke and of ake
     Gret brandes and blake.
775   "What wylt thou with this fyre make?"
        Sayd Gawayne hym till.
     "Petir!" quod Percyvell then,
     "And I myghte hym thus ken,
     Out of his iren I wolde hym bren
780   Righte here on this hill."
     Bot then sayd Sir Gawayne:
     "The Rede Knyghte for thou has slayne,
     I sall unarme hym agayne,
        And thou will holde the still."
785   Than Sir Gawayn doun lyghte,
     Unlacede the Rede Knyghte;
     The childe in his armour dight
        At his awnn will.

     When he was dighte in his atire,
790   He tase the knyghte bi the swire,
     Keste hym reghte in the fyre,
        The brandes to balde.
     Bot then said Percyvell on bost:
     "Ly still therin now and roste!
795   I kepe nothynge of thi coste,
        Ne noghte of thi spalde!"
     The knyghte lygges ther on brede;
     The childe es dighte in his wede,
     And lepe up apon his stede,
800   Als hymselfe wolde.
     He luked doun to his fete,
     Saw his gere faire and mete:
     "For a knyghte I may be lete
        And myghte be calde."

765 Zu dieser Zeit war Sir Gawain angekommen –
     er hatte den Kampf
     zwischen ihm und dem Roten Ritter verfolgt –
     aus Sorge um den Jüngling.
     Er fand den Roten Ritter dort liegen,
770 getötet von Percyvell –
     neben einem brennenden Feuer
     aus Birke und Eiche.

     Da brannte aus Birke und Eiche
     ein großes und dunkles Feuer:
775 „Was willst du mit diesem Feuer machen?",
     sagte Gawain zu ihm.
     „Petrus", sprach Percyvell dann,
     „Wenn ich ihm auf diese Weise beikommen könnte,
     würde ich ihn aus dem Eisen herausbrennen –
780 genau hier auf diesem Hügel."
     Da sagte Sir Gawain:
     „Da du den Roten Ritter getötet hast,
     werde ich ihn entwaffnen
     und du wirst dich ruhig verhalten."
785 Dann stieg Sir Gawain ab,
     band (die Rüstung) des Roten Ritters auf
     (und) kleidete den Jüngling in dessen Rüstung,
     so wie er es für richtig hielt.

     Als er so eingekleidet war,
790 nahm er den Ritter beim Hals
     (und) warf ihn geradewegs ins Feuer,
     um die Glut anzuheizen.
     Percyvell sagte dann voller Hochmut:
     „Lieg ganz ruhig darin und brate!
795 Mich kümmern weder deine Flanken
     noch deine Schultern."
     Der Ritter lag ausgestreckt da;
     der Jüngling trug seine Kleidung
     und sprang auf sein Ross,
800 so wie es ihm behagte.
     Er schaute auf seine Füße herab –
     sah seine schöne und gut anliegende Rüstung:
     „Man könnte mich schon für einen Ritter halten
     und Ritter nennen."

765–72 Nur in dieser Version der Parzival-Geschichte fungiert Gawain als Helfer. Bei Chrétien tut dies Gauvains Knappe Yonet und bei Wolfram Ginevras Knappe Iwanet.

805   Then sayd Sir Gawayn hym till:
       "Goo we faste fro this hill!
       Thou hase done what thou will;
          It neghes nere nyghte."
       "What! trowes thou," quod Percyvell the yynge,
810   "That I will agayn brynge
       Untill Arthoure the Kynge
          The golde that es bryghte?
       Nay, so mote I thryfe or thee,
       I am als grete a lorde als he;
815   To-day ne schall he make me
          None other gates knyghte.
       Take the coupe in thy hande
       And mak thiselfe the presande,
       For I will forthire into the lande,
820   Are I down lyghte."

       Nowther wolde he down lyghte,
       Ne he wolde wende with the knyght,
       Bot rydes forthe all the nyghte:
          So proude was he than.
825   Till on the morne at forthe dayes,
       He mett a wyche, as men says;
       His horse and his harnays
          Couthe scho wele ken.
       Scho wende that it hade bene
830   The Rede Knyghte that scho hade sene,
       Was wonnt in those armes to bene,
          To gerre the stede rynne.
       In haste scho come hym agayne,
       Sayde: "It is not to layne,
835   Men tolde me that thou was slayne
          With Arthours men.

       Ther come one of my men:
       Till yonder hill he gan me kenne,
       There thou sees the fyre brene,
840   And sayde that thou was thare."
       Ever satt Percyvell stone-still,

805 Dann sagte Sir Gawain zu ihm:
    „Lass uns schnell diesen Hügel verlassen;
    du hast das erledigt, was du wolltest.
    Es wird schon Nacht."
    „Glaubst du etwa", antwortete der junge Percyvell,
810 „dass ich König Artus
    den glänzenden goldenen (Becher)
    zurückbringe?
    Nein, so es mir wohl ergehen möge,
    ich bin genauso ein mächtiger Herr wie er!
815 Heute soll er mich
    unter keinen Umständen zum Ritter schlagen.
    Nimm den Becher in deine Hand
    und gib ihn ihm selbst,
    denn ich will fort aus diesem Land,
820 bevor ich (vom Pferd) absteige.

    Er wollte weder absteigen,
    noch mit dem Ritter mitkommen,
    sondern er ritt die ganze Nacht hindurch –
    so stolz war er –
825 bis er am Morgen des nächsten Tages
    eine Hexe traf, wie die Leute meinten.
    Sein Pferd und seine Rüstung
    kannte sie gut.
    Sie glaubte, es sei der Rote Ritter,
830 der gewöhnlich diese Waffen trug
    (und) das Pferd im Galopp führte.
    Eilends kam sie ihm entgegen.
    Sie sagte: „Es ist kein Geheimnis –
    die Leute sagten mir, dass du
835 von einem von Artus Männern
    getötet worden seiest.

    Einer von meinen Leuten kam;
    er zeigte auf den Hügel dort,
    wo du das Feuer brennen siehst
840 und sagte, du seiest da."
    Percyvell saß die ganze Zeit stockstill

---

826 Auch in der walisischen Fassung des Parzival ‚Peredur' treten Hexen auf, deren Verhältnis zum Helden jedoch anders ist. Eine erfüllt die Funktion von Gornemanz und unterrichtet den Protagonisten in der Handhabung von Pferden und Waffen – sie wird zunächst vom Helden verschont. Später jedoch töten Artus und seine Gefolgsleute sie, wie auch die anderen beiden Hexen. Vgl. ROBERTS, *Peredur Son of Efrawg*: A Text in Transition, S. 69.

And spakke no thynge hir till,
Till scho hade sayde all hir will,
And spakke lesse ne mare:
845　"At yondere hill hafe I bene:
Nothynge hafe I there sene
Bot gayte-skynnes, I wene –
　　Siche ill-farande fare.
Mi sone, and thou ware thare slayne
850　And thyn armes of drawen,
I couthe hele the agayne
　　Als wele als thou was are."

Than wist Percyvell by thatt,
It servede hym of somwhatt,
855　The wylde fyre that he gatt
　　When the knyghte was slayne;
And righte so wolde he thare
That the olde wiche ware.
Oppon his spere he hir bare
860　To the fyre agayne;
In ill wrethe and in grete
He koste the wiche in the hete;
He sayde: "Ly still and swete
　　Bi thi son, that lyther swayne!"
865　Thus he leves thaym twoo,
And on his gates gan he goo.
Siche dedis to do moo
　　Was the childe fayne.

Als he come by a wodd-syde,
870　He sawe ten men ryde;
He said: "For oughte that may betyde,
　　To tham will I me."
When those ten saw hym thare,
Thay wende the Rede Knyghte it ware,
875　That wolde tham all forfare,
　　And faste gan thay flee;
For he was sogates cledde,
Alle belyffe fro hym thay fledde;

und sprach kein Wort zu ihr,
bis sie alles gesagt hatte, was sie sagen wollte.
Nicht mehr oder weniger sprach sie:
845 „Ich bin auf dem Hügel da drüben gewesen –
nichts weiter habe ich dort gesehen
als Ziegenfelle, so glaube ich –
nur schlechtes Zeug.
Solltest du getötet worden sein, mein Sohn,
850 und wäre dir deine Rüstung abgenommen,
könnte ich dich (dennoch) wieder gesund machen –
so gut wie zuvor.“

Daran erkannte Percyvell,
dass ihm das wilde Feuer, das er entfacht hatte,
855 nachdem er den Ritter getötet hatte,
doch genutzt hatte.
Gleich wollte er da,
dass die alte Hexe ebenfalls darin liegen sollte.
Auf einem Speer trug er sie
860 zum Feuer hin.
Mit großer Wut
warf er die Hexe in die Glut.
Er sagte: „Lieg ruhig und schwitze
bei deinem Sohn, dem üblen Kerl!“
865 So ließ er die beiden zurück
und machte sich auf den Weg.
Noch mehr solcher Taten zu vollbringen –
dazu war der Jüngling bereit.

Als er zu einem Waldrand kam,
870 sah er zehn Reiter.
Er sprach: „Was immer geschehen mag,
zu ihnen will ich.“
Als die zehn ihn dort erblickten,
glaubten sie, dass er der Rote Ritter sei,
875 der sie vernichten wollte,
und flohen schnell.
Er war nämlich so gekleidet,
dass sie auf der Stelle vor ihm flohen –

849–52 Für die Fähigkeit von Hexen, Tote wieder zum Leben zu erwecken, siehe auch Agoste, die
Mutter des Grünen Ritters, in ‚The Green Knight‘: *Shee cold transpose knights and swaine / Like
as in battaile they were slaine, / Wounded in lim and lightt* [Sie konnte Ritter und Knappen verwandeln, die im Kampf umgekommen waren, verwundet in Arm und Bein]: (HAHN, Sir Gawain:
Eleven Romances, S. 314, V. 52–54).

And ever the faster that thay spedde,
880   The swiftlyere sewed hee,
Till he was warre of a knyghte,
And of the menevaire he had syght;
He put up his umbrere on hight,
     And said: "Sir, God luke thee!"

885   The childe sayde: "God luke the!"
The knyght said: "Now wele the be.
A, lorde Godd, now wele es meè
     That ever was I made!"
For by the vesage hym thoghte
890   The Rede Knyghte was it noghte
That hade them all bysoughte;
     And baldely he bade.
It semede wele bi the syghte
That he had slayne the Rede Knyght:
895   In his armes was he dighte
     And on his stede rade.
"Son," sayde the knyghte tho,
And thankede the childe full thro,
"Thou hase slayne the moste foo
900   That ever yitt I hade."

Then sayde Percyvell the free:
"Wherefore fledde yee
Lange are, when ye sawe mee
     Come rydande you by?"
905   Bot than spake the olde knyghte,
That was paste out of myghte
With any man for to fyghte.
     He answerde in hy;
He sayde: "Theis children nyne,
910   All are thay sonnes myne.
For ferde or I solde tham tyne,
     Therfore fledd I.
We wende wele that it had bene
The Rede Knyghte that we hade sene;
915   He walde hafe slayne us bydene,
     Withoutten mercy.

Withoutten any mercy

899 Thou… foo] Thou has the moste foo slayne *in Hs. ist offensichtlich ein Fehler, denn* foo *ist das Reimwort.*

doch je schneller sie fort galoppierten,
880 umso ungestümer verfolgte er sie,
bis er einen Ritter erblickte
und am Pelzbesatz erkannte.
Er hob sein Visier hoch
und sagte: „Gott schütze dich!"

885 Der Jüngling sagte: „Gott schütze dich!"
Der Ritter entgegnete: „Mögest du glücklich sein.
Lieber Gott, jetzt bin ich froh,
dass ich je geboren wurde!"
Seinem Gesicht nach (zu urteilen), meinte er,
890 könne es nicht der Rote Ritter sein,
der sie verfolgt hatte,
und wartete tapfer.
Es sah ganz so aus,
als ob er den Roten Ritter getötet hatte –
895 er trug seine Rüstung
und ritt sein Pferd.
„Sohn", sagte der Ritter dann
und dankte dem Jüngling herzlich,
„du hast meinen ärgsten Feind,
900 den ich je hatte, getötet."

Dann entgegnete der edle Percyvell:
„Warum floht Ihr
schon lange zuvor, als Ihr saht,
wie ich zu Euch geritten kam?"
905 Da sprach der alte Ritter,
der bereits seine Kraft verloren hatte,
um mit jemanden zu kämpfen,
und antwortete ihm sogleich.
Er sagte: „Diese neun Jünglinge
910 sind alle meine Söhne.
Aus Furcht, dass ich sie verlieren sollte,
floh ich.
Wir glaubten, es sei
der Rote Ritter, den wir gesehen hatten.
915 Er hätte uns allesamt sogleich getötet –
ohne Gnade.

Ohne Gnade

He wolde hafe slayne us in hy;
To my sonnes he hade envy
920   Moste of any men.
Fiftene yeres es it gane
Syn he my brodire hade slane;
Now hadde the theefe undirtane
    To sla us all then.
925 He was ferd lesse my sonnes sold hym slo
When thay ware eldare and moo,
And that thay solde take hym for thaire foo,
    Where thay myghte hym ken;
Hade I bene in the stede
930 Ther he was done to the dede,
I solde never hafe etyn brede,
    Are I hade sene hym bren."

"Petir!" quod Percyvell, "he es brende:
I haffe spedde better than I wend
935 Ever at the laste ende."
    The blythere wexe the knyghte;
By his haulle thaire gates felle,
And yerne he prayed Percyvell
That he solde ther with hym dwelle
940   And be ther all that nyghte.
Full wele he couthe a geste calle;
He broghte the childe into the haulle;
So faire he spake hym withalle
    That he es down lyghte.
945 His stede es in stable sett
And hymselfe to the haulle fett,
And than, withoutten any lett,
    To the mette thay tham dighte.

Mete and drynke was ther dighte,
950 And men to serve tham full ryghte;
The childe that come with the knyghte,
    Enoghe ther he fande.
At the mete as thay beste satte,
Come the portere fro the yate,
955 Saide a man was theratte
    Of the Maydenlande;
Saide: "Sir, he prayes the

hätte er uns sogleich getötet.
Er hasste meine Söhne
920 am meisten von allen.
Fünfzehn Jahre ist es her,
dass er meinen Bruder tötete.
Jetzt hat dieser Übeltäter sich vorgenommen,
uns alle zu vernichten.
925 Er hat Angst, dass meine Söhne ihn töten würden,
wenn sie älter und größer sind, und
dass sie ihn wie einen Feind behandeln,
wo immer sie ihn zu Gesicht bekommen.
Wäre ich dort gewesen,
930 wo er getötet wurde,
hätte ich nie mehr Brot gegessen,
bevor ich ihn hätte brennen sehen."

„Petrus", sagte Percyvell, „er ist verbrannt –
mir ist es am Ende besser ergangen
935 als ich gedacht habe!"
Der Ritter war darum um so glücklicher.
Sie nahmen ihren Weg zur Burg.
Er bat Percyvell inständig,
er sollte bei ihm bleiben
940 und die Nacht verbringen.
Er verstand es sehr wohl, einen Gast willkommen zu heißen.
Er brachte den Jüngling in die Burg –
er bat ihn so höflich,
dass er absaß.
945 Sein Ross wurde in den Stall
und er selbst in den Saal geführt.
Ohne Zeit zu verlieren,
setzten sie sich zum Mahl nieder.

Speisen und Getränke standen bereit
950 und auch Leute, die sie servierten.
Der Jüngling, der mit dem Ritter gekommen war,
fand da genug.
Als sie gemütlich beim Mahl saßen,
kam der Pförtner vom Tor.
955 Er sagte, dass dort ein Mann
aus dem Maidenland (angekommen) sei.
Er sprach: „Herr, ich bitte dich

---

922 *brodire.* Percyvell Senior, der Vater des Helden. **956** *Maydenlande.* Weder hier noch in Chrétiens ‚Perceval' wird das Land oder die Burg ausschließlich von Frauen bewohnt.

Off mete and drynke, for charyté
For a messagere es he
960   And may nott lange stande."
The knyght badde late hym inn,
"For," he sayde, "it es no synn,
The man that may the mete wynn
        To gyffe the travellande."

965   Now the travellande man
The portere lete in than;
He haylsed the knyghte as he can,
        Als he satt on dese.
The knyghte askede hym thare
970   Whase man that he ware,
And how ferre that he walde so fare,
        Withoutten any lese.
He saide: "I come fro the Lady Lufamour
That sendes me to Kyng Arthoure,
975   And prayes hym, for his honoure,
        Hir sorowes for to sesse.
Up resyn es a sowdane:
Alle hir landes hase he tane;
So byseges he that woman
980   That scho may hafe no pese."

He sayse that scho may have no pese,
The lady, for hir fayrenes
And for hir mekill reches.
        "He wirkes hir full woo;
985   He dose hir sorow all hir sythe,
And all he slaes down rythe;
He wolde have hir to wyfe,
        And scho will noghte soo.
Now hase that ilke sowdane
990   Hir fadir and hir eme slane
And hir brethir ilkane,
        And is hir moste foo.
So nere he hase hir now soughte
That till a castelle es scho broghte,
995   And fro the walles will he noghte,
        Ere that he may hir too.

The sowdane sayse he will hir ta;

um Speise und Trank – um der Barmherzigkeit willen –
denn er ist ein Bote
960 und kann hier nicht lange bleiben."
Der Ritter befahl ihn einzulassen.
Er sprach: „Es ist kein Vergehen
für den, der die Nahrung beschafft,
einem müden Fahrenden (etwas davon) abzugeben."

965 Den Fahrenden ließ
der Pförtner nun ein.
Er begrüßte den Ritter gebührend,
der den Ehrenplatz innehatte.
Der Ritter fragte ihn,
970 wer er sei
und wie weit er zu reisen gedächte,
um die Wahrheit zu sagen.
Er erwiderte: „Ich komme von Lady Lufamour,
die mich zu König Artus schickt,
975 um ihn zu bitten – um seiner Ehre willen –,
ihr Leid zu beenden.
Ein Sultan ist erschienen,
um sie ihres Landes zu berauben.
Er bedrängt die Frau so heftig,
980 dass sie keinen Frieden haben kann."

Er sagt, die Dame kann keinen Frieden haben
wegen ihrer Schönheit
und ihres Reichtums.
„Er tut ihr großes Leid an;
985 er bereitet ihr jeden Tag in ihrem Leben Schmerz
und er tötet alle zuhauf.
Er begehrt sie zur Frau,
aber sie will nicht.
Bereits jetzt hat dieser Sultan
990 ihren Vater, ihren Oheim
und jeden ihrer Brüder getötet
und ist ihr größter Widersacher.
Er hat sie so bedrängt,
dass sie nur noch eine Burg besitzt,
995 und er will sich nicht von den Mauern zurückziehen,
bis er sie erobert hat.

Der Sultan sagt, er will sie erobern.

977 *sowdane*. Der Herrscher über ein muslimisches Reich.

The lady will hirselfe sla,
Are he, that es hir maste fa,
1000   Solde wedde hir to wyfe.
Now es the sowdan so wyghte,
Alle he slaes down ryghte;
Ther may no man with hym fyghte,
     Bot he were kempe ryfe."
1005 Than sayde Percyvell: "I the praye
That thou wolde teche me the waye
Thedir, als the gates laye,
     Withoutten any stryfe;
Mighte I mete with that sowdan
1010 That so dose to that woman,
Alsone he solde be slane,
     And I myghte hafe the lyfe!"

The messangere prayed hym mare
That he wolde dwell still thare:
1015 "For I will to the Kynge fare,
     Myne erandes for to say.
For then mekill sorowe me betyde,
And I lenger here habyde,
Bot ryghte now will I ryde,
1020   Als so faste als I may."
[T]he knyghte herde hym say so;
Yerne he prayes hym to too
His nyne sonnes with hym to goo;
     He nykkes hym with nay.
1025 Bot so faire spekes he
That he takes of tham three,
In his felawchipe to be –
     The blythere were thay.

Thay ware blythe of ther bade,
1030 Busked tham and forthe rade;
Mekill myrthes thay made:
     Bot lyttill it amende.
He was paste bot a while –
The montenance of a myle –
1035 He was bythoghte of a gyle

1020 I] he *in der Hs. (Emendation).*

Die Dame würde sich lieber umbringen,
als dass er, der ihr größter Feind ist,
1000   sie heiraten sollte.
Nun ist der Sultan so mächtig,
dass er alle niedermacht.
Es gibt keinen, der mit ihm kämpfen kann,
es sei denn, er wäre ein berühmter Kämpe.
1005   Dann sprach Percyvell: „Ich bitte dich,
mir den Weg dorthin zu zeigen,
so wie die Wege verlaufen
– und zwar ohne jede Gegenrede.
Sollte ich auf den Sultan treffen,
1010   der einer Frau so etwas antut,
dann ist er ein toter (Mann),
sollte ich am Leben bleiben."

Der Bote bat ihn,
er solle lieber bleiben.
1015   „Ich will zum König gehen,
um meine Botschaft zu überbringen.
Großes Unglück wird über mich kommen,
wenn ich hier noch länger verweile.
Deshalb werde ich sofort losreiten,
1020   so schnell wie ich kann."
Der Ritter hörte, wie er so sprach.
Da bat er ihn inständig,
seine neun Söhne mitzunehmen,
doch er lehnte ab.
1025   So freundlich sprach er dann,
dass er (schließlich) drei mitnahm,
um ihm Gesellschaft zu leisten.
Die waren umso zufriedener.

Die waren mit ihrer erfolgreichen Bitte zufrieden;
1030   sie machten sich bereit, loszureiten.
Sie hatten große Freude,
doch sollte es ihnen wenig nutzen.
Er hatte nur eine kurze Strecke zurückgelegt –
etwa eine Meile –,
1035   da dachte er sich einen Trick aus,

1005 ff. Im Gegensatz zur Behandlung des Stoffs bei Chrétien und Wolfram, wo Perceval/Parzival von seinem Onkel Gornemanz/Gorneman mit den Grundregeln des ritterlichen Zweikampfs und ritterlicher Verhaltensweise vertraut gemacht wird, reitet der englische Percyvell sofort los, ohne eine weitere Ausbildung erhalten zu haben, d. h. er bleibt so *wilde* wie zuvor.

Wele werse than thay wende.
Thofe thay ware of thaire fare fayne,
Forthward was thaire cheftayne;
Ever he sende one agayne
1040   At ilke a myle ende,
Untill thay ware alle gane;
Than he rydes hym allane
Als he ware sprongen of a stane,
    Thare na man hym kende.

1045   For he walde none sold hym ken.
Forthe rydes he then
Amanges uncouthe men
His maystres to make.
    Now hase Percyvell in throo
1050   Spoken with his emes twoo,
Bot never one of tho
    Took his knawlage.
Now in this way es he sett
That may hym lede, withoutten lett,
1055   Thare he and the sowdan sall mete,
    His browes to blake.
Late we Percyvell the yynge
Fare in Goddes blyssynge,
And untill Arthoure the Kynge
1060   Will we agayne take.

The gates agayne we will tane;
The Kyng to care-bedd es gane;
For mournynge es his maste mane.
    He syghes full sore.
1065   His wo es wansome to wreke,
His hert es bownn for to breke,
For he wend never to speke
    With Percyvell no more.
Als he was layde for to ly,
1070   Come the messangere on hy
With lettres fro the lady,
    And schewes tham righte thare.
Afote myghte the Kyng noght stande,
Bot rede tham thare lyggande,
1075   And sayde: "Of thyne erande

der viel übler war als sie meinten.
Obwohl sie sich über ihre Ausfahrt freuten –
vor ihnen ritt der Anführer –,
schickte er
1040 nach jeder Meile einen nach Hause,
bis er sie alle los hatte.
Dann ritt er allein weiter –
als ob er aus einem Stein hervorgesprungen wäre,
dorthin, wo ihn niemand kannte.

1045 Weil er wollte, dass ihn keiner erkennen sollte,
ritt er fort –
unter Fremden,
um große Taten zu vollbringen.
Nun hat Percyvell in kürzester Zeit
1050 mit seinen zwei Oheimen gesprochen,
doch keiner von beiden
erkannte ihn.
Nun ist er auf dem Weg,
der ihn sogleich dorthin führte,
1055 wo er auf den Sultan treffen sollte,
um ihm seine Brauen zu bleichen.
Lassen wir nun den jungen Percyvell
mit Gottes Segen fahren
und kehren zu König Artus
1060 zurück.

Wir wollen den Weg zurück nehmen:
Der König hat sich auf sein Krankenbett gelegt –
nur an Trauer denkt er.
Er seufzt schmerzlich.
1065 Sein Schmerz scheint unheilbar zu sein.
Sein Herz zerbricht beinahe,
denn er glaubt, niemals mehr
mit Percyvell sprechen zu können.
Als er im Bett lag,
1070 kam eilends der Bote
mit Briefen von der Dame
und zeigte sie ihm dort sogleich.
Der König vermochte nicht aufzustehen,
sondern las im Liegen
1075 und sagte: „Auf deine Botschaft

1043 eine Redensart, die „ganz allein" bedeutet. Vgl. PUTTER, The Text of *Sir Perceval of Galles,*
S. 196–7.

Thou hase thyn answare."

He sayde: "Thou wote thyne answare:
The mane that es seke and sare,
He may full ill ferre fare
1080   In felde for to fyghte."
The messangere made his mone,
Saide: "Wo worthe wikkede wone!
Why ne hade I tournede and gone
     Agayne with the knyghte?"
1085 "What knyghte es that," said the Kyng,
"That thou mase of thy menynge?
In my londe wot I no lordyng
     Es worthy to be a knyghte."
The messangere answerd agayne:
1090 "Wete ye, his name es for to layne,
The whethir I wolde hafe weten fayne
     What the childe highte.

Thus mekill gatt I of that knyght:
His dame sonne, he said, he hight.
1095 One what maner that he was dight
     Now I sall yo telle:
He was wighte and worthly,
His body bolde and borely,
His armour bryghte and blody –
1100   Hade bene late in bateil.
Blode-rede was his stede,
His akton and his other wede;
His cote of the same hede
     That till a knyghte felle."
1105 Than comanded the Kyng
Horse and armes for to brynge:
"If I kan trow thi talkynge,
     That ilke was Percyvell."

For the luffe of Percyvell,
1110 To horse and armes thay felle;
Thay wolde no lengare ther dwelle:
     To fare ware thay fayne.
Faste forthe gan thay fare;
Thay were aferde full sare,
1115 Ere thay come whare he ware,
     The childe wolde be slayne.
The Kyng tase with hym knyghtis thre:

hast du deine Antwort.“

Er sagte: „Du kennst deine Antwort:
Ein Mann, der krank und unglücklich ist,
kann nur schwerlich fort,
1080 um zum Kampf ins Feld zu ziehen.“
Der Bote erhob dann seine Klage.
Er sagte: „Ein Fluch auf üble Gewohnheit!
Warum bin ich nicht umgedreht
und bin mit dem Ritter gegangen?“
1085 „Was für ein Ritter ist das“, sprach der König,
den du da meinst?
In meinem Land kenne ich keinen Herrn,
der es wert wäre, ein Ritter zu sein!“
Der Bote antwortete,
1090 „Wisse, sein Name ist (mir) nicht bekannt.
Trotzdem hätte ich gerne gewusst,
wie der Jüngling heißt.

So viel habe ich über den Ritter in Erfahrung gebracht:
Er sagte, er hieße seiner Mutter Sohn!
1095 Wie er beschaffen war,
will ich Euch jetzt erzählen:
Er war tapfer und edel,
sein Körper stark and kräftig,
seine Rüstung glänzend und blutig –
1100 er hatte gerade erst einen Kampf bestritten.
Blutrot waren sein Streitross,
seine Tunika und seine andere Kleidung;
sein Mantel war von der Qualität,
die einem Ritter zusteht.“
1105 Dann befahl der König,
ihm Pferd und Waffen zu bringen:
„Wenn ich deinen Worten glauben darf,
war derjenige Percyvell!“

Aus Liebe zu Percyvell
1110 nahmen sie Pferde und Waffen.
Sie wollten nicht länger bleiben;
sie freuten sich darauf, loszureiten.
Sie ritten schnell vorwärts;
sie hatten alle große Angst,
1115 der Jüngling könnte getötet worden sein,
bevor sie dort hinkämen, wo er war.
Der König nahm drei Ritter mit sich –

The ferthe wolde hymselfe be;
Now so faste rydes hee,
1120 May folowe hym no swayne.
The Kyng es now in his waye;
Lete hym come when he maye!
And I will forthir in my playe
 To Percyvell agayne.

1125 Go we to Percyvell agayne!
The childe paste oute on the playne
Over more and mountayne
 To the Maydenlande;
Till agayne the even-tyde
1130 Bolde body sawe he byde,
Pavelouns mekill and unryde
 Aboute a cyté stonde.
On huntyng was the sowdane;
He lefte men many ane:
1135 Twenty score that wele kan
 Be the yates yemande –
Ell[even] score one the nyghte,
And ten one the daye-lighte,
Wele armyde at alle righte,
1140 With wapyns in hande.

With thaire wapyns in thaire hande,
There will thay fight ther thay stande,
Sittande and lyggande,
 Elleven score of men.
1145 In he rydes one a rase,
Or that he wiste where he was,
Into the thikkeste of the prese
 Amanges them thanne.
And up stirt one that was bolde,
1150 Bygane his brydill to holde,
And askede whedire that he wolde
 Make his horse to rynne.
He said: "I ame hedir come
For to see a sowdane;
1155 In faythe, righte sone he sall be slane,
 And I myghte hym ken.

If I hym oghte ken may,
To-morne, when it es lighte daye,
Then sall we togedir playe

er selbst war der vierte.
Er ritt so schnell,
1120 dass ihm kein Knappe folgen konnte.
Der König ist nun auf seinem Weg –
lass ihn ankommen, wann er will.
Ich werde in meiner Geschichte
wieder mit Percyvell fortfahren.

1125 Lasst uns wieder zu Percyvell zurückkehren:
Der Jüngling zog über Tal,
Moor und Berg
zum Maidenland,
bis er am Abend
1130 tapfere Krieger bei der Belagerung erblickte
(und) zahllose große Zelte,
die um die Stadt herum standen.
Der Sultan war auf der Jagd.
Er hatte viele Männer dort zurückgelassen –
1135 vierhundert erfahrene Männer
bewachten das Tor
und zweihundert zwanzig hielten Tag-
und zweihundert Nachtwache –
in jeder Hinsicht gut gewappnete (Männer)
1140 mit Waffen in der Hand.

Mit Waffen in ihren Händen
wollen sie dort kämpfen, wo sie stehen,
sitzen oder liegen –
zweihundert zwanzig Mann.
1145 Er reitet eine Attacke,
bevor er überhaupt wusste, wo er war,
hinein ins größte Getümmel
unter sie.
Da sprang einer von ihnen auf, der kühn war –
1150 er ergriff den Zügel
und fragte, wohin er
sein Pferd im Galopp lenken wollte.
Er sagte: „Ich bin hierher gekommen,
um einen Sultan zu sehen.
1155 Wahrlich, er soll sofort sterben,
wenn ich ihn erkennen kann!

Wenn ich ihn erkennen kann,
wollen wir morgen bei Tageslicht
mit gewaltigen Waffen

1160   With wapyns unryde."
        They herde that he had undirtane
        For to sle thaire sowdane;
        Thay felle aboute hym, everilkane,
           To make that bolde habyde.
1165   The childe sawe that he was fade,
        The body that his bridill hade:
        Even over hym he rade
           In gate there bisyde.
        He stayred about hym with his spere;
1170   Many thurgh gane he bere.
        Ther was none that myght hym dere,
           Percevell, that tyde.

        Tide in townne who will telle:
        Folkes undir his fete felle;
1175   The bolde body Percevelle,
           He sped tham to spill.
        Hym thoghte no spede at his spere:
        Many thurgh gane he bere,
        Fonde folke in the here,
1180   Feghtyng to fill.
        Fro that it was mydnyghte
        Till it was even at daye-lighte,
        Were thay never so wilde ne wighte,
           He wroghte at his will.
1185   Thus he dalt with his brande,
        There was none that myght hym stande
        Halfe a dynt of his hande
           That he stroke till.

        Now he strykes for the nonys,
1190   Made the Sarazenes hede-bones
        Hoppe als dose hayle-stones
           Aboutte one the gres;
        Thus he dalt tham on rawe
        Till the daye gun dawe:
1195   He layd thaire lyves full law,
           Als many als there was.
        When he hade slayne so many men,
        He was so wery by then,
        I tell yo for certen,
1200   He roghte wele the lesse
        Awther of lyfe or of dede,
        To medis that he were in a stede

1160 mit einander spielen."
Als sie hörten, dass er vorhatte,
ihren Sultan zu töten,
fielen sie über ihn her,
um den Vorwitzigen davon abzuhalten.
1165 Der Jüngling erkannte, dass der dazu entschlossen war,
der seinen Zügel ergriffen hatte.
Deshalb ritt er ihn
auf dem Weg zu seiner Seite nieder.
Er stach mit seinem Speer um sich –
1170 viele durchbohrte er.
Da gab es keinen, der ihn –
Percyvell – in diesem Moment herausfordern konnte!

Wer auch immer die Geschichte in der Stadt erzählen will:
Leute fielen zu seinen Füßen nieder.
1175 Percyvell, der kühne Held,
tötet sie ohne Umschweife.
Der Speer erschien ihm ziemlich nutzlos.
Er durchbohrte viele
der Törichten im gegnerischen Heer
1180 und kämpfte ausgiebig.
Von Mitternacht
bis zu Tagesanbruch –
wie wild entschlossen und stark sie auch waren –
machte er mit ihnen, was er wollte.
1185 So teilte er Hiebe mit seinem Schwert aus,
dass keiner auch nur einem leichten Schlag
von seiner Hand zu widerstehen vermochte,
auf den er zielte.

Nun haut er wild um sich:
1190 Er ließ die Köpfe der Sarazenen
wie Hagelkörner
auf dem Grass umherspringen.
So teilte er nach einander aus
bis zum Tagesanbruch.
1195 Er machte ihrem Leben ein Ende –
allen, die da waren!
Als er so viele Männer niedergemacht hatte,
war er so müde –
sage ich euch wahrhaftig –,
1200 dass er sich kaum noch
um Leben oder Tod kümmerte,
so lange er nur an einer Stelle wäre,

Thar he myghte riste hym in thede
  A stownde in sekirnes.

1205 Now fonde he no sekirnes,
Bot under the walle ther he was,
A faire place he hym chese,
  And down there he lighte.
He laide hym down in that tyde;
1210 His stede stode hym besyde:
The fole was fayne for to byde –
  Was wery for the fyght.
Till one the morne that it was day,
The wayte appon the walle lay:
1215 He sawe an uggly play
  In the place dighte;
Yitt was ther more ferly
Ther was no quyk man left therby;
Thay called up the lady
1220   For to see that sighte.

Now commes the lady to that sight,
The Lady Lufamour, the bright;
Scho clambe up to the walle on hight
  Full faste scho behelde:
1225 Hedes and helmys ther was
(I tell you withoutten lese),
Many layde one the gresse,
  And many brode schelde.
Grete ferly thaym thoghte
1230 Who that wondir had wroghte,
That had tham to dede broghte,
  That folke in the felde,
And wold come none innermare
For to kythe what he ware,
1235 And wist the lady was thare,
  Thaire warysoune to yelde.

Scho wold thaire warysone yelde:
Full faste forthe thay bihelde
If thay myghte fynde in the felde
1240   Who hade done that dede.
Thay luked undir thair hande,

1224 scho behelde] to beholde *in der Hs. (Emendation* CAMPION/HOLTHAUSEN). 1228 brode
schelde] schelde brode *in der Hs. ist offensichtlich ein Fehler, denn* schelde *ist das Reimwort.*

wo er eine Zeit lang
in Sicherheit rasten konnte.

1205 Nun fand er keinen anderen sicheren Ort
als unter der Mauer, wo er gerade war.
Er suchte sich einen guten Platz
und sprang ab.
Er legte sich dort nieder –
1210 sein Pferd stand neben ihm:
Der Tor war froh, dass er sich ausruhen konnte;
er war müde vom Kampf.
Am Morgen, als der Tag angebrochen war,
bot sich dem Wächter, der seinen Posten auf der Mauer innehatte,
1215 ein schrecklicher Anblick
an diesem Ort.
Noch ein größeres Wunder war es jedoch,
dass es keinen Überlebenden gab.
Er forderte die Dame auf,
1220 sich das Schauspiel anzusehen.

Jetzt kommt die Dame, um sich umzusehen –
die schöne Frau Lufamour.
Sie kletterte auf die hohe Mauer
(und) sah alsbald:
1225 Köpfe und Helme waren da –
sage ich euch wahrheitsgemäß.
Viele lagen auf dem Grass
und viele mächtige Schilde.
Sie rätselten darüber,
1230 wer dieses Wunder vollbracht hatte,
d. h., sie alle getötet hatte –
die Leute auf dem Schlachtfeld.
Die Dame wollte nicht in die Burg zurückgehen,
um kund zu tun, wer er war,
1235 und sie wusste,
wem sie den Lohn (für diese Tat) geben sollte.

Sie wollte ihren Lohn erstatten.
Sie blickten sich schnell um,
ob sie jemanden auf dem Schlachtfeld fänden,
1240 der diese Tat vollbracht hatte.
Sie schauten nach unten

Sawe a mekill horse stande,
A blody knyghte liggande
    By a rede stede.
1245 Then said the lady so brighte:
"Yondir ligges a knyghte
That hase bene in the fighte,
    If I kane righte rede;
Owthir es yone man slane,
1250 Or he slepis hym allane,
Or he in batelle es tane,
    For blody are his wede."

Scho says: "Blody are his wede,
And so es his riche stede;
1255 Siche a knyght in this thede
    Saw I never nane.
What-so he es, and he maye ryse,
He es large there he lyse,
And wele made in alle wyse,
1260   Ther als man sall be tane."
Scho calde appon hir chaymbirlayne,
Was called hende Hatlayne –
The curtasye of Wawayne
    He weldis in wane.
1265 Scho badd hym: "Wende and see
Yif yon man on lyfe be.
Bid hym com and speke with me,
    And pray hym als thou kane."

Now to pray hym als he kane,
1270 Undir the wallis he wane;
Warly wakend he that mane –
    The horse stode still.
Als it was tolde unto me,
He knelid down on his kne;
1275 Hendely hailsed he that fre,
    And sone said hym till:
"My lady, lele Lufamour,

(und) sahen ein großes Pferd
(und) einen blutigen Ritter
bei dem roten Ross.
1245   Dann sagte die schöne Frau:
„Da drüben liegt ein Ritter,
der gekämpft haben muss,
wenn ich Recht habe.
Entweder ist dieser Mann tot
1250   oder er schläft ganz allein
oder er ist im Kampf gefangen genommen worden,
denn seine Kleidung ist ganz blutig."

Sie sagt: „Blutig ist seine Kleidung
und blutig ist auch sein edles Ross.
1255   Einen solchen Ritter habe
ich nie zuvor in meinem Land gesehen!
Wer auch immer er ist, er möge sich wieder erheben.
Er ist gewaltig groß, da wo er liegt,
und in jeder Hinsicht wohlgestalt,
1260   in der man einen Mann beurteilen kann."
Sie rief ihren Kämmerer herbei,
der „höfischer Hatlayne" hieß.
Gawains Höfischkeit
besaß er.
1265   Sie befahl ihm: „Sieh hin und schau,   :
ob dieser Mann noch lebt.
Fordere ihn auf, zu mir zu kommen und mit mir zu sprechen:
Bitte ihn inständig darum."

Um ihn inständig zu bitten,
1270   ging er zum Fuß der Mauer.
Er schritt vorsichtig auf dem Weg –
das Pferd stand still.
Wie mir berichtet wurde,
kniete er nieder,
1275   begrüßte den edlen Ritter höflich
und sagte zu ihm:
„Meine Herrin, die vorzügliche Lufamour

1262 *hende Hatlayne*. CAMPION/HOLTHAUSEN, Sir Perceval of Gales, S. 111 spekulieren, dass der Name Hatlayne von *Châtelain* [Kastelan] abgeleitet sein könnte. Er erscheint sonst nirgendwo in den me. Romanzen. Das Adjektiv *hende* hat hier noch seine ursprüngliche Bedeutung „höfisch". Es ist noch nicht abgewertet wie in Chaucers ‚Miller's Tale', wo *hende Nicholas* nur noch der nette Nicholas ist, der überdies auch noch „handy" [geschickt] und „handy" [zur Hand] ist, also das Bedeutungsspektrum dieses Adjektivs der jeweiligen Situation entsprechend voll ausfüllt. Siehe DONALDSON, Idiom of Popular Poetry in the *Miller's Tale*, S. 33–6.

Habyddis the in hir chambour,
Prayes the, for thyn honour,
1280   To come, yif ye will."
So kyndly takes he that kyth
That up he rose and went hym wyth,
The man that was of myche pyth,
       Hir prayer to fulfill.

1285   Now hir prayer to fulfill,
He folowed the gentilmans will,
And so he went hir untill
       Forthe to that lady.
Full blythe was that birde brighte
1290   When scho sawe hym with syghte,
For scho trowed that he was wighte,
       And askede hym in hy:
At that fre gan scho frayne,
Thoghe he were lefe for to layne
1295   If he wiste who had tham slayne:
       Thase folkes of envy.
He sayd: "I soghte none of tho;
I come the sowdane to slo,
And thay ne wolde noghte late me go;
1300   Thaire lyfes there refte I."

He sayd: "Belyfe thay solde aby."
And Lufamour, that lele lady,
Wist ful wele therby
       The childe was full wighte.
1305   The birde was blythe of that bade
That scho siche an helpe hade.
Agayne the sowdane was fade
       With alle for to fighte.
Faste the lady hym byhelde:
1310   Scho thoght hym worthi to welde,
And he myghte wyn hir in felde,
       With maystry and rayghte.
His stede thay in stabill set
And hymselfe to haulle was fet,
1315   And than, withoutten any let,
       To dyne gun thay dighte.

The childe was sett on the dese,
And served with reches
(I tell you withoutten lese)

wartet auf dich in ihrer Kemenate.
Sie bittet dich um deiner Ehre willen
1280   zu kommen, wenn du das möchtest."
Der nahm diese Botschaft so freundlich auf,
dass er aufstand und mit ihm kam –
dieser starke Mann –,
um ihrer Bitte nachzukommen.

1285   Um ihrer Bitte nachzukommen,
folgte er der Aufforderung des Edelmanns
und ging zu ihr –
zu der Dame.
Die schöne Maid war hoch erfreut,
1290   als sie ihn erblickte,
denn sie war sich sicher, dass er tapfer war,
und fragte ihn sogleich.
Sie fragte den Edelmann –
obwohl er es gerne verschwiegen hätte –,
1295   ob er wüsste, wer sie alle getötet hatte –
dieses verhasste Volk.
Er sagte: „Ich wollte niemanden Schaden zufügen;
ich kam (einzig und allein), um den Sultan zu töten,
aber die wollten mich nicht gehen lassen –
1300   da habe ich ihnen das Leben genommen."

Er sagte: „Die haben dafür prompt bezahlt!"
Lufamour, die vorzügliche Dame,
erkannte daran,
dass der Jüngling sehr tapfer war.
1305   Die Maid freute sich über seine Rede,
dass sie einen solchen Beistand hatte,
der bereit war, gegen den Sultan
mit ganzer Macht zu kämpfen.
Die Dame sah ihn fest an.
1310   Sie hielt ihn der Herrschaft für würdig
und (glaubte), dass er sie (Dame Lufamour) im Kampf
mit Können und Macht gewinnen könne.
Sie brachten sein Ross in den Stall –
er selbst wurde in den Saal geführt
1315   und dann – ohne Verzug –
machten sie sich daran zu speisen.

Der Jüngling erhielt den Ehrenplatz
und wurde reich bewirtet –
um euch die Wahrheit zu sagen –

1320   That gaynely was get –
In a chayere of golde
Bifore the fayrest to byholde,
The myldeste mayden one molde,
    At mete als scho satt.
1325 Scho made hym semblande so gude,
Als thay felle to thaire fude.
The mayden mengede his mode
    With myrthes at the mete,
That for hir sake righte tha
1330 Sone he gane undirta
The sory sowdane to sla,
    Withoutten any lett.

He sayd, withoutten any lett:
"When the sowdane and I bene mett,
1335 A sadde stroke I sall one hym sett,
    His pride for to spyll."
Then said the lady so free:
"Who that may his bon be
Sall hafe this kyngdome and me
1340   To welde at his will."
He ne hade dyned bot smalle
When worde come into the haulle
That many men with alle
    Were hernyste one the hill;
1345 For tene thaire felawes were slayne
The cite hafe thay nere tane;
The men that were within the wane
    The comon-belle gun knylle.

Now knyllyn thay the comon-belle.
1350 Worde come to Percevell,
And he wold there no lengere dwelle,
    Bot lepe fro the dese –
Siche wilde gerys hade he mo; –
Sayd: "Kynsmen, now I go,
1355 For alle yone sall I slo
    Longe are I sese!"

1320 mit Leckerbissen, die höflich gereicht wurden,
auf einem goldenen Stuhl –
vor der Schönsten,
der züchtigsten Maid auf dieser Welt,
als sie beim Essen saß.
1325 Sie sah ihn freundlich an,
als sie da ihre Speisen aßen.
Die Maid verwirrte seinen Sinn
beim Essen mit fröhlicher Unterhaltung,
dass er um ihretwillen da
1330 alsbald versprach,
den erbärmlichen Sultan zu töten –
ohne länger zu warten.

Er sagte: „Ohne länger zu warten,
wenn der Sultan und ich aufeinander treffen,
1335 werde ich ihn mit einem Hieb zu Boden strecken,
um seinen Stolz zunichte zu machen."
Dann sagte die edle Dame:
„Wer ihn tötet,
soll das Königreich und mich bekommen,
1340 um (hier) nach eigenem Gutdünken zu herrschen."
Er hatte nur wenig gegessen,
als die Nachricht überbracht wurde,
dass sich viele Männer
auf dem Hügel bewaffnet hätten.
1345 Aus Ärger über ihre getöteten Gefährten
hätten sie beinahe die Stadt eingenommen.
Die Männer, die in der Burg waren,
läuteten die Sturmglocke.

Jetzt läuten sie die Sturmglocke.
1350 Als Percyvell die Nachricht erhielt,
wollte er nicht länger verweilen,
sondern sprang vom Ehrenplatz auf –
so impulsiv war er oft.
Er sagte: „Freunde, jetzt will ich los,
1355 denn ich will alle dort töten,
bevor ich Schluss mache."

1354 *Kynsmen* [Verwandte]. Zu diesem Zeitpunkt kommt der Begriff, den Percyvell benutzt, etwas überraschend, denn seine Verwandten sind noch nicht eingetroffen. MILLS, Ywain and Gawain, Sir Percyvell of Gales, The Anturs of Arther, S. 196 schlägt vor, dass *kynsmen* bereits auf die bevorstehende Hochzeit mit Lady Lufamour verweist. Um das Dilemma zu lösen, wurde der Begriff hier mit „Freunde" übersetzt.

Scho kiste hym withoutten lett;
The helme on his hede scho sett;
To the stabill full sone he gett,
1360   There his stede was.
There were none with hym to fare;
For no man then wolde he spare,
Rydis furthe, withoutten mare,
          Till he come to the prese.

1365   When he come to the prese,
He rydes in one a rese;
The folkes, that byfore hym was,
          Thaire strenght hade thay tone
To kepe hym than were thay ware;
1370   Thaire dynttis deris hym no mare
Then whoso hade strekyn sare
          One a harde stone.
Were thay wighte, were thay woke,
Alle that he till stroke,
1375   He made thaire bodies to roke;
          Was ther no better wone.
I wote, he sped hym so sone
That day by heghe none
With all that folke hade he done:
1380   One life lefte noghte one.

When he had slayne all tho,
He loked forthir hym fro,
If he myghte fynde any mo
          With hym for to fyghte;
1385   And als that hardly bihelde,
He sese ferre in the felde
Foure knyghtis under schelde
          Come rydand full righte.
One was Kyng Arthour,
1390   Anothir Ewayne, the floure,
The thirde Wawayne with honoure,
          And Kay, the kene knyghte.
Percevell saide, withoutten mare:
"To yondir foure will I fare;
1395   And if the sowdane be thare,
          I sall holde that I highte."

Now to holde that he hase highte,
Agaynes thaym he rydis righte,

Sie küsste ihn unverzüglich
(und) setze ihm den Helm auf den Kopf.
Er ging sogleich zum Stall,
1360 wo sein Ross war.
Niemand begleitete ihn,
denn er wollte auf niemanden warten.
Er ritt ohne Umschweife los,
bis er ins Schlachtgetümmel hinein kam.

1365 Als er ins Schlachtgetümmel kam,
ritt er eine Attacke.
Die Leute, die vor ihm waren,
hatten ihre Hauptstreitmacht (dort) versammelt,
um ihn da aufzuhalten, wo sie waren.
1370 Ihre Schläge schadeten ihm nicht mehr,
als ob jemand heftig
auf einen harten Stein geschlagen hätte.
Ob sie stark oder schwach waren,
brachte er alle, auf die er da einschlug,
1375 mit ihren Körpern ins Wanken.
Ein besseres Schicksal war ihnen nicht beschieden.
Ich weiß, dass er sich so beeilte,
dass er bis zum Mittag
mit ihnen allen fertig war –
1380 keiner blieb am Leben.

Als er alle getötet hatte,
schaute er sich um,
ob er noch jemanden finden konnte,
der mit ihm kämpfen wollte.
1385 Als der tapfere (Ritter) um sich blickte,
sah er in der Ferne auf dem Feld
vier mit Schilden bewaffnete Ritter,
die direkt auf ihn zu ritten:
Einer war König Artus,
1390 der andere Ewayne, die Blume (der Ritterschaft),
der dritte war Gawain, der ehrenwerte,
und Keie, der tapfere Ritter, (war der vierte).
Percyvell sprach sogleich:
„Zu diesen vier dort will ich reiten,
1395 und, wenn der Sultan dort sein sollte,
werde ich mein Versprechen einlösen."

Um zu halten, was er versprochen hatte,
reitet er gegen sie an.

And ay lay the lady brighte
1400   One the walle and byhelde
How many men that he had slane.
And sythen gane his sted mayne
Four kympys agayne
          Forthir in the felde.
1405   Then was the lady full wo
When scho sawe hym go
Agaynes foure knyghtys tho
          With schafte and with schelde.
They were so mekyl and unryde
1410   That wele wende scho that tyde
With bale thay solde gare hym byde
          That was hir beste belde.

Thofe he were beste of hir belde,
As that lady byhelde,
1415   He rydes forthe in the felde
          Even tham agayne.
Then sayd Arthoure the Kyng:
"I se a bolde knyghte out spryng;
For to seke feghtyng
1420   Forthe will he frayne.
If he fare forthe to fighte
And we foure kempys agayne one knyght,
Littill menske wold to us lighte
          If he were sone slayne."
1425   They fore forthward right faste,
And sone kevells did thay caste,
And evyr fell it to frayste
          Untill Sir Wawayne.

When it felle to Sir Wawayne
1430   To ryde Percevell agayne,
Of that fare was he fayne,
          And fro tham he rade.
Ever the nerre hym he drewe,
Wele the better he hym knewe,
1435   Horse and hernays of hewe
          That the childe hade.
"A, dere God!" said Wawayne the fre,
"How-gates may this be?
If I sle hym or he me,
1440   That never yit was fade,
And we are sister sones two,

Die ganze Zeit stand die schöne Dame
1400   auf der Mauer und schaute,
wie viele Männer er getötet hatte.
Dann lenkte er sein Ross
zu den vier Kämpen hin
weiter aufs Feld hinaus.
1405   Da wurde die Dame sehr traurig,
als sie ihn
gegen vier Kämpen anreiten sah,
die Speere und Schilde trugen.
Sie waren so stark und mächtig,
1410   dass sie meinte, dieses Mal
würden sie ihm Leid zufügen,
der ihre beste Verteidigung war.

Obwohl er ihre beste Verteidigung war:
Wie die Dame sah,
1415   ritt er ins Feld hinein
direkt auf sie zu.
Dann sagte König Artus:
„Ich sehe einen tapferen Ritter auf uns zu stürmen,
um den Kampf (mit uns) zu suchen.
1420   Er wird sich weiter umschauen,
um den Kampf zu suchen,
und wenn wir vier gegen einen (kämpfen),
dann wird uns wenig Ehre zuteil,
sollte er getötet werden.“
1425   Sie ritten schnell weiter
und zogen ein Los
und die Aventiure
fiel an Gawain.

Als die Aventiure Gawain zufiel,
1430   gegen Percyvell anzureiten,
war er darüber froh
und ritt von ihnen weg.
Je näher er ihm kam,
desto besser kannte er ihn:
1435   Pferd und Rüstung (waren) von der Farbe,
die der Jüngling hatte.
„Ach, lieber Gott“, sagte der edle Gawain,
„Wie kann das sein?
Wenn er mich tötet oder ich ihn,
1440   und niemals Feindschaft zwischen uns bestand
und wir beide Schwestersöhne sind –

And aythir of us othir slo,
He that lifes will be full wo
    That ever was he made."

1445 Now no maistrys he made,
Sir Wawayne, there als he rade,
Bot hovyde styll and habade
    His concell to ta.
"Ane unwyse man," he sayd, "am I,
1450 That puttis myselfe to siche a foly;
Es there no man so hardy
    That ne anothir es alswa.
Thogfe Percevell hase slayne the Rede Knyght,
Yitt may another be als wyghte,
1455 And in that gere be dyghte,
    And taken alle hym fra.
If I suffire my sister sone,
And anothir in his gere be done,
And gete the maystry me appon,
1460   That wolde do me wa.

It wolde wirke me full wa!
So mote I one erthe ga,
It ne sall noghte betyde me swa,
    If I may righte rede!
1465 A schafte sall I one hym sett
And I sall fonde firste to hitt;
Then sall I ken be my witt
    Who weldys that wede."
No more carpys he that tyde,
1470 Bot son togedyr gon thay ryde –
Men that bolde were to byde
    And styff appon stede.
Thaire horse were stallworthe and strange,
Thair scheldis were unfailande,
1475 Thaire speris brake to thaire bande,
    Als tham byhoved nede.

Now es broken that are were hale,
And than bygane Percevale
For to tell one a tale
1480   That one his tonge laye.
He sayde: "Wyde-whare hafe I gane;
Siche anothir sowdane
In faythe sawe I never nane,

wenn einer dann den anderen tötet,
wird er sein ganzes Leben lang bereuen,
dass er je geboren wurde."

1445 Sir Gawain machte keine Drohgebärden,
als er da ritt,
sondern hielt an und wartete ab,
um sich die Sache zu überlegen.
„Ich bin ein Tor", sagte er,
1450 „wenn ich mich solch törichten Gedanken hingebe.
Es gibt keinen Mann, der so stark ist,
dass es nicht seines Gleichen gäbe.
Auch wenn Percyvell den Roten Ritter getötet hat,
kann doch jemand anderes genau so kräftig sein
1455 und die Rüstung anhaben,
die er ihm weggenommen hat.
Wenn ich sanft mit meinem Schwestersohn umgehe,
und ein anderer seine Rüstung trägt
und mich dann besiegt –
1460 das würde mir Kummer bereiten.

Es würde mir großen Kummer bereiten.
Solange ich lebe,
soll es mir so nicht ergehen,
wenn ich wohl beraten bin.
1465 Ich werde einen Speer auf ihn zielen
und versuchen, ihn zuerst zu treffen.
Dann werde ich erkennen,
wer die Rüstung trägt."
Er sagt nichts weiter,
1470 sondern beide reiten gegen einander an –
Männer, die tapfer (Schläge) ertragen konnten,
und aufrecht auf dem Pferd (saßen).
Ihre Pferde waren kraftvoll und stark;
ihre Schilde gaben nicht nach;
1475 ihre Speere zerborsten in ihrer Hand –
so wie sie es tun sollten.

Jetzt ist zerbrochen, was vorher heil war
und Percyvell begann,
das zu sagen,
1480 was ihm auf der Zunge lag.
Er sagte: „Überall, wo ich gewesen bin –
einen solchen Sultan
habe ich wahrhaftig nie gesehen –

  By nyghte ne by daye.
1485 I hafe slayne, and I the ken,
  Twenty score of thi men;
  And of alle that I slewe then
   Me thoghte it bot a playe
  Agayne that dynt that I hafe tane;
1490 For siche one aughte I never nane,
  Bot I quyte two for ane,
   Forsothe, and I maye."

  Then spake Sir Wawayne –
  (Certanely, is noghte to layne),
1495 Of that fare was he fayne,
   In felde there thay fighte.
  By the wordis so wylde
  At the fole one the felde,
  He wiste wele it was the childe,
1500 Percevell the wighte.
  He sayse: "I ame no sowdane,
  Bot I am that ilke man
  That thi body bygan
   In armours to dighte.
1505 I giffe the prise to thi pyth;
  Unkyndely talked thou me with:
  My name es Wawayne in kythe,
   Whoso redys righte."

  He sayse: "Who that will rede the aryghte,
1510 My name es Wawayne the knyghte."
  And than thay sessen of thaire fighte,
   Als gude frendes scholde.
  He sayse: "Thynkes thou noghte when
  That thou woldes the knyghte brene,
1515 For thou ne couthe noghte ken
   To spoyle hym alle colde?"
  Bot then was Percevell the free
  Als blythe als he myghte be,
  For then wiste he wele that it was he,
1520 By takens that he tolde.
  He dide then als he gane hym lere:
  Putt up hys umbrere;
  And kyste togedir with gud chere
   Those beryns so bolde.

1525 Now kissede the beryns so bolde –

weder bei Tag noch bei Nacht!
1485 Du sollst wissen, dass ich
vierhundert deiner Leute getötet habe
und bei all denen, die ich erschlagen habe,
schien es mir nur ein Kinderspiel zu sein
im Vergleich zu dem Hieb, den ich jetzt hinnehmen musste.
1490 Einen solchen habe ich bis jetzt noch nie zurückzahlen müssen.
Den werde ich dir mit zwei vergelten –
wahrhaftig, wenn ich es vermag.

Dann sprach Sir Gawain –
sicherlich, zweifelsohne
1495 freute er sich über die Angelegenheit
dort auf dem Feld, wo sie kämpften.
An den ungestümen Worten
des Toren auf dem Felde
erkannte er, dass es der Jüngling war,
1500 der edle Percyvell.
Er sagte: „Ich bin kein Sultan,
sondern der Mann,
der dich
mit der Rüstung eingekleidet hat.
1505 Ich erkenne deine Stärke an,
(doch) du hast nicht richtig von mir gesprochen:
In meinem Land heiße ich Gawain,
um die Wahrheit zu sagen."

Er sagte: „Um dir die Wahrheit zu sagen,
1510 mein Name ist Sir Gawain."
Dann hörten sie auf zu kämpfen,
wie es gute Freunde tun sollten.
Er sagte: „Erinnerst du dich nicht daran,
als du den Ritter heraus brennen wolltest,
1515 denn du wusstest nicht,
wie du ihn tot aus seiner Rüstung heraus bekommen solltest?"
Da war der edle Percyvell
so froh, wie er nur sein konnte,
denn dann wusste er wohl, dass er es war –
1520 anhand der Einzelheiten, von denen er sprach.
Er tat dann, was er ihm gezeigt hatte:
Er öffnete sein Visier
und die beiden tapferen Kämpfer
küssten einander in gutem Einverständnis.

1525 Nun küssten sich die beiden tapferen Kämpfer.

Sythen talkede what thay wolde.
Be then come Arthour the bolde,
   That there was knyghte and kyng –
Als his cosyns hadd done,
1530   Thankede God also sone.
Off mekill myrthis thay mone
   At thaire metyng.
Sythen, withoutten any bade,
To the castelle thay rade
1535   With the childe that thay hade,
   Percevell the yynge.
The portere was redy th[are],
Lete the knyghtis in fare;
A blythere lady than [...],
1540   ....

„Mi grete socour at thou here sende,
Off my castell me to diffende,
Agayne the sowdane to wende,
   That es my moste foo.”
1545   Theire stedis thay sett in the stalle.
The Kyng wendis to haulle;
His knyghtis yode hym with alle,
   Als kynde was to go.
Thaire metis was redy,
1550   And therto went thay in hy,
The Kyng and the lady,
   And knyghtis also.

Wele welcomed scho the geste
With riche metis of the beste,
1555   Drynkes of the derreste,
   Dightede bydene.
Thay ete and dranke what thay wolde,
Sythen talked and tolde
Off othir estres full olde,
1560   The Kyng and the Quene.
At the firste bygynnyng,
Scho frayned Arthour the Kyng
Of childe Percevell the yyng,

1537 The...1539] *Die Hs. ist verderbt, so dass nur der Anfang der letzten Wörter von Vers 1537–9 lesbar ist. Dann fehlen etwa fünf Verse, die der Schreiber übersehen hat: der letzte Vers der vorhergehenden und die ersten vier Verse der folgenden Strophe, wo Lady Lufamour König Artus willkommen heißt.*

Danach sprachen sie worüber sie Lust hatten.
Dann kam der tapfere Artus,
der ein Ritter und ein König war.
Wie seine Neffen es schon getan hatten,
1530 dankte er Gott alsbald.
Sie sprachen bei ihrem Treffen
vergnügt mit einander.
Danach – ohne Umschweife –
ritten sie zur Burg
1535 zusammen mit dem Jüngling,
dem jungen Percyvell.
Der Pförtner war bereit,
die Ritter einzulassen.
Eine freudigere Dame als […]
1540 ....

„Meine große Hilfe, die du mir schickst,
um meine Burg für mich zu verteidigen,
(und) gegen den Sultan zu ziehen,
der mein ärgster Feind ist.“
1545 Ihre Pferde brachten sie im Stall unter.
Der König macht sich auf den Weg zum Saal –
seine Ritter begleiteten ihn,
wie es Brauch war.
Ihr Mahl stand bereit;
1550 sie gingen eilends dahin:
der König, die Dame
und die Ritter.

Sie hieß die Gäste herzlich willkommen
mit den reichsten und besten Speisen
1555 sowie ausgewählten Getränken,
die sogleich aufgetragen wurden.
Sie aßen und tranken nach Herzenslust.
Danach redeten sie und sprachen
über frühere Geschehnisse –
1560 der König und die Königin.
Gleich zu Beginn
erkundigte sie sich bei König Artus
über den Jüngling Percyvell, den jungen –

<blockquote>

What life he had in bene.
1565   Grete wondir had Lufamour,
He was so styffe in stour
And couthe so littill of nurtour,
    Als scho had there sene.

Scho had sene with the childe
1570   No thyng bot werkes wylde;
Thoghte grete ferly on filde
    Of that foly fare.
Then said Arthour the Kyng
Of bold Percevell techyng,
1575   Fro the firste bygynnyng
    [Ti]ll that he come thar:
[How] his fadir was slayne,
[And his modi]r to the wode gane,
[For to be t]here hir allane
1580   [In the holtis har]e,
Fully feftene yere,
To play hym with the wilde dere:
Littill wonder it were
    Wilde if he ware!

1585   When he had tolde this tale
To that semely in sale,
He hade wordis at wale
    To tham ilkane.
The[n] said Percevell the wighte:
1590   "Yif I be noghte yitt knyghte
Thou sall halde that thou highte,
    For to make me ane."
Than saide the Kyng full sone:
"Ther sall other dedis be done,
1595   And thou sall wynn thi schone
    Appon the sowdane."
Then said Percevell the fre:
"Als sone als I the sowdane see,
Righte so sall it sone be,
1600   Als I hafe undirtane."

</blockquote>

1576 Till … 1580 hare] *Rekonstruktion der Verse durch* Campion/Holthausen, *da die linke untere Ecke der Seite fehlt.* **1589** Then] The *in der Hs. (Emendation).*

was für ein Leben er geführt habe.
1565 Lady Lufamour wunderte sich nämlich sehr,
dass er, obwohl er so stark im Kampf war,
so wenig Erziehung hatte,
wie sie gesehen hatte.

Sie hatte bei dem Jüngling
1570 nichts als ungehobeltes Benehmen gesehen:
Sie hielt die wundersamen Taten auf dem Schlachtfeld
für ungewöhnliches Verhalten.
Dann erzählte ihr König Artus
von der Erziehung des tapferen Percyvell,
1575 von Anfang an
bis zu seiner Ankunft –,
wie sein Vater getötet worden war
und seine Mutter sich in den Wald zurückgezogen hatte,
um dort ganz allein zu sein
1580 im grauen Wald –
volle fünfzehn Jahre –,
damit er seinen Sport mit den Tieren treiben konnte:
kein Wunder also,
dass er selbst wild war.

1585 Nachdem er diese Geschichte
der Schönen im Saal erzählt hatte,
sprach er ausführlich
mit jedem von ihnen.
Dann sagte der tapfere Percyvell:
1590 „Wenn ich jetzt noch kein Ritter bin,
dann sollst du halten, was du versprochen hast,
nämlich mich zum Ritter zu schlagen.“
Da antwortete der König:
„Da gibt es noch mehr zu tun.
1595 Du sollst dir deine Schuhe
durch den (Kampf) mit dem Sultan verdienen.“
Dann sagte der edle Percyvell:
„Sobald ich den Sultan sehe,
soll es so geschehen,
1600 wie ich es mir vorgenommen habe.“

1595 ff. Im Mittelalter trugen Ritter, die in friedlicher Absicht kamen, keine Schuhe, sondern Strümpfe mit festen Sohlen (vgl. ‚Sir Gawain and the Green Knight', V. 160). Ein Ritter, der den Kampf suchte, trug hingegen Schuhe und Sporen. Artus scheint hier sagen zu wollen, dass Percyvell sich im erfolgreichen Kampf mit dem Sultan die Schuhe eines Ritters verdienen könnte.

He says: "Als I hafe undirtane
For to sla the sowdane,
So sall I wirke als I kanne
   That dede to bygynn."
1605 That day was ther no more dede
With those worthily in wede,
Bot buskede tham and to bedde yede,
   The more and the mynn.
Till one the morne erely
1610 Comes the sowdane with a cry,
Fonde all his folkes hym by
   Putt unto pyn.
Sone asked he wha
That so durste his men sla
1615 And wete hym one lyfe gaa,
   The maystry to wynn.

Now to wynn the maystry,
To the castell gan he cry,
If any were so hardy,
1620   The maistry to wynn,
A man for ane;
Thoghe he hadd all his folke slane,
Here sall he fynde Golrotherame
   To mete hym full ryghte.
1625 Appon siche a covenande
That ye hefe up your hande:
Who that may the better stande
   And more es of myghte
To bryng that other to the dede,
1630 Browke wele the londe on brede,
And hir that is so faire and rede –
   Lufamour the brighte.

Then the Kyng Arthour
And the Lady Lufamour
1635 And all that were in the towre
   Graunted therwith.
Thay called Percevell the wight;
The Kyng doubbed hym to knyghte.
Thofe he couthe littill insighte,
1640   The childe was of pith.
He bad he solde be to prayse,
Therto hende and curtayse;
Sir Percevell the Galayse

Er sagt: „Wie ich es mir vorgenommen habe,
den Sultan zu töten,
so werde ich, wenn ich kann,
diese Tat vollbringen.“
1605　An diesem Tag ereignete sich nichts mehr
bei denen, die so herrlich gekleidet waren,
sondern sie gingen zu Bett –
die Mächtigen und die Geringen.
Früh am nächsten Morgen
1610　kam der Sultan mit einem Heer.
Er fand alle seine Leute,
denen viel Schaden zugefügt worden war.
Alsbald erkundigte er sich,
wer es gewagt hatte, seine Männer zu töten.
1615　und mit dem Leben davon gekommen war,
um den Sieg zu gewinnen.

Um den Sieg davon zu tragen,
ließ er vor der Burg ausrufen:
Sollte einer so verwegen sein,
1620　um den Sieg zu kämpfen –
Mann gegen Mann –,
würde er hier Golrotherame finden,
um mit ihm zusammen zu treffen –
obwohl er alle seine Leute getötet hatte!
1625　Auf diese Abmachung
schwöre aufrichtig:
Wer mehr ertragen kann
und die größere Kraft besitzt,
den anderen zu Tode zu bringen,
1630　der soll das ganze Land bekommen
und die, die so hübsch und lieblich ist:
Lufamour, die schöne.

König Artus
und Lady Lufamour
1635　und alle, die da auf dem Turm standen,
stimmten zu.
Sie riefen Percyvell, den tapferen, herbei;
der König schlug ihn zum Ritter.
Obwohl er wenig Erfahrung mit Waffen hatte,
1640　war der Jüngling doch kräftig.
Er trug ihm auf, ehrenwert zu sein
und dazu edelmütig und höfisch.
Sir Percyvell, den Waliser,

Thay called hym in kythe.
1645 Kyng Arthour in Maydenlande
Dubbid hym knyghte with his hande,
Bad hym, ther he his fo fande,
   To gyff hym no grythe.

Grith takes he nane:
1650 He rydes agayne the sowdane
That highte Gollerotherame,
   That felle was in fighte.
In the felde so brade
No more carpynge thay made,
1655 Bot sone togedir thay rade,
   Theire schaftes to righte.
Gollerotheram, thofe he wolde wede,
Percevell bere hym fro his stede
Two londis one brede,
1660   With maystry and myghte.
At the erthe the sowdane lay;
His stede gun rynn away;
Than said Percevell one play:
   "Thou haste that I the highte."

1665 He sayd: "I highte the a dynt,
And now, me thynke, thou hase it hynt.
And I may, als I hafe mynt,
   Thou schalt it never mende."
Appon the sowdan he dwelle
1670 To the grounde ther he was felled,
And to the erthe he hym helde
   With his speres ende.
Fayne wolde he hafe hym slayne,
This uncely sowdane,
1675 Bot gate couthe he get nane,
   So ill was he kende.
Than thynkes the childe
Of olde werkes full wylde:
"Hade I a fire now in this filde,

nannten ihn die, die ihn kannten.
1645 Der König schlug ihn
im Maidenland mit eigener Hand zum Ritter.
Er befahl ihm, seinem Feind, wo er ihn finden sollte,
keinen Frieden zu geben.

Er wollte keinen Frieden!
1650 Er reitet gegen den Sultan an,
der Golrotherame hieß
und kampferprobt war.
Auf dem breiten Kampfplatz
sprachen sie nicht weiter mit einander,
1655 sondern ritten gegen einander an,
um ihre Speere ins Ziel zu bringen.
Zu seinem Ärger wurde Golrotherame
von Percyvell mit Kraft und Macht
die Länge von zwei Klaftern
1660 von seinem Ross geschleudert.
Der Sultan lag auf der Erde –
sein Ross rannte fort.
Dann sagte Percyvell spöttisch:
„Da hast du, was ich dir versprochen habe!"

1665 Er sagte: „Ich habe dir einen Schlag versprochen,
und nun, so glaube ich, hast du ihn erhalten
und ich habe getan, was ich mir vorgenommen hatte.
Davon sollst du dich nicht mehr erholen!"
Er bedrängte den Sultan
1670 da, wo er auf den Boden geworfen worden war,
und hielt ihn auf der Erde
mit dem Ende des Speers.
Er hätte ihn gerne getötet –
diesen verfluchten Sultan –,
1675 aber er fand kein Mittel dazu –
so unerfahren war er.
Dann dachte der Jüngling
an seine wilden Taten in der Vergangenheit:
„Hätte ich nur ein Feuer auf diesem Feld,

1659 Die genaue Bedeutung dieses Verses ist unklar. Die wahrscheinlichste Lesart ist, dass der Sultan die Entfernung von zwei „land" über den Rücken seines Pferds nach hinten geschleudert wurde. Ein „land" bezeichnet die Entfernung zwischen zwei Ackerfurchen und war eine feste Maßeinheit in England, vielleicht mit einem Klafter vergleichbar, obwohl der englische Terminus dafür „fathom" heißt. Ein Sturz von dreieinhalb Metern wäre aber denkbar, obwohl Übertreibung zu dieser Gattung gehört. Vgl. FRENCH/HALE, Middle English Metrical Romances, S. 583, die jedoch keine genauen Angaben zur exakten Größe von einem „land" machen.

1680   Righte here he solde be brende."

He said: "Righte here I solde the brene,
And thou ne solde never more then
Fighte for no wymman,
    So I solde the fere!"
1685   Then said Wawayne the knyghte:
"Thou myghte, and thou knewe righte,
And thou woldes of thi stede lighte,
    Wynn hym one were."
The childe was of gamen gnede;
1690   Now he thynkes one thede:
"Lorde! whethir this be a stede
    I wende had bene a mere?"
In stede righte there he in stode,
He ne wiste nother of evyll ne gude,
1695   Bot then chaunged his mode
    And slaked his spere.

When his spere was up tane,
The[n] gan this Gollerothiram,
This ilke uncely sowdane,
1700   One his fete to gete.
Than his swerde drawes he,
Strykes at Percevell the fre;
The childe hadd no powsté
    His laykes to lett.
1705   The stede was his awnn will.
Saw the swerde come hym till,
Leppe up over an hill
    Fyve stryde mett.
Als he sprent forthy,
1710   The sowdan keste up a cry;
The childe wann out of study
    That he was inn sett.

Now ther he was in sett,
Out of study he gett,
1715   And lightis downn, withoutten lett,
    Agaynes hym to goo.
He says: "Now hase thou taughte me
How that I sall wirke with the."

1680 dann würde ich ihn (aus seiner Rüstung) heraus brennen!"

Er sagte: „Hier sollte ich dich gleich verbrennen
und du sollst nie wieder
um eine Frau kämpfen –
davon werde ich dich abschrecken!"
1685 Dann sagte der Ritter Gawain:
„Du könntest, wenn du es richtig anstellst,
von deinem Ross absitzen
und ihn (zu Fuß) besiegen."
Der Jüngling, der unerfahren im Kampfsport war,
1690 dachte nun dort:
„Herr, sollte das ein Streitross sein –
ich dachte, es sei eine Märe!"
Er stand auf der Stelle
und wusste nicht, was ihm schaden oder nützen könnte,
1695 aber dann änderte er seine Vorgehensweise
und ließ den Speer los.

Als er den Speer losgelassen hatte,
sprang Golrotherame,
dieser verfluchte Sultan,
1700 auf seine Füße.
Er zog sein Schwert
und schlug damit auf den edlen Percyvell ein.
Dem Jüngling fehlte die Übung,
um diesen Angriff zu parieren.
1705 Das Ross hatte seinen eigenen Willen.
Als es das Schwert auf sich zukommen sah,
sprang es über den Hügel –
die Weite von fünf Längen!
Als es vorbeisprang,
1710 schrie der Sultan auf.
Der Jüngling kam
aus seiner Verwirrung wieder zu sich.

Da, wo er sich gerade befand,
ist er wieder zu sich gekommen,
1715 steigt nun ohne Umschweife ab
und geht ihm entgegen.
Er sagt: „Nun hast du mir beigebracht,
wie ich mit dir umgehen soll!"

1711–15 Erinnert an die Blutstropfenszene bei Chrétien, wo der Held ebenfalls in Gedanken versunken auf seinem Pferd sitzt.

Than his swerde drawes he
1720   And strake to hym thro.
He hitt hym even one the nekk-bane,
Thurgh ventale and pesane;
The hede of the sowdane
        He strykes the body fra.
1725   Then full wightly he yode
To his stede, there he stode;
The milde mayden in mode,
        Mirthe may scho ma!

Many mirthes then he made;
1730   In to the castell he rade
And boldly he there habade
        With that mayden brighte.
Fayne were thay ilkane
That he had slane the sowdane
1735   And wele wonn that wymman,
        With maystry and myghte.
Thay said Percevell the yyng
Was beste worthy to be kyng,
For wele withoutten lesyng
1740   He helde that he highte.
Ther was no more for to say,
Bot sythen, appon that other day,
He weddys Lufamour the may,
        This Percevell the wighte.

1745   Now hase Percevell the wight
Wedded Lufamour the bright
And is a kyng full righte
        Of alle that lande brade.
Than Kyng Arthour in hy
1750   Wolde no lengare ther ly;
Toke lefe at the lady;
        Fro tham than he rade;
Left Percevell the yyng
Off all that lande to be kyng,
1755   For he had [wedded] with a ryng
        The mayden that it hade.
Sythen, appon the tother day,
The Kyng went on his way,
The certane sothe, als I say,

1755 wedded] *Emendation von* CAMPION/HOLTHAUSEN.

Er zog sein Schwert
1720 und schlug kräftig auf ihn ein.
Er traf ihn im Nacken –
durch Nacken- und Brustschutz:
Er trennt den Kopf des Sultans
vom Körper.
1725 Dann lief er schnellstens
dahin, wo sein Streitross stand.
Die gute Maid
kann sich wohl darüber freuen!

Sie kann sich sehr darüber freuen.
1730 Er ritt in die Burg hinein
und blieb dort mutig
mit der schönen Maid.
Jeder war froh darüber,
dass er den Sultan getötet
1735 und die Frau
mit Kraft und Macht gewonnen hatte.
Sie sagten, dass der junge Percyvell
verdient habe, König zu werden,
denn, um die Wahrheit zu sagen,
1740 hat er gehalten, was er versprochen hatte.
Es gab nichts weiter zu sagen,
sondern später am nächsten Tag
heiratete er die Maid Lufamour –
der tapfere Percyvell.

1745 Jetzt hat der tapfere Percyvell
die schöne Lufamour geheiratet
und ist nun der rechtmäßige König
des ganzen großen Landes.
Dann kam König Artus eilends herein –
1750 er wollte nicht länger verweilen.
Er nahm Abschied von der Dame –
dann ritt er los.
Er ließ den jungen Percyvell
König über das ganze Land sein,
1755 denn er hatte mit einem Ring
die Maid geheiratet, die es besaß.
Am nächsten Tag
machte sich der König auf den Weg –
sage ich euch wahrhaftig –

1760   Withoutten any bade.

Now than yong Percevell habade
In those borowes so brade
For hir sake that he hade
        Wedd with a ryng.
1765 Wele weldede he that lande,
Alle bowes to his honde;
The folke, that he byfore fonde,
        Knewe hym for kyng.
Thus he wonnes in that wone
1770 Till that the twelmonthe was gone
With Lufamour his lemman.
        He thoghte on no thyng,
Nor on his moder that was,
How scho levyde with the gres,
1775 With more drynke and lesse,
        In welles, there thay spryng.

Drynkes of welles, ther thay spryng,
And gresse etys, without lesyng;
Scho liffede with none othir thyng
1780   In the holtes hare,
Till it byfelle appon a day,
 Als he in his bedd lay,
Till hymselfe gun he say,
        Syghande full sare:
1785 "The laste yole-day that was
Wilde wayes I chese:
My modir all manles
        Leved I thare."
Thar righte sone saide he:
1790 "Blythe sall I never be,
Or I may my modir see,
        And wete how scho fare."

Now to wete how scho fare,
The knyght busked hym yare;
1795 He wolde no lengare dwelle thare
        For noghte that myghte bee.
Up he rose in that haulle,
Tuke his lefe at tham alle,
Bot[h] at grete and at smalle;

1799 Both] bot *in der Hs. (Emendation).*

1760   ohne zu verweilen.

Jetzt blieb der junge Percyvell
in der von Mauern umringten Stadt
um deretwillen, die er
mit einem Ring geheiratet hatte.
1765   Er regierte das Land gut;
alle unterwarfen sich ihm –
die Leute, die er zuvor aufgesucht hatte,
erkannten ihn als König an.
So verweilte er an diesem Ort,
1770   bis zwölf Monate vergangen waren,
mit Lufamour, seiner Geliebten.
Er dachte an nichts,
auch nicht an seine Mutter,
wie sie sich von Grass ernährte
1775   mit mehr oder weniger Trank,
der aus den Quellen hervorquillt.

Sie trinkt von Quellen, wo sie entspringen
und isst Grass, um die Wahrheit zu sagen –
von nichts anderem lebte sie
1780   im grauen Wald,
bis es sich eines Tages ereignete,
als er im Bett lag,
dass er zu sich selbst sprach –
tief seufzend:
1785   „Am Weihnachtstag letzten Jahres war es,
dass ich mich ungestüm benahm;
meine Mutter ließ
ich ganz schutzlos zurück.“
Anschließend sagte er dann:
1790   „Ich soll nie wieder (meines Lebens) froh werden,
bevor ich meine Mutter gesehen habe
und weiß, wie es ihr geht!“

Um herauszufinden, wie es ihr geht,
macht sich der Ritter schnell fertig;
1795   er wollte dort nicht länger bleiben –
um nichts in der Welt!
Er stand im Saal auf
(und) verabschiedete sich von allen –
den Mächtigen und den Geringen;

1800   Fro thaym wendis he.
          Faire scho prayed hym even than,
          Lufamour, his lemman,
          Till the heghe dayes of yole were gane,
               With hir for to bee;
1805   Bot it served hir of no thyng:
          A preste he made forthe bryng,
          Hym a messe for to syng,
               And aftir rode he.

          Now fro tham gun he ryde;
1810   Ther wiste no man that tyde,
          Whedirwarde he wolde ryde
               His sorowes to amende.
          Forthe he rydes allone;
          Fro tham he wolde everichone:
1815   Mighte no man with hym gone,
               Ne whedir he wolde lende,
          Bot forthe thus rydes he ay,
          The certen sothe als I you say,
          Till he come at a way
1820   By a wode-ende.
          Then herde he faste hym by
          Als it were a woman cry:
          Scho prayed to mylde Mary
               Som socoure hir to sende.

1825   Scho sende hir socour full gude,
          Mary, that es mylde of mode:
          As he come thurgh the wode,
               A ferly he fande.
          A birde, brighteste of ble,
1830   Stode faste bonden till a tre
          (I say it you certanly)
               Bothe fote and hande.
          Sone askede he who,
          When he sawe hir tho,
1835   That had served hir so,
               That lady in lande.
          Scho said: "Sir, the Blake Knyghte
          Solde be my lorde with righte;
          He hase me thusgates dighte

1800 er ging von ihnen fort.
Lufamour, seine Geliebte,
bat ihn inständig,
bei ihr zu bleiben,
bis das Weihnachtsfest vorbei wäre,
1805 aber es nutzte ihr nichts.
Er ließ einen Priester kommen,
um die Messe zu singen,
und ritt danach los.

Er ritt von ihnen fort –
1810 da wusste keiner zu diesem Zeitpunkt,
wohin er reiten wollte,
um seinen Schmerz zu lindern.
Er reitet ganz alleine fort;
er wollte von allen weg sein.
1815 Keiner sollte mit ihm gehen
noch (wissen), wo er Herberge nehmen würde,
sondern er ritt immer weiter –
ich will euch die ganze Wahrheit sagen –,
bis er zu einem Weg
1820 bei einem Waldrand kam.
Dann vernahm er nahe bei,
wie eine Frau klagte.
Sie bat die gütige (Mutter) Maria,
ihr Hilfe zu senden.

1825 Maria, die gütige,
sandte ihr gute Hilfe.
Als er durch den Wald kam,
bot sich ihm ein seltsamer Anblick:
Ein Fräulein von wundervollem Antlitz
1830 stand fest an Händen und Füßen
an einen Baum gebunden –
ich sage euch die volle Wahrheit.
Als er sie da sah,
fragte er sie sofort, wer
1835 ihr, der Dame in diesem Lande,
das angetan hatte.
Sie erwiderte: „Herr, der Schwarze Ritter,
der mein rechtmäßiger Ehemann ist,
hat mich so zugerichtet,

1822–32 Das Fräulein ist dasgleiche, mit dem er im Saal die Ringe getauscht hatte. Bei Chrétien ist das Zeltfräulein in Lumpen gekleidet und reitet auf einem Klepper.

1840   Here for to stande."

Scho says: "Here mon I stande
For a faute that he fande,
That sall I warande,
     Is my moste mone.
1845   Now to the I sall say:
Appon my bedd I lay
Appon the laste yole-day –
     Twelve monethes es gone.
Were he knyghte, were he kyng,
1850   He come one his play[y]nge:
With me he chaungede a ryng,
     The richeste of one.
The body myght I noghte see
That made that chaungyng with me,
1855   Bot what that ever he be,
     The better hase he tone!"

Scho says: "The better hase he tane;
Siche a vertue es in the stane,
In alle this werlde wote I nane
1860   Siche stone in a rynge;
A man that had it in were
One his body for to bere,
There scholde no dyntys hym dere,
     Ne to the dethe brynge."
1865   And then wiste Sir Percevale
Full wele by the ladys tale
That he had broghte hir in bale
     Thurgh his chaungyng.
Than also sone sayd he
1870   To that lady so fre:
"I sall the louse fro the tre,
     Als I am trewe kyng."

He was bothe kyng and knyght:
Wele he helde that he highte;
1875   He loused the lady so brighte,
     Stod bown to the tre.
Down satt the lady
And yong Percevall hir by;
Forwaked was he wery:

1864 Ne … the] ne the to *in der Hs. (Emendation).*

1840   um hier zu stehen."

Sie sagte: „Hier muss ich stehen
wegen einer Verfehlung, der er mich bezichtigte –
das, schwöre ich,
ist mein größter Kummer.
1845   Davon will ich jetzt erzählen:
Ich lag auf meinem Bett
am Weihnachtstag letzten Jahres –
zwölf Monate ist das her,
da kam einer, ein Ritter oder ein König,
1850   der zum Spaß
mit mir einen Ring tauschte,
den wertvollsten, den es gibt.
Ihn selbst konnte ich nicht sehen,
der diesen Tausch mit mir machte,
1855   aber, wer immer er auch ist,
er hat jetzt den besseren (Ring)!"

Sie sagt: „Den besseren hat er mitgenommen:
Der Stein (des Rings) besitzt eine solche Kraft –
in der ganzen Welt kenne
1860   ich nicht ihresgleichen in einem Ring.
Der Mann, der ihn an
seinem Körper trägt,
dem sollen niemals (Schwert)schläge schaden
noch ihn töten."
1865   Da wusste Sir Percyvell nur zu gut
aufgrund des Berichts der Dame,
dass er sie in die missliche Lage
durch den Ringtausch gebracht hatte.
Dann sagte er ohne Umschweife
1870   zu der edlen Dame:
„Ich werde dich vom Baum losbinden,
so wahr ich ein wahrer König bin!"

Er war beides: König und Ritter –
er hielt, was er versprach.
1875   Er band die schöne Dame los,
die an den Baum gebunden war.
Sie setzte sich nieder
und der junge Percyvell zu ihr,
der aus Mangel an Schlaf ganz erschöpft war.

1880   Rist hym wolde he.
    He wende wele for to ryst,
    Bot it wolde nothyng laste:
    Als he lay althir best,
       His hede one hir kne,
1885 Scho putt on Percevell wighte,
    Bad hym fle with all his myghte:
    "For yonder comes the Blake Knyghte;
       Dede mon ye be!"

    Scho sayd: "Dede mon ye be,
1890 I say you, sir, certanly:
    Yonder out comes he
       That will us bothe sle!"
    The knyghte gan hir answere:
    "Tolde ye me noghte lang ere
1895 Ther solde no dynttis me dere,
       Ne wirke me no woo?"
    The helme on his hede he sett;
    Bot or he myght to his stede get,
    The Blak Knyght with hym mett,
1900   His maistrys to mo.
    He sayd: "Hore! hase thou here
    Fonden now thi play-fere?
    Ye schall haby it full dere,
       Er that I hethen go!"

1905 He said: "Or I hethyn go,
    I sall sle you bothe two
    And all siche othir mo,
       Thaire waryson to yelde."
    Than sayd Percevell the fre:
1910 "Now sone than sall we see,
    Who that es worthy to bee
       Slayne in the felde."
    No more speke thay that tyde,
    Bot sone togedir gan thay ryde,
1915 Als men that wolde were habyde,
       With schafte and with schelde.
    Than Sir Percevell the wight
    Bare down the Blake Knyght;
    Than was the lady so bright

1880 Er wollte sich ausruhen.
Er hoffte, sich ausruhen zu können,
aber (seine Hoffnung) hielt nicht lange vor.
Als er da gemütlich ruhte –
mit seinem Kopf auf ihren Knien,
1885 da schüttelte sie Percyvell kräftig
und befahl ihm, mit aller Kraft zu fliehen:
„Dort kommt der Schwarze Ritter –
Ihr seid ein toter Mann!"

Sie sagt: „Ihr seid ein toter Mann!
1890 Ich sage Euch, wahrhaftig:
Dort kommt der,
der uns beide töten wird."
Der Ritter antwortete ihr:
„Habt Ihr mir nicht vor kurzem gesagt,
1895 dass mir Schläge nichts anhaben
noch mir Schaden zufügen könnten?"
Er setzte seinen Helm auf seinen Kopf,
doch bevor er sein Pferd holen konnte,
war der Schwarze Ritter da,
1900 um ihm Gewalt anzutun.
Er sagte: „Du Hure, hast du hier
deinen Galan gefunden?
Dafür sollt ihr büßen,
bevor ich von hinnen gehe!"

1905 Er sagt: „Bevor ich weggehe,
werde ich euch beide töten
und andere wie euch,
um ihnen ihren (gerechten) Lohn zu geben!"
Dann sagte der edle Percyvell:
1910 „Wir werden gleich sehen,
wer auf dem Schlachtfeld
getötet werden wird."
Sie sprachen dann nichts weiter,
sondern ritten gegen einander an
1915 wie Männer, die sich zum Kampf stellen,
mit Speer und Schild.
Dann warf der tapfere Percyvell
den Schwarzen Ritter aus dem Sattel.
Die schöne Dame

1920   His best socour in telde.

Scho was the beste of his belde:
Bot scho had there bene his schelde,
He had bene slayne in thc felde,
        Right certeyne in hy.
1925 Ever als Percevell the kene
Sold the knyghtis bane hafe bene,
Ay went the lady bytwene
        And cryed: "Mercy!"
Than the lady he forbere
1930 And made the Blak Knyghte to swere
Of alle evylls that there were,
        Forgiffe the lady;
And Percevell made the same othe
That he come never undir clothe
1935 To do that lady no lothe
        That pendid to velany.

"I did hir never no velany,
Bot slepande I saw hir ly:
Than kist I that lady –
1940   I will it never layne; –
I tok a ryng that I fande;
I left hir, I undirstande
(That sall I wele warande),
        Anothir ther-agayne."
1945 Thofe it were for none other thyng,
He swere by Ihesu, Heven-kyng,
To wete withoutten lesyng,
        And here to be slayne:
"And all redy is the ryng;
1950 And thou will myn agayne bryng,
Here will I make the chaungyng,
        And of myn awnn be fayne."

He saise: "Of myn I will be fayne."
The Blak Knyghte answers agayne:
1955 Sayd, "For sothe, it is noghte to layne,

1920 telde] *[Zelt]. FRENCH/HALE glauben, dass es sich hier um einen Schreibfehler handelt und* belde *[Verteidigung] gemeint war.*

1920   war da sein größter Beistand im Zelt.

Sie war seine beste Hilfe:
Hätte sie ihn nicht beschützt,
dann wäre er auf dem Feld
sicherlich sogleich getötet worden.
1925   Der ungestüme Percyvell
hätte den Ritter getötet,
wenn die Dame nicht dazwischen gegangen wäre
und „Gnade" gerufen hätte!
Dann gab er nach
1930   und hieß den Schwarzen Ritter schwören,
der Dame alle (angeblichen) Fehltritte
zu verzeihen.
Percyvell leistete denselben Eid,
dass er niemals unter die Kleidung
1935   der Dame gekommen sei, um etwas mit ihr zu tun,
was schändlich wäre.

„Ich habe ihr niemals Schande angetan,
sondern sah sie schlafend daliegen:
Dann habe ich die Dame geküsst –
1940   das möchte ich nicht verhehlen!
Ich nahm den Ring, den ich da fand
und ließ ihr meines Wissens –
das beschwöre ich –
einen anderen (Ring) zurück."
1945   Wenn es anders gewesen wäre,
schwor er bei Jesus, dem Himmelskönig, –
um die volle Wahrheit zu sagen –
sollte er auf der Stelle tot umfallen.
„Den Ring habe ich hier:
1950   Wenn du mir meinen wieder gibst,
wollen wir hier einen Tausch machen
und ich bin froh, meinen eigenen wieder zu haben."

Er sagte: „Ich bin froh, meinen eigenen zu haben."
Der Schwarze Ritter antwortete ihm und
1955   sagte: „Wahrlich, ohne zu lügen,

1920 *in telde.* MILLS, Ywain and Gawain, Sir Percyvell of Gales, The Anturs of Arther, S. 198, weist darauf hin, dass das Fräulein, das in der ersten Episode (dem Ringtausch) in einem Saal und nicht wie bei Chrétien in einem Zelt schläft, hier wieder mit Chrétiens Zeltfräulein identifiziert wird, es sei denn, dass es sich einen Schreibfehler für *belde* handelt, wie FRENCH/HALE, Middle English Metrical Romances, annehmen.

Thou come over-late.
Als sone als I the ryng fande,
I toke it sone off hir hande;
To the lorde of this lande
1960   I bare it one a gate.
That gate with grefe hafe I gone:
I bare it to a gude mone,
The stalwortheste geant of one
      That any man wate.
1965 Es it nowther knyghte ne kyng
That dorste aske hym that ryng,
That he ne wolde hym down dyng
      With harmes full hate."

"Be thay hate, be thay colde,"
1970 Than said Percevell the bolde.
For the tale that he tolde
      He wex all tene.
He said: "Heghe on galous mote he hyng
That to the here giffes any ryng,
1975 Bot thou myn agayne brynge,
      Thou haste awaye geven!
And yif it may no nother be,
Righte sone than tell thou me
The sothe: whilke that es he
1980   Thou knawes, that es so kene?
Ther es no more for to say,
Bot late me wynn it yif I may,
For thou hase giffen thi part of bothe away,
      Thof thay had better bene."

1985 He says: "Thofe thyn had better bene."
The knyghte answerde in tene:
"Thou sall wele wete, withoutten wene,
      Wiche that es he!
If thou dare do als thou says,
1990 Sir Percevell de Galays:
In yone heghe palays,
      Therin solde he be –
The riche ryng with that grym!
The stane es bright and nothyng dym;
1995 For sothe, ther sall you fynd hym:
      I toke it fro me;

1985 thyn] thay *in der Hs. (Emendation).*

du kommst zu spät.
Sobald ich den Ring fand,
nahm ich ihn von ihrer Hand.
Zum Herren dieses Landes
1960 machte ich mich auf, um ihn ihm zu geben.
Diesen Weg habe ich mit Kummer zurückgelegt:
Ich brachte ihn einem guten Mann –
er ist der tapferste Riese von allen,
die man kennt.
1965 Es gibt weder Ritter noch König,
der den Ring von ihm fordern könnte,
den er nicht
mit großer Gewalt erschlagen würde."

„Seien sie heiß oder kalt",
1970 sagte dann der kühne Percyvell.
Wegen dieser Geschichte, die er gerade erzählt hatte,
wurde er äußerst ungehalten.
Er sagte: „Hoch am Galgen möge der hängen,
der dir einen Ring gibt,
1975 es sei denn du bringst mir meinen zurück,
den du weggegeben hast!
Und wenn es nicht anders sein mag,
dann sag mir unverzüglich die Wahrheit,
wer es ist, den du kennst,
1980 der so tapfer ist.
Es gibt nichts weiter zu sagen,
sondern lass mich ihn zurückgewinnen, wenn ich dazu in der Lage bin,
denn du hast deinen verloren,
obwohl der noch kostbarer war."

1985 Er sagte: „Obwohl deiner noch kostbarer war."
Der Ritter antwortete im Zorn:
„Du sollst zweifelsohne wissen,
wer das ist!
Wenn du wagst das zu tun, was du sagst,
1990 Sir Percyvell von Wales:
In der hohen Burg
wirst du ihn finden –
der wertvolle Ring ist bei dem grimmen (Riesen).
Der Stein ist glänzend – nicht matt.
1995 Dort wirst du den wahrhaftig finden,
der ihn von mir bekommen hat.

Owthir within or without,
Or one his play ther aboute,
Of the he giffes littill doute,
2000   And that sall thou see."

He says: "That sall thou see,
I say the full sekirly."
And than forthe rydis he
      Wondirly swythe.
2005 The geant stode in his holde
That had those londis in wolde:
Saw Percevell, that was bolde,
      One his lande dryfe;
He calde one his portere:
2010 "How-gate may this fare?
I se a bolde man yare
      On my lande ryfe.
Go reche me my playlome
And I sall go to hym sone;
2015 Hym were better hafe bene at home,
      So ever mote I thryfe!"

Whethir he thryfe or he the,
Ane iryn clobe takes he;
Agayne Percevell the fre
2020   He went than full right.
The clobe wheyhed reghte wele
That a freke myght it fele:
The hede was of harde stele,
      Twelwe stone weghte.
2025 Ther was iryn in the wande,
Ten stone of the lande,
And one was byhynde his bande,
      For holdyng was dight.
Ther was thre and twenty in hale;
2030 Full evyll myght any men smale,
That men telles nowe in tale,
      With siche a lome fighte.

Innerhalb (der Mauern) oder außerhalb
oder bei seinem (Jagd)vergnügen
hat er wenig Angst vor dir,
2000 wie du merken wirst!"

Er sagt: „Das wirst du merken,
kann ich dir versichern!"
Dann ritt er
äußerst schnell von dannen.
2005 Der Riese stand in seiner Burg,
der alle diese Ländereien beherrschte.
Er sah, wie Percyvell, der kühne,
über sein Land galoppierte.
Da rief er seinen Pförtner zu sich:
2010 „Wie mag dies angehen?
Ich sehe, wie ein kühner Mann
über mein Land galoppiert.
Geh und hol mir mein „Spielzeug"
und ich werde sogleich zu ihm gehen.
2015 Für ihn wäre es besser, er wäre zu Hause geblieben –
bei meiner Seele!

Ob es ihm nun gut gehen und er gedeihen sollte –
er greift sich eine eiserne Keule.
Er ging dem edlen Percyvell
2020 direkt entgegen.
Die Keule war so schwer,
dass ein Gegner sie spüren musste.
Das Vorderteil war aus hartem Stahl
und wog 168 Pfund.
2025 Das Eisen des Schaftes
wog 140 Pfund in der Maßeinheit dieses Landes.
Das hintere Ende, das als Griff diente,
wog 14 Pfunde.
Insgesamt wog (die Keule) 322 Pfund.
2030 Nur schlecht hätte ein gewöhnlicher Mann,
wie einer, von dem man in Geschichten erzählt,
mit einem solchen Instrument kämpfen können.

2024–29 Das Gesamtgewicht der Keule beträgt 23 stone, das sind 322 englische Pfund oder
144 kg. **2032** *lome* [Instrument]. BRASWELL, Sir Perceval of Galles and Ywain and Gawain, S. 76
weist daraufhin, dass der Begriff auch als Metapher für Penis gebraucht wird. Der dreimalige
Verweis auf *playlome* [Spielzeug] (V. 2013), *lome* [Instrument] (V. 2032) und *clobe-lome* [Keule]
(V. 2053) könnte somit eine Anspielung auf die Potenz des Riesen sein.

Now are thay bothe bown
Mett one a more brown,
2035 A mile without any town,
    Boldly with schelde.
Than saide the geant so wight,
Als sone als he sawe the knyght:
"Mahown, loved be thi myght!"
2040   And Percevell byhelde.
"Art thou hym," saide he than,
"That slew Gollerothirame?
I had no brothir bot hym ane,
    When he was of elde."
2045 Than said Percevell the fre:
"Thurgh grace of God so sall I the,
And siche geantes as ye –
    Sle thaym in the felde!"

Siche metyng was seldom sene;
2050 The dales dynned thaym bytwene
For dynttis that thay gaffe bydene
    When thay so mett.
The gyant with his clobe-lome
Wolde hafe strekyn Percevell sone,
2055 Bot he therunder wightely come,
    A stroke hym to sett.
The geant missede of his dynt;
The clobe was harde as the flynt:
Or he myght his staffe stynt
2060   Or his strengh lett,
The clobe in the erthe stode:
To the midschafte it wode.
The[n] Percevell the gode
    Hys swerde out he get.

2065 By then hys swerde out he get,
Strykes the geant withoutten lett,
Merkes even to his nekk,
    Reght even ther he stode;
His honde he strykes hym fro,
2070 His lefte fote also;
With siche dyntis as tho
    Nerre hym he yode.
Then sayd Percevell:

2064 Hys swerde] He swerde *in der Hs. (Emendation).*

Jetzt sind sie beide kampfbereit
auf einem dunklen Moor

2035 eine Meile außerhalb der Stadt –
kühn mit Schilden.
Dann sprach der starke Riese,
als er den Ritter sah:
„Mohammed, gepriesen sei deine Macht!"

2040 und schaute Percyvell an.
„Bist du der", fuhr er fort,
„der Golrotherame getötet hat?
Ich hatte keinen anderen Bruder als ihn,
als er erwachsen war."

2045 Dann sagte der edle Percyvell:
„Mit Gottes Gnade, wenn es mir gelingen sollte,
werde ich Riesen wie Euch
auf dem Kampfplatz töten."

So einen Kampf sah man selten:

2050 Die Täler klangen
wegen der Hiebe, die sie einander versetzten,
als sie da zusammentrafen.
Der Riese wollte Percyvell
alsbald mit seiner Keule erschlagen,

2055 aber der wich ihm geschickt aus,
um ihm einen Hieb zu versetzen.
Der Riese verfehlte sein Ziel –
seine Keule war hart wie Feuerstein.
Bevor er seine Keule stoppen

2060 bzw. seine Kraft zügeln konnte,
steckte die Keule in der Erde
bis zur Mitte des Schafts.
Dann zog der gute Percyvell
sein Schwert.

2065 Nun zieht er sein Schwert heraus
und haut ohne Unterlass auf den Riesen ein.
Er zielt auf seinen Nacken, –
ganz gerade stand er da.
Er haut ihm eine Hand ab

2070 (und) seinen linken Fuß.
Mit Schlägen wie diesen
näherte er sich ihm.
Da sagte Percyvell:

"I undirstande thou myghte with a lesse wande
2075 Hafe weledid better thi hande
    And hafe done the some gode;
Now bese it never for ane
The clobe of the erthe tane;
I tell thi gatis alle gane,
2080   Bi the gude rode!"

He says: "By the gud rode,
As evyll als thou ever yode
Of thi fote thou getis no gode,
    Bot lepe if thou may!"
2085 The geant gan the clobe lefe
And to Percevell a dynt he yefe
In the nekk with his nefe:
    Sone neghede thay.
At that dynt was he tene:
2090 He strikes off the hande als clene
Als ther hadde never none bene:
    That other was awaye.
Sythen his hede gan he off hafe;
He was ane unhende knave
2095 A geantberde so to schafe,
    For sothe, als I say!

Now for sothe, als I say,
He lete hym ly there he lay,
And rydis forthe one his way
2100   To the heghe holde.
The portare saw his lorde slayne;
The kaye durste he noght layne:
He come Percevell agayne;
    The yatis he hym yolde.
2105 At the firste bygynnyng,
He askede the portere of the ryng –
If he wiste of it any thyng;
    And he hym than tolde.
He taughte hym sone to the kiste
2110 Ther he alle the golde wiste,
Bade hym take what hym liste
    Of that he hafe wolde.

Percevell sayde, hafe it he wolde,

2092 awaye] alwaye *in der Hs. (Emendation* CAMPION/HOLTHAUSEN*).*

„Ich weiß, dass du mit einem kleineren Schaft
2075 deine Hand hättest besser kontrollieren
und dir Gutes damit tun können.
Jetzt wird die Keule von niemand mehr
aus der Erde gezogen werden.
Ich sage dir, du wirst nicht mehr laufen,
2080 beim heiligen Kreuz!"

Er sagt: „Beim heiligen Kreuz,
wie du auch läufst,
dein Fuß wird dir nichts nutzen –
hüpfe doch, wenn du kannst!"
2085 Der Riese ließ die Keule los
und gab Percyvell einen Schlag
mit seiner Faust ins Genick.
So kämpften sie im Nahkampf.
Über diesen Schlag ärgerte er sich:
2090 Er haut ihm die Hand so sauber ab,
als ob er niemals eine gehabt hätte –
die andere war schon weg.
Danach schlug er ihm den Kopf ab:
Er war ein rüder Kerl,
2095 einen Riesenbart so zu rasieren –
um die Wahrheit zu sagen.

Um jetzt die Wahrheit zu sagen –
er ließ ihn dort liegen
und ritt seines Weges
2100 hin zur Burg hinauf.
Als der Pförtner sah, dass sein Herr tot war,
wagte er nicht, die Schlüssel zu verstecken.
Er kam Percyvell entgegen
und übergab ihm die Burg.
2105 Sofort fragte er
den Pförtner nach dem Ring –
ob er etwas darüber wüsste.
Der berichtet ihm sogleich
und führte ihn zu der Kiste,
2110 wo, wie er wusste, alles Gold war.
Er empfahl ihm, zu nehmen, was er wollte,
von dem, das er begehrte.

Percyvell sagte, er wollte es haben

And schott outt all the golde
2115 Righte there appon the faire molde;
       The ryng oute glade.
The portare stode besyde,
Sawe the ryng out glyde,
Sayde ofte: "Wo worthe the tyde
2120   That ever was it made!"
Percevell answerde in hy
And asked wherefore and why
He banned it so brothely,
       Bot-if he cause hade.
2125 Then alsone said he
And sware by his lewte:
"The cause sall I tell the,
       Withouten any bade."

He says, withoutten any bade:
2130 "The knyghte that it here hade,
Theroff a presande he made,
       And hedir he it broghte.
Mi mayster tuke it in his hande,
Ressayved faire that presande:
2135 He was chefe lorde of this lande,
       Als man that mekill moghte.
That tyme was here fast by
Wonna[n]de a lady,
And hir wele and lely
2140   He luffede, als me thoghte.
So it byfelle appon a day,
Now the sothe als I sall say,
Mi lorde went hym to play
       And the lady bysoghte.

2145 Now the lady byseches he
That scho wolde his leman be;
Fast he frayned that free,
       For any kyns aughte.
At the firste bygynnyng,
2150 He wolde hafe gyffen hir the ryng;
And when scho sawe the tokynyng,
       Then was scho un-saughte.
Scho gret and cried in hir mone;
Sayd: 'Thefe, hase thou my sone slone

2138 Wonnande] *(Emendation CAMPION/HOLTHAUSEN).*

und schüttete das gesamte Gold aus.
2115 Sogleich fiel der Ring
auf die Erde.
Der Pförtner stand dabei,
sah den Ring herausfallen
und sagte oft: „Verflucht sei der Tag,
2120 an dem er gemacht wurde!"
Percyvell antwortete alsbald
und fragte, warum und weswegen er ihn
so heftig verfluchte –
es sei denn, es gäbe dafür einen Grund.
2125 Sogleich sagte er
und schwor bei seinem Wort:
„Den Grund dafür werde ich dir mitteilen –
ohne Umschweife."

Er sagte ohne Umschweife:
2130 „Der Ritter, der ihn besaß,
machte ihn zum Geschenk
und brachte ihn hierher.
Mein Herr nahm ihn in die Hand
und empfing huldvoll das Geschenk.
2135 Er war der oberste Herrscher dieses Landes –
ein Mann von großer Macht.
Zu dieser Zeit wohnte hier ganz in der Nähe
eine Dame
und diese liebte er in guter und aufrichtiger Gesinnung,
2140 wie ich meine.
Da ereignete es sich eines Tages –
die Wahrheit werde ich jetzt sagen –,
dass mein Herr ausging, um sich zu vergnügen
und um die Dame zu werben.

2145 Jetzt bittet er die Dame inständig,
seine Geliebte zu werden.
Er bat die Edle inständig,
indem er ihr jeden Reichtum anbot.
Beim ersten Treffen
2150 wollte er ihr einen Ring geben.
Als sie das Erkennungszeichen sah,
wurde sie ganz unglücklich.
Sie weinte und schrie in ihrer Klage;
sie sagte: ‚Unhold, hast du meinen Sohn getötet

2155 And the ryng fro hym tone,
          That I hym bitaughte?'
      Hir clothes ther scho rafe hir fro
      And to the wodd gan scho go;
      Thus es the lady so wo,
2160   And this is the draghte.

      For siche draghtis als this,
      Now es the lady wode, iwys,
      And wilde in the wodde scho es,
          Ay sythen that ilke tyde.
2165 Fayne wolde I take that free,
      Bot alsone als scho sees me,
      Faste awaye dose scho flee:
          Will scho noghte abyde."
      Then sayde Sir Percevell:
2170 "I will assaye full snelle
      To make that lady to dwelle;
          Bot I will noghte ryde:
      One my fete will I ga
      That faire lady to ta.
2175 Me aughte to bryng hir of wa:
          I laye in hir syde."

      He sayse: "I laye in hir syde;
      I sall never one horse ryde
      Till I hafe sene hir in tyde,
2180   Spede if I may;
      Ne none armoure that may be
      Sall come appone me
      Till I my modir may see,
          Be nyghte or by day.
2185 Bot reghte in the same wode
      That I firste fro hir yode,
      That sall be in my mode
          Aftir myn other play;
      Ne I ne sall never mare
2190 Come out of yone holtis bare
      Till I wete how scho fare,
          For sothe, als I saye."

      "Now for sothe, als I say."
      With that he holde one his way
2195 And one the morne, when it was day,
          Forthe gonn he fare.

2155 und ihm den Ring weggenommen,
   den ich ihm anvertraut hatte?'
   Sie zerriss ihre Kleider
   und rannte in den Wald.
   Solchen Kummer hat die Dame
2160 und so ist es geschehen.

   Dieser Geschehnisse wegen
   ist die Dame gewiss von Sinnen
   und lebt unbehaust im Wald
   seit dieser Zeit.
2165 Ich hätte die Edle gerne eingefangen,
   aber sobald sie mich sieht,
   flieht sie hinweg –
   sie will nicht da bleiben."
   Dann sagte Sir Percyvell:
2170 „Ich werde mich sehr bemühen,
   die Dame zum Bleiben zu bewegen –
   ich will aber nicht reiten.
   Zu Fuß werde ich gehen,
   um die schöne Dame einzufangen:
2175 Ich, der in ihrem Schoß gelegen hat,
   muss sie von ihrem Schmerz erlösen."

   Er sagt: „Ich lag in ihrem Schoß.
   Ich werde nicht eher auf einem Pferd reiten,
   bis ich sie wieder gesehen habe –
2180 möge mir Erfolg vergönnt sein!
   Keinerlei Rüstung
   werde ich tragen,
   bis ich meine Mutter sehe –
   weder bei Tag noch bei Nacht:
2185 genau in demselben Wald,
   wo ich zuerst von ihr ging –
   das ist mein Entschluss –
   trotz allem (was geschieht).
   Ich werde nie mehr
2190 aus den grauen Wäldern zurückkommen,
   bis ich weiß, wie es ihr geht,
   sage ich hier wahrhaftig."

   „Jetzt sage ich dies wahrhaftig."
   Er hielt sich an seinen Weg
2195 und am Morgen, als es Tag war,
   ging er los.

His armour he leved therin,
Toke one hym a gayt-skynne,
And to the wodde gan he wyn,
2200   Among the holtis hare.
A sevenyght long hase he soghte;
His modir ne fyndis he noghte;
Of mete ne drynke he ne roghte,
    So full he was of care.
2205 Till the nynte day byfell
That he come to a welle,
Ther he was wonte for to dwelle
    And drynk take hym thare.

When he had dronken that tyde,
2210 Forthirmare gan he glyde;
Than was he warre, hym besyde,
    Of the lady so fre;
Bot when scho sawe hym thare,
Scho bygan for to dare
2215 And sone gaffe hym answare,
    That brighte was of ble.
Scho bigan to call and cry.
Sayd: "Siche a sone hade I!"
His hert lightened in hy,
2220   Blythe for to bee.
Be that he come hir nere
That scho myght hym here.
He said: "My modir full dere,
    Wele byde ye me!"

2225 Be that so nere getis he
That scho myghte nangatis fle;
I say you full certeynly,
    Hir byhoved ther to byde.
Scho stertis appon hym in tene;
2230 Wete ye wele, withoutten wene,
Had hir myghte so mekill bene,
    Scho had hym slayne that tyde!
Bot his myghte was the mare,
And up he toke his modir thare;
2235 One his bake he hir bare –
    Pure was his pryde.
To the castell, withoutten mare,
The righte way gon he fare;
The portare was redy yare,

Er ließ seine Rüstung zurück,
nahm seine Ziegenfelle
und machte sich auf den Weg in den Wald
2200 in Mitten des grauen Gehölzes.
Sieben Tage suchte er,
aber er konnte seine Mutter nicht finden.
Er kümmerte sich weder um Speise noch Trank –
so bekümmert war er.
2205 Am neunten Tag geschah es,
dass er an die Quelle kam,
wo er einst lebte
und von der er zu trinken pflegte.

Als er dieses Mal getrunken hatte,
2210 ging er weiter.
Dann bemerkte er – neben ihm –
die edle Dame.
Als sie ihn aber da sah,
bekam sie Angst
2215 und antwortete ihm alsbald, –
sie, die eine so helle Haut hatte.
Sie fing an zu rufen und zu schreien
(und) sagte: „Solch einen Sohn hatte ich einst!"
Sein Herz sprang hoch
2220 vor Freude.
In diesem Moment kam er ihr näher,
damit sie ihn besser hören konnte.
Er sagte: „Meine liebe Mutter,
es ist ein Glück, dass Ihr auf mich gewartet habt."

2225 Zu diesem Zeitpunkt war er so nah an sie herangekommen,
dass sie nicht mehr fliehen konnte.
Ich sage euch ganz sicher,
sie musste bleiben.
Sie ging ärgerlich auf ihn los –
2230 glaubt mir wirklich –,
wenn ihre Kraft ausgereicht hätte,
hätte sie ihn in diesem Moment getötet.
Er aber hatte mehr Kraft.
Er packte seine Mutter dort
2235 und trug sie auf dem Rücken –
er hatte keinen falschen Stolz!
Zur Burg – ohne Umschweife –
ging er geraden Weges.
Der Pförtner war bereit

2240   And lete hym in glyde.

          In with his modir he glade,
          Als he sayse that it made;
          With siche clothes als thay hade,
              Thay happed hir forthy.
2245   The geant had a drynk wroghte;
          The portere sone it forthe broghte –
          For no man was his thoghte
              Bot for that lady.
          Thay wolde not lett long thon,
2250   Bot lavede in hir with a spone;
          Then scho one slepe fell also sone,
              Reght certeyne in hy.
          Thus the lady there lyes
          Thre nyghttis and thre dayes,
2255   And the portere alwayes
              Lay wakande hir by.

          Thus the portare woke [hir by] –
          Ther whills hir luffed se[kerly], –
          Till at the laste the lady
2260   Wakede, als I wene.
          Then scho was in hir awenn [state]
          And als wele in hir gate
          Als scho hadde nowthir arely ne late
              Never theroute bene.
2265   Thay sett tham down one thaire kne,
          Thanked Godde alle three,
          That he wolde so appon tham see,
              As it was there sene.
          Sythen aftir gan thay ta
2270   A riche bathe for to ma,
          And made the lady in to ga,
              In graye and in grene.

          Than Sir Percevell in hy
          Toke his modir hym by,
2275   I say you than certenly,
              And home went hee.
          Grete lordes and the Quene

2257 Thus…2261 state] *Die Wörter in [ ] sind durch einen V-förmigen Riss in der Mitte von Folio 176r verloren gegangen; sie wurden von* CAMPION/HOLTHAUSEN *emendiert.*   **2275** certenly] centenly *in der Hs. (Emendation).*

2240 und ließ sie beide ein.

Er ging mit seiner Mutter hinein,
wie der behauptet, der diese Erzählung gemacht hat.
Mit solchen Kleidern, die ihnen zur Verfügung standen,
zogen sie sie an.
2245 Der Riese hatte einen Trank zubereitet –
der Pförtner holte ihn alsbald herbei;
an niemand anders dachte er
als an die Dame.
Sie warteten nicht lange,
2250 sondern flößten ihr (den Trank) mit einem Löffel ein.
Dann schlief sie alsbald ein –
wirklich ganz schnell.
So lag die Dame
drei Nächte und drei Tage
2255 und der Pförtner
wachte die ganze Zeit in ihrer Nähe.

So wachte der Pförtner bei ihr,
während er sich um sie kümmerte,
bis die Dame schließlich
2260 aufwachte, wie ich vermute.
Dann war sie wieder in ihrem normalen Zustand
und in solch guter Verfassung,
als ob sie – weder früh noch spät –
niemals (in einer anderen) gewesen wäre.
2265 Sie fielen auf ihre Knie nieder
(und) dankten alle drei Gott,
der sich ihnen gnädig erwiesen hatte,
wie man hier sehen kann.
Danach machten sie sich daran,
2270 ein schönes Bad herzurichten
und veranlassten die Dame, hinein zu gehen –
ins grau und grüne (Wasser).

Dann nahm Sir Percyvell eilends
seine Mutter mit ihm –
2275 ich berichte euch dies wahrheitsgemäß –
und ging nach Hause.
Mächtige Herren und die Königin

2245 *drynk.* Ein Zaubertrank ist ein traditionelles Romanzenmotiv. Vgl. SAUNDERS, Magic and the Supernatural in Medieval English Romance, S. 118–24.

Welcomed hym al bydene;
When thay hym one lyfe sene,
2280   Than blythe myghte thay bee.
Sythen he went into the Holy Londe,
Wanne many cités full stronge,
And there was he slayne, I undirstonde.
          Thusgatis endis hee.
2285 Now Ihesu Criste, hevens Kyng,
Als he es lorde of all thyng,
Grante us all His blyssyng!
          Amen, for charyte!

2288 charyte] *wird gefolgt von* quod Rob[er]t Thornton *und* Explicit s[ir] P[er]cevell de Gales Here endys the romance of s[ir] P[er]cevell of Gales Cosyn to kyng Arthoure. *[Sagte Robert Thornton] und [Endet Sir Percevell of Gales Hier endet die Romanze von Sir Percevell of Gales Vetter von König Artus].*

hießen sie alsbald willkommen.
Als sie sahen, dass er noch am Leben war,
2280   waren sie alle überaus glücklich.
Später zog er ins Heilige Land,
eroberte dort viele starke Städte
und wurde schließlich getötet – wie ich glaube.
Er nahm ein solches Ende.
2285   Jesus Christus, König des Himmels,
der Herr über alle Dinge ist,
möge uns jetzt seinen Segen geben:
Amen um der Barmherzigkeit willen!

THE AWNTYRS OFF ARTHURE

EINLEITUNG

Bei der Vorstellung der ‚Awntyrs' sollen die folgenden fünf Gesichtspunkte berücksichtigt werden: 1. Kompositorische Aspekte wie Strophenform und Diktion; 2. Der Aufbau bzw. die Gliederung des Werks; 3. Analyse der beiden Teile; 4. Struktur und übergreifende Thematik; 5. Handschriften.

1 KOMPOSITORISCHE ASPEKTE

Die ‚Awntyrs' bestehen aus 55 alliterierenden Strophen mit je 13 gereimten Versen, der häufigsten Strophenform in der me. alliterierenden Dichtung.[1] Die ersten neun Verse haben je vier Akzente, die letzten vier Verse je zwei. Das normale Reimschema, das mit wenigen Ausnahmen durchgehalten wird, lautet: ababababcdddc. Die häufigste Verteilung der Stabreime in den Langversen ist entweder aa/aa (241) oder aa/ax (65) oder aa/xa (69) und aa bzw. aaa in den Kurzversen. Der achte und neunte Vers jeder Strophe ist häufig durch Wiederholung von einzelnen Wörtern oder Redewendungen miteinander verknüpft. In den ersten 28 Strophen geschieht dies öfter als in den folgenden Strophen. Auch die Strophen untereinander sind durch einzelne Wörter oder Redewendungen verbunden. In den ersten 28 Strophen erscheinen diese Verbindungen häufiger. Der komplizierte Strophenaufbau macht eine mündliche Kompositionsmethode äußerst unwahrscheinlich. Der Archetyp muss ein literarisches Produkt gewesen sein, das von seiner Diktion jedoch eindeutig in der alliterierenden Dichtungstradition steht. Die vielen formelhaften Wendungen, die oft alliterierende Stäbe aufweisen, sind ein typisches Merkmal dieser Kompositionsmethode, die in der frühen Forschung mit Mündlichkeit assoziiert wurde oder sogar mit einem einzigen Dichter, der für das sogenannte „alliterative revival" verantwortlich gewesen sein soll. Von solchen kuriosen Vorstellungen hat sich die Forschung seit mehr als einem halben Jahrhundert verabschiedet, nachdem man die metrische Struktur (Halbzeilen, Stabreime, Akzentuierung) der ae. Versdichtung und die der Dichtung des „alliterative revival" eingehend untersucht hat.[2] Formelhafte Redewendungen, die mit unterschiedlicher Häufigkeit sowohl in der Lyrik als auch in den Romanzen bzw. der „historischen" Dichtung erscheinen, sind kein Beleg für Mündlichkeit, sondern gehören zum poetischen Inventar der me. alliterierenden Versdichtung.

---

1   Vgl. Turville-Petre, Three Poems in the Thirteen-Line Stanza, S. 1. In einem Appendix, S. 13–4, erstellt Turville-Petre eine Liste aller englischen und schottischen Gedichte, die in dieser Strophenform verfasst sind.
2   Siehe Turville-Petre, The Alliterative Revival.

2 AUFBAU / GLIEDERUNG

Die ‚Awntyrs' gliedern sich in zwei Episoden: König Artus in Begleitung seiner Ritter geht auf Jagd im Inglewood Forest. Sir Gawain und Königin Ginevra, die ebenfalls der Jagdgesellschaft angehören, bleiben in einer Lichtung in der Nähe des Tarn Wadling zurück. Plötzlich verdunkelt sich der Himmel und ein schrecklich aussehender Geist erscheint den beiden unter lautem Wehklagen. Das Gespenst entpuppt sich als Ginevras Mutter, die ihres unmoralischen Lebenswandels wegen in die Hölle bzw. ins Fegefeuer verbannt wurde. Auf Ginevras Frage, wie sie von ihren Qualen erlöst werden könne, antwortet der Geist, vor allem durch Seelenmessen, die ihr die Königin verspricht. Bevor der Geist wieder in die höllischen Tiefen des Sees eintaucht, prophezeit er den Untergang der Artusgesellschaft. Danach klärt sich das Wetter auf und die Jagdgesellschaft kehrt nach Randolesette Hall zurück (V. 1–338).

Nachdem sich Artus und seine Ritter zum Mahl niedergesetzt haben, erscheint ein Ritter hoch zu Ross in Begleitung seiner Dame, der sich als Galeron von Galloway zu erkennen gibt und Artus beschuldigt, seine Territorien unrechtmäßig an sich gebracht und an Gawain vergeben zu haben. Der Rechtsstreit soll durch einen Turnierkampf entschieden werden, in dem Gawain und Galeron gegen einander antreten. Nach hartem Kampf wird Galeron besiegt. Auf Fürbitte von Ginevra gebietet Artus dem Kampf Einhalt, um weiteres Blutvergießen zu verhindern. Galeron unterwirft sich und tritt die umstrittenen Gebiete an Gawain ab. Der König verspricht Gawain andere Ländereien als Entschädigung, wenn er Galeron die abgetretenen Gebiete zurückerstattet und Galeron sich bereit erklärt, ein Mitglied der Tafelrunde zu werden. Dieser akzeptiert (V. 339–702).

Die Romanze endet mit einer Strophe, in der berichtet wird, dass Ginevra eine Million Messen für das Seelenheil ihrer Mutter lesen lässt (V. 703–15).

Aus dieser kurzen Inhaltsangabe geht hervor, dass die ‚Awntyrs' in zwei etwa gleich lange Teile gegliedert sind, was bereits früh zu der Annahme geführt hat, dass es sich hier um zwei ursprünglich unabhängige Dichtungen gehandelt habe, die später zu einem Werk zusammengefasst wurden. Diese These wurde zuerst von LÜBKE in seiner Dissertation von 1883 formuliert.[3] LÜBKE war der Meinung, dass jemand die beiden Teile zusammenfügte, überarbeitete und die Schlussstrophe des ersten Teils an das Ende des zweiten Teils verschob. Die Kompilationstheorie war langlebig und wurde in dieser oder ähnlicher Form fortgeschrieben.[4] Die umfangreichste Untersuchung dazu hat HANNA in seiner Ausgabe von 1974 (hier abgedruckt) vorgelegt, der die beiden Teile in Hinblick auf vier Kriterien untersucht: Verteilung der Stabreime in den Langzeilen, die Beschaffenheit der Endreime, die Häufigkeit der Wortwiederholung in der achten und neunten

---

3   LÜBKE, „The Aunters of Arthur at the Tern-Wathelan", S. 20–7.
4   Siehe AMOURS, The Awntyrs of Arthure, S. xliii–xliv; OAKDEN, Alliterative Poetry in Middle English, II, S. 47, SPEIRS, Medieval English Poetry: the Non-Chaucerian Tradition, S. 252, ROBSON, From Beyond the Grave, S. 221–2 und SHEPHERD, 'Heathenic' Catechesis and the Source of *Awntyrs B*, S. 4–5.

Verszeile und die Verknüpfung der Strophen untereinander. Nach eingehender Analyse kommt er zu dem Schluss, dass es sich bei den ‚Awntyrs' ursprünglich um zwei Teile gehandelt haben muss, zu denen eine Schlussstrophe hinzugefügt wurde. Deshalb druckt er den Text als ‚The Awntyrs A', ‚The Awntyrs B' und ‚The Concluding Stanza'. In dieser Form erscheint die Romanze jedoch in keiner der vier erhaltenen Handschriften.[5]

In einem Aufsatz aus dem Jahre 1987 schlägt ALLEN, die ebenfalls eine Ausgabe des Werks in den späten sechziger Jahren unternommen hat, eine dreigliedrige zeitliche Genese der ‚Awntyrs' vor: Ia (V. 1–222, V. 314–38) um 1400; Ib (V. 223–60, V. 261–313) um 1423 und II (V. 339–702) um 1424, d. h. sie untergliedert den ersten Teil noch einmal. Ein Dichter könnte das ganze Gedicht verfasst haben, aber in verschiedenen Arbeitsstadien.[6]

PHILLIPS (1993) legt ihrer Strukturanalyse der Romanze die Aufteilung im Ireland Blackburn MS, Robert H. Taylor Collection, Princeton, New Jersey, zugrunde. Es ist die einzige der vier Handschriften, die eine Unterteilung in drei Abschnitte (Fitts) aufweist. Die Bezeichnung *a fytte* bzw. *a fitte* erscheint nach Strophe 21 und nach Strophe 39, also die erste nach der Unterhaltung von Ginevra mit ihrer Mutter und vor der Prophezeiung des Untergangs der Artusgesellschaft; die zweite nach Galerons Herausforderung des Artushofs und vor dem eigentlichen Kampf mit Gawain. Diese Aufteilung durch den Schreiber der Ireland Hs. zeigt, dass er drei anstelle von zwei Abschnitten sah, also nicht die Meinung vieler moderner Editoren und Kritiker teilte, die ‚Awntyrs' seien ursprünglich aus zwei unterschiedlichen Teilen zusammengesetzt worden. Bei dieser Aufteilung rückt Artus, nicht aber Gawain in den Mittelpunkt der Handlung. Der König wird in drei unterschiedlichen Rollen dargestellt: Im ersten Abschnitt übt er das königliche Privileg der Jagd im Inglewood Forest aus; im zweiten wird seine Macht als Eroberer und König gezeigt; im dritten agiert er als Vermittler und Friedensstifter. PHILLIPPS betont weiterhin, dass die moderne Bezeichnung der ‚Awntyrs', also der Plural des Begriffs Aventiure, der Rubrik der Thornton Hs. entnommen ist, während im Text selbst von *aunter* (V. 1) und *anter* (V. 715) gesprochen wird, also von einer Aventiure, die sich zur Zeit von König Artus zutrug.[7]

Neben diesen Analysen, deren Ergebnisse sich vor allem auf der Diktion, dem Strophenaufbau, den Verbindungen innerhalb der Strophen und der Strophen untereinander sowie der Aufteilung in den Handschriften gründen, gibt es noch andere strukturelle Ansätze. So hat SPEARING z. B. eine Reihe von Studien vorgelegt, in denen er versucht, die beiden Episoden (HANNAS ‚Awntyrs A' und ‚Awntyrs B') miteinander zu korrelieren. Bei diesen Untersuchungen spielt die Genese des Werks nur noch eine untergeordnete Rolle. Zwar akzeptiert er, dass die beiden Teile ursprünglich von unterschiedlichen Verfassern hätten stammen können, verweist aber auf ihre gelungene Verbindung im überlieferten Zustand des Werks. Obwohl SPEARING an die Autorschaft eines einzigen Dichters glaubt, benutzt er

---

5   HANNA, Awntyrs, S. 19–24.
6   ALLEN, Sceptical Observations, S. 23.
7   PHILLIPS, Structure and Meaning, S. 71–89.

den Begriff „connectedness" [Verbindung] im Gegensatz zu „unity" [Einheit].[8] Weiterhin bezeichnet er das Werk als Diptichon, das sich wie ein Schaubild in zwei Teile gliedert, die sich zu beiden Seiten des zentralen Verses 358 befinden. In diesem Vers wird Artus als *majestas regis* dargestellt: *He was the soveraynest sir sitting in sete* [er war der herrlichste Prinz auf seinem Thron]. Für SPEARING ist dieser Vers der Mittelpunkt der ‚Awntyrs' und der Beweis dafür, dass der Dichter sein Werk in dieser Weise geplant habe.[9]

3 ANALYSE DER BEIDEN TEILE

SPEARINGS Aufsätze bilden den Übergang von reinen Strukturanalysen der ‚Awntyrs' zu den verschiedensten Untersuchungen seiner Thematik und Gattungszugehörigkeit. Die Zuordnung des Werks hängt hauptsächlich von der Enge bzw. Weite des Fokus ab. Während sich die Forschung bis zur Jahrtausendwende vor allem, aber nicht ausschließlich, mit Gattungsfragen beschäftigt hat, konzentriert sich die neueste Forschung auf Einzelaspekte wie z. B. die Identität von Randolesette Hall,[10] die politische Rolle Gawains,[11] die Verhandlung der englisch-schottischen Grenzkonflikte[12] oder Fragen der Oberhoheit.[13] Das Werk ist als Romanze (defizitäre Artusromanze),[14] Exemplum,[15] Fürstenspiegel,[16] Vertreter der *memento mori* Literatur[17] und Tragödie[18] bezeichnet worden u. a. mit Anleihen aus der Epik- und Chroniktradition.[19] Die ‚Awntyrs' beinhalten alle diese Gattungsmerkmale, denn die beiden Teile sind sehr unterschiedlichen literarischen Traditionen und Gattungen verpflichtet, die oft nebeneinander stehen und sich gegenseitig beeinflussen. Das macht eine durchgängige Interpretation schwierig, denn es ist letztendlich eine Frage der individuellen Lesart und der Gewichtung der unterschiedlichen Stoff- und Themenkomplexe, die hier jetzt im einzelnen vorgestellt werden sollen.

Die ‚Awntyrs' beginnen mit einer konventionellen Eröffnung: der Jagd des Königs im Inglewood Forest. Im höfischen Roman und in den me. Artusromanzen sind Jagdszenen zu Beginn häufig. Sie erscheinen in Chrétiens ‚Erec', ‚The Weddynge of Sir Gawain and Dame Ragnell', ‚Sir Gawain and the Carle of Carlisle' und ‚The Avowynge of King Arthur'. Die Jagd, ein königliches Privileg,

8   SPEARING, The Awntyrs off Arthure, S. 197.
9   SPEARING, Central and Displaced Sovereignty, S. 252.
10   WALKLING, The Problem of "Randolesette Halle" in *The Awntyrs off Arthure*.
11   ROBSON, Local Hero, S. 85–94.
12   ALLEN, Jests and Jousts, 131–9; SCHIFF, Revivalist Fantasy, S. 104–19.
13   INGHAM, Sovereign Fantasies: Arthurian Romance and the Making of Britain, S. 184–91; MANION, Sovereign Recognitions, S. 83–91.
14   FICHTE, Unconscious Change, S. 135.
15   KLAUSNER, Exempla and *The Awntyrs of Arthure*, S. 325.
16   PHILLIPS, Structure and Meaning, S. 87.
17   CHISM, Alliterative Revivals, S. 251–64.
18   TWU, *The Awntyrs off Arthure at the Terne Wathelyne*: Reliquary for Romance, S. 117–8.
19   MATSUDA, The *Awntyrs off Arthure* and the Arthurian History, S. 48–60; MOLL, Before Malory: Reading Arthur in Later Medieval England, S. 125–40.

führt Artus und seine Ritter aus der Geborgenheit des Hofs in eine unwegsame und unzivilisierte Gegend, in der höfischer Brauch und höfisches Gebaren versagen bzw. einer Prüfung unterzogen werden. Der Wald kann wie Broceliande ein Zauberwald sein, in dem der Protagonist auf ungeheuerlich erscheinende Kreaturen trifft wie den grobschlächtigen Hirten in ‚Ywain and Gawain‘, einer me. Adaptation von Chrétiens ‚Ivain‘, einen magischen Brunnen (ebenfalls in ‚Ywain and Gawain‘) oder eine Fee wie in ‚Sir Launfal‘. In den ‚Awntyrs‘ ist der Wald ein Ort der Aventiure, die in V. 1 angekündigt worden war. Ein Publikum vertraut mit den Konventionen des Artusromans sowie mit den me. Gawain-Romanzen, weiß, dass die Jagd im Inglewood Forest ein Abenteuer mit sich bringt, also der König oder ein Mitglied seines Hofs eine seltsame Begebenheit erleben wird. Der Wald ist der Ort der Konfrontation mit der Gegenwelt: mit einem feindlichen Ritter, einem unhöfischen Zwerg oder einem ungeschlachten Riesen. Das Publikum kann jedoch nicht wissen, was als Aventiure auf Gawain und Ginevra zukommt, die abseits von der Jagd unter einem ominösen Lorbeerbaum rasten. Die nun folgende Episode wird mit den Begriffen *ferly* [seltsames Ereignis] (V. 72) und *mervaile* [Wunder] (V. 73) eingeführt, die auf eine sonderbare Begebenheit verweisen, also den Auftakt zur Aventiure-Handlung bildet. Der Himmel verfinstert sich – das ist nichts Außergewöhnliches (man denke an den magischen Brunnen in ‚Ywain and Gawain‘). Was dann aber geschieht übersteigt den Erwartungshorizont sowohl der Akteure als auch des Publikums. Anstatt eines menschlichen Herausforderers erscheint ein Gespenst *In the lyknes of Lucyfere, layetheste in Helle* [in der Gestalt Luzifers, des meist Gehassten der Hölle] (V. 84), ein Gespenst, das Gawain und Ginevra, die beiden Vertreter des Artushofs, nicht in herkömmlicher Weise zum Kampf, zur Aventiure-Fahrt oder zur Queste herausfordert, sondern als von Gott gesandter Mahner auftritt. Das Wundersame ist wirklich das Wunderbare, d. h. es beruht weder auf Magie noch auf Zauber, sondern hat seinen Ursprung in Gott. Deshalb kann die Herausforderung an den Artushof auch nicht mit den herkömmlichen Mitteln der Aventiure bewältigt werden. Hier helfen weder Tapferkeit – Gawain beschwört den Geist – noch Kampfeskraft, sondern nur die Bereitschaft, sich den mahnenden Worten des Geists zu fügen.

Es folgt ein Gattungswechsel, denn die Artusromanze mit ihren Gesetzmäßigkeiten wird von der moral-theologischen Exempla-Literatur abgelöst. Die nun folgende Episode basiert auf der Erzählung ‚Das Trentalle Sancti Gregorii‘ und den verschiedenen Versionen der Geschichte von der Ehebrecherin, wie sie in Exempla-Sammlungen bzw. den *summae predicatium* erscheinen.[20] ‚Das Trentalle Sancti Gregorii‘ ist in zwei Versionen überliefert: einer A und einer B Version.[21] Als Grundlage für einen Vergleich mit den ‚Awntyrs‘ dient normalerweise die A Version. CONNOLLY hat kürzlich aber auch den Text der B Version als mögliche

---

20 KLAUSNER (Anm. 13), S. 309–17.
21 Siehe Ausgabe von KAUFMANN, Trentalle Sancti Gregorii, (beide Versionen), HORSTMANN, The Minor Poems of the Vernon Manuscript, (A Version), JORDAN, Das Trentalle Gregorii und BÜLBRING, Das Trentalle Sancti Gregorii, (B Version).

Vorlage ins Spiel gebracht, da dieser Text vom Aufbau der Erzählung her der Aventiure-Handlung der Romanzen näher stünde.[22]

Die Geschichte in der A Version verläuft folgendermaßen: Die Mutter Gregors des Großen hatte allem äußeren Anschein nach ein vorbildliches irdisches Leben geführt und sich somit das ewige Leben nach ihrem Tod verdient. Doch sie hatte heimlich ein außereheliches Kind geboren und es aus Angst vor öffentlicher Schande umgebracht. Sie starb, ohne diese Tat zu beichten und Buße zu tun, und wurde deshalb verdammt, Höllenqualen zu erleiden. Eines Nachts erschien sie dem Papst als *A wonder grisli creature / Riht aftur a fend ferde hire fetur* [eine wunderlich schreckliche Kreatur, (die) wie ein Teufel aussah] (V. 61–2).[23] Sie beichtet ihre Sünden und erklärt, sie würde von ihren Qualen befreit, wenn je drei Seelenmessen an jedem der zehn hohen Festtage des Jahres gelesen würden. Gregor feiert die Messen und zu Jahresende erscheint ihm seine Mutter in so strahlender Gestalt, dass er sie für die Jungfrau Maria hielt. Von einem Engel wird sie anschließend in den Himmel empor getragen. Die Erzählung endet mit einer Mahnung und Lehren zum Messopfer. In der B Version fehlt dieses Ende. Einige B Versionen erzählen von verschiedenen Versuchen der Teufel, Gregor vom Feiern der letzten Messen am Festtag zu Marie Geburt abzuhalten, um auf diese Weise seine Mutter in der Hölle zu behalten.

Die Erscheinung der zu Höllenqualen verdammten Seele von Ginevras Mutter als schrecklicher Geist, der u. a. um das Lesen von Seelenmessen bittet, erinnert an ‚Das Trentalle Sancti Gregorii‘. In den ‚Awntyrs‘ wird diese Szene jedoch ausgeweitet, denn der Geist erbittet nicht nur Linderung für seine Pein, sondern er richtet auch eine moral-theologische Ansprache an Ginevra. In anderen Worten, nicht der Geist steht im Mittelpunkt des Geschehens, sondern Ginevra als Rezipientin seiner Lehren. Diese Moralpredigt aber fällt völlig aus dem Rahmen der Artusromanze.

In einem erneuten Genrewechsel antwortet der Geist auf Gawains Frage nach der Rechtmäßigkeit von Eroberungen. Indem der Verfasser der ‚Awntyrs‘ nun Ginevras Mutter Passagen aus dem ‚Alliterative Morte Arthure‘ in den Mund legt, in denen einerseits das Fortunakonzept artikuliert und andererseits der Untergang der Artusgesellschaft prophezeit wird, verlässt er die Zeitlosigkeit des Artusromans und wechselt in die Zeitgebundenheit der Artusgeschichte, wie sie seit Geoffrey of Monmouth tradiert wird. Die Perspektive verschiebt sich eindeutig von der Doppelkreisstruktur des klassischen Artusromans zur Linearität der Historie. Geschichte, auch die des Untergangs, hat einen Anfang und ein Ende. Noch befindet sie sich am Anfang – nach dem Sieg über Frollo (V. 275), aber noch vor dem römischen Feldzug zu einer Zeit, die in den Chroniken als achtjährige Friedenszeit bezeichnet wird. Auch spielt der ungenannte Zerstörer des Artusreichs, Mordred, der nur aufgrund seines Wappens identifizierbar ist, noch mit einem Ball im Rittersaal. Der Ball selbst wird zum Sinnbild der immer wandelbaren Fortuna, auf deren Rad Artus im Augenblick noch ganz oben sitzt, denn

---

22 CONNOLLY, Promise-Postponement Device in *The Awntyrs off Arthure*, S. 97–100.
23 HORSTMANN (Anm. 21), S. 262.

Mordred, der jetzt noch ein Kind ist, wird Artus dereinst vom Rad stürzen, d. h. er, der das *regnabo* [ich werde herrschen] im Kreislauf des Fortunarads verkörpert, wird Artus, der das *regno* [ich herrsche] auf dem Scheitelpunkt des Rads darstellt, zur Position des *regnavi* [ich habe geherrscht] herunter schleudern, gefolgt von der letzten Stellung *sine regno sum* [ich bin ohne Herrschaft], die identisch mit dem Tod ist.[24] Die *memento mori* Mahnung des Geists an Ginevra wird somit noch einmal aufgegriffen und auf das Schicksal von Herrscher und Reich appliziert.

Angesichts dieser Entwicklung versagt das landläufige Aventiure-Konzept des klassischen Artusromans, denn das ritterliche Abenteuer, das einerseits der Erprobung des Artusritters dient und andererseits die Idealität der Artusgesellschaft bestätigt, wird negiert. Eine Gesellschaft, die sich von der Sozialutopie des höfischen Ritterbunds mit seiner besonderen Ethik und seinen ritterlichen Normen verabschiedet hat, und nur noch auf Expansion bedacht ist, kann nicht mehr durch die Aventiure eines Einzelritters affirmiert werden, selbst wenn dieser Ritter der beste ist. Ähnliches geschieht in ‚Sir Gawain and the Green Knight‘, wo Gawain, der beste von allen, versagt und die Romanzenhandlung am Ende in die Geschichte überführt wird.

Anstelle des höfischen Ideals der Artusgesellschaft muss etwas anderes treten und zwar die allgemeinverbindlichen Normen christlichen Verhaltens, die der Geist mehrere Male postuliert. In dem kurzen Abriss zu den Kardinaltugenden, den der Geist auf Ginevras Frage gibt, wie sie ihre Mutter erlösen könne, wird folgendes gesagt: *Mekenesse and mercey, thes arn the moost, / And have pité on the poer, that pleases Hevenking. / Sithen charité is chef and chere of the chaste, / And then almessedede over al other thing* [Demut und Barmherzigkeit sind am wichtigsten / und habe Erbarmen mit den Armen – das erfreut den König des Himmels. / Dann kommen Nächstenliebe und Enthaltsamkeit, / und dann vor allem Mildtätigkeit] (V. 250–53). Hier werden eindeutige Antworten gegeben und Tugenden propagiert, die im Artusroman eher selten zu finden sind. Demut, Barmherzigkeit, Erbarmen mit den Armen, Nächstenliebe, Enthaltsamkeit und Mildtätigkeit gehören nicht unbedingt zu den höfischen Kardinaltugenden; dennoch sind sie für die Erlösung des Menschen unabdingbar. Es hat jedoch den Anschein, als ob der Artushof – darüber wird noch zu sprechen sein – im diametralen Gegensatz zu diesen Tugenden steht. Da das Ende der Artusgesellschaft, das sowohl zum Tod des Königs als auch Gawains führt, wenn auch nicht unmittelbar bevorsteht, so doch absehbar ist, kommt der Ausübung der christlichen Kardinaltugenden eine besondere Bedeutung zu. Im Gegensatz zu der homiletisch ausgerichteten Artusromanze ‚Lancelot of the Laik‘, wo der gefallene Artus seine Sünden bereut und wieder in Amt und Würden eingesetzt wird, scheint in dieser Romanze die moralische Regeneration der Artusgesellschaft unmöglich zu sein, denn der Autor folgt dem Lauf der Geschichte, wie sie in den Chroniken und im ‚Alliterative Morte Arthure‘ erzählt wird. Wie der Geist betont: *Suche ferlies shull fal, withoute eny fable* [Solche wunderbaren Dinge werden sich ereignen – ohne zu lügen] (V. 300).

24   Entsprechende Abbildung im Burana Codex, in dem die Carmina Burana enthalten sind.

Der Begriff *fable* [erfundene Erzählung] und somit Unwahrheit oder Lüge verweist auf die Irreversibilität des Geschichtsablaufs im Gegensatz zu der ewigen Wiederholung der Aventiuren im fiktionalen Artusroman. Im Artusroman kann das Versagen des Protagonisten in einem zweiten Aventiure-Durchgang behoben werden – der Held bekommt immer eine zweite Chance, seine Fehler zu korrigieren. In der Geschichte ist dies nicht immer möglich, denn falsche Entscheidungen bzw. ein Übermaß an Ehrgeiz, Kampfesmut und Draufgängertum führen unweigerlich zum Ende.

Als sich das Wetter aufklärt, Artus die Jagd für beendet erklärt und nach Rondolesette Hall zurückkehrt, herrscht eine seltsame Stille. Unter normalen Umständen berichten die heimkehrenden Ritter gerne über ihre Erlebnisse, selbst die negativen, wie z. B. Colgrevance von seinem unglücklichen Zusammentreffen mit dem Brunnenritter in ‚Ywain and Gawain'. Gawains und Ginevras Begegnung mit dem Geist bleibt jedoch unerwähnt und die Artusgesellschaft kehrt zur Normalität zurück, als ob nichts geschehen wäre.

Die eigentliche Aventiure-Handlung wird nachgereicht. Was man zum Auftakt erwartet hätte – die Herausforderung des Artushofs durch einen Vertreter der traditionellen Gegenwelt – geschieht jetzt. In Begleitung seiner Dame erscheint der schottische Ritter Sir Galeron und fordert den Hof heraus. Der König habe ihm Länder, die nun peinlichst genau aufgelistet werden, *in werre with a wrange wile* [im Kampf mit einem üblen Trick] (V. 421) weggenommen und an Gawain gegeben. Artus sieht die Sache anders: Für ihn ist es eine Frage der Ehre, denn der König ist vor allem um *lose* [das Ansehen] (V. 462) der Tafelrunde besorgt. Deshalb muss ein Kämpe gefunden werden, der den Ruhm, die Ehre und das Ansehen des Hofs erfolgreich verteidigt. Gawain, um dessen Länder es schließlich geht, verspricht selbst zu kämpfen, denn er vertraut auf Gottes Beistand in diesem Gerichtskampf: *God stond with the right!* / *If he skape skathelese, hit were a foule skorne* [Gott stehe auf der Seite des Rechts! / Wenn er ungeschoren davon käme, wäre das eine Beleidigung] (V. 471–2). Dieser Beistand wird ihm zuteil, selbst wenn der Kampf lang und hart ist und Gawain einer Niederlage nur knapp entgeht. Der Erzähler bangt mit dem Helden und bemerkt kurz vor dem Ende des Kampfs, als Gawain seinen Gegner endlich bei der Halsberge packt und zur Aufgabe zwingt: *But him* (Galeron) *lymped the worse, and that me wel likes* [Aber ihm geschah Unheil – und das freut mich sehr] (V. 615). Die Dame des Ritters bittet die Königin, Artus zu ersuchen, dem Kampf Einhalt zu gebieten, was sie gerne tut, denn sie ist vor allem auch um Gawains Leben besorgt. Bevor der König den Kampf beendet, tritt der besiegte Galeron alle die von ihm reklamierten Gebiete an Gawain ab. Erst jetzt bricht Artus den Kampf ab und nimmt eine Umverteilung der Territorien vor. Gawain erhält Wales und andere Lehen im englisch-keltischen Grenzgebiet unter der Bedingung, dass er Galeron die im Gerichtskampf gewonnenen Gebiete zurückerstattet und sich Galeron bereit erklärt, der Tafelrunde beizutreten. Dazu ist der Ritter bereit, der nun auch noch seine Freundin heiratet, so dass die Romanze gattungskonform mit der Integration des Vertreters der Gegen- in die Artuswelt und der Hochzeit, wenn auch nicht des Protagonisten, so doch des edlen, ebenbürtigen Gegners endet. Die *pax Arturiana* ist wieder hergestellt. Somit scheint der zweite Teil der Romanze doch noch den Gepflogenheiten der Artusromanze gerecht zu werden, selbst wenn sich das Augenmerk in der letzten Strophe noch einmal auf den Geist von Ginevras Mutter richtet, dem nun die versprochenen Seelenmessen zuteil werden. Ob er davon profitiert, bleibt dahingestellt, denn im Gegensatz zum ,Trentalle Sancti Gregorii', wo die erlöste Mutter dem Papst in geläuterter Form erscheint, schweigt sich der Autor über sein Schicksal aus. Gerade dieses Schweigen, d. h. das Zurückhalten von Informationen, macht die ,Awntyrs' zu einem polysemen Text. Im Gegensatz zur homiletischen Tradition der Exempla-Literatur, in der die Dinge bis zuletzt auserzählt werden, bleiben in den ,Awntyrs' viele Fragen offen, die zu sehr unterschiedlichen Beurteilungen des Werks geführt haben.

4 STRUKTUR UND ÜBERGREIFENDE THEMATIK

Im vorletzten Abschnitt soll hier noch einmal versucht werden, diese Fragen, wenn auch nicht abschließend zu beantworten, so doch ins Bewusstsein zu rücken, um die Struktur und Aussage des Werks besser verstehen zu können. Die grundsätzliche Frage lautet, ob und wie der homiletisch und providentiell ausgerichtete erste Teil des Werks mit dem romanzenhaften zweiten Teil in sinnvoller Weise verknüpft ist. In seiner Ansprache an Ginevra scheint der Geist von Ginevras Mutter nicht nur den Lebenswandel ihrer Tochter zu tadeln, sondern die ritterliche Wertewelt grundsätzlich zu hinterfragen. Der Geist definiert sich zunächst als Ginevras Spiegel *Muse on thi mirrour* [Sieh (in mir) deinen Spiegel] (V. 167) und spezifiziert ihre Sünden als *luf paramour, listes and delites* [unerlaubte Liebe, Gelüste und Vergnügen] (V. 213). *Luf paramour* aber ist ein Kernstück in der Liebesauffassung der höfischen Lyrik und des höfischen Romans. Ginevras Beziehung zu Lancelot ist das beste Beispiel dafür, obwohl in diesem Kontext Lancelot wahrscheinlich nicht gemeint ist, sondern eher Mordred, mit dem sie während Artus' römischen Feldzug nicht nur ein Verhältnis eingeht, sondern auch ein Kind hat.[25] Ginevras prunkvolle Roben und ihr schöner Schmuck bilden einen scharfen Kontrast zu ihrer Mutter, ihrem Spiegelbild, die nicht nur alle weltlichen Güter und Annehmlichkeiten verloren hat, sondern nackt in der höllischen Tiefe des Sees leben muss. Dem Luxus, der Pracht und dem Überfluss des Hofs stehen *the poer …that yellis at thi yete* [die Armen …, die vor deinem Tore schreien] (V. 178–9) gegenüber. Die Anklage ist jedoch nicht nur an Ginevra gerichtet, sondern sie schließt Artus und Gawain mit ein. *Your king is to covetous* [Euer König ist zu habgierig] (V. 264) beschuldigt der Geist den König, dessen Handeln vor allem von Expansionsgelüsten bestimmt ist. Er ist landhungrig und gleicht somit Eduard I. (1239–1307, König seit 1283), der sich als Nachfolger von Artus sah und in der schottischen Propaganda als „The Covetous King" [der habgierige König] bezeichnet wurde.[26] Im homiletischen Diskurs des Geists erscheinen somit

---

25 Alliterative Morte Arthure, V. 3550–2.
26 PHILLIPS, Structure and Meaning, S. 78.

die höfischen Werte (Liebe, Jagdvergnügen, das höfische Fest sowie der Erhalt und die Ausdehnung von Herrschaft und Macht) von zweifelhaftem Wert, weil sie dem einzig Wichtigen, dem Erlangen des Seelenheils, im Wege zu stehen scheinen. Deshalb fungiert das Spiegelmotiv, in dem *king and emperour* [König und Kaiser] (V. 168) mit eingeschlossen sind, als eine universale und überzeitliche Mahnung. Kaiser und König (Artus) werden dereinst zu dem werden, was der Geist jetzt ist, denn die Ohnmacht des Geists, der früher einmal mehr als Ginevra *Of palaies, of parkes, of pondes, of plowes, / Of townes, of toures, of tresour untolde, / Of castelles, of contreyes, of cragges, of clowes* [an Gehegen, an Jagdrevieren, an Fischteichen, an Ländereien, / an Städten, an Türmen, an zahllosen Schätzen, / an Burgen, an Ländern, an Bergen, an Tälern] (V. 148–50) besaß, spiegelt die Ohnmacht selbst des größten Eroberers nach seinem Tod wider. Der Geist ist aber auch ein Spiegel für Ginevra, denn einst war sie schöner und mächtiger als die Königin, jetzt aber ist sie abstoßend und hässlich. Ginevra, die die Sünden des Geists (unerlaubte Liebe, Gelüste und Vergnügen) begehen wird, wird dereinst werden wie der Geist, eine arme Seele im Fegefeuer, es sei denn sie lebt tugendsam und ist mildtätig.[27]

Die Anklage des Geists richtet sich jedoch nicht nur gegen Ginevra, Artus und seine Ritter, sondern auch gegen die Gattung Romanze selbst, die das höfische Leben verherrlicht und zum Maßstab ritterlicher Verhaltensweise macht.[28] Angesichts der Pauschalverurteilung höfischer Lebensart, die in den Romanzen zelebriert wird, ähnelt die Haltung des Geists der, die man z. B. im ‚Cursor Mundi' findet, dessen klerikaler Autor die Gattung Romanze kategorisch ablehnt und sie als schändlich bezeichnet.[29] Das tut der Geist zwar nicht, aber in seiner moralischen Welt, von der *delites* [Vergnügen] (V. 213) verbannt sind, haben Romanzen keinen Platz. Wenn dem aber so ist, dann fragt man sich, warum jetzt ein fast prototypischer Romanzenteil folgt und ob das Geschehen in diesem Teil aus der Perspektive des Geists beurteilt werden muss. Die Forschung ist in diesem Punkte gespalten. Für einige ist die Sichtweise des Geists maßgeblich,[30] für andere wiederum „celebrates the poem the noble way of life" [zelebriert das Werk die höfische Lebensweise].[31] Wieder andere versuchen die beiden heterogenen Teile in irgendeiner Form miteinander zu harmonisieren. Ein solcher Ansatz scheint der Aussage der ‚Awntyrs' gerechter zu werden als eine einseitig negative oder positive Beurteilung. In der Galeron Episode werden Artus und Gawain, der edelste Vertreter des Hofs und Artus' rechte Hand, auf dem Höhepunkt ihrer Macht gezeigt. Der Dichter ist geradezu verschwenderisch in seiner Beschreibung des Hofs, dessen Glanz und Pracht unübertroffen sind. In einer humorvollen Nebenbemerkung vertraut er dem Leser oder Hörer an, das Pferd (der Friese) von

---

27 HAUGHT, Ghostly Mothers and Fated Fathers: Gender and Genre in *The Awntyrs off Arthure*, S. 9.
28 CONNOLLY (Anm. 22), S. 101.
29 Cursor Mundi, V. 1–26.
30 CHISM, Alliterative Revivals, S. 254.
31 SPEARING, The Awntyrs off Arthure, S. 191.

Galerons Knappe *Siche game ne gle / Sagh he nevere are* [solche Unterhaltung oder Festfreude / hatte er nie zuvor erblickt] (V. 402–3). Die prunkvoll geschmückte Tafel biegt sich unter dem silbernen Besteck, den strahlenden Leuchtern und erlesenen Speisen. Alles glänzt, glitzert und schimmert von Gold und Edelsteinen. Aber auch Galeron und seine Freundin sind in einer reich verzierten Rüstung bzw. kostbar besticktem Gewand mit goldenen Knöpfen gekleidet, das außerdem mit Perlen und Edelsteinen übersät ist. Auf dem Haupt trägt das Fräulein eine kristallene Krone. Der Dichter entzündet ein rhetorisches Feuerwerk an deskriptiven Superlativen, um den Artushof und die beiden Ankömmlinge zu beschreiben. Galeron ist nicht irgendjemand, sondern ein ebenbürtiger Herausforderer, dessen herrschaftliches Auftreten am Hof der bevorstehenden Auseinandersetzung Glanz und Würde verleiht. Hier wird in der Tat das aristokratische Lebensgefühl zelebriert, eine Tatsache, die aber kaum verdeckt, dass es sich bei Galerons Auftritt nicht um eine reine Aventiure-Episode handelt. Der Artushof versammelt sich nicht im mythisch anmutenden Camelot, sondern in der Nähe von Carlisle, einem englischen Vorposten an der heiß umkämpften englisch-schottischen Grenze. Galerons Anklage, Artus habe ihm mit einem üblen Trick seine Länder geraubt und Gawain gegeben, spiegelt die politische Realität des vierzehnten Jahrhunderts wider. Auf diese Weise wird das romanzenhafte Geschehen in die Geschichte überführt und verweist auf den ersten Teil der ‚Awntyrs‘, in dem der Geist Artus der Landgier bezichtigt hatte. Die schöne Fassade erhält Risse, denn Machterweiterung und Machterhalt sind die Triebfedern der Artusgesellschaft, die unverkennbare Züge der englischen Zentralmacht trägt, deren politisches und militärisches Ziel es war, die keltischen Randgebiete zu kolonisieren. Die genaue Benennung der Grenzgebiete, die Galeron für sich beansprucht und für die er im Zweikampf gegen Gawain antrat, sowie die spätere Wiedereinsetzung von Galeron in die meisten dieser Gebiete sowie die Belehnung Gawains mit Lehen in der Bretagne, Irland und Wales zeigt, dass das Geschehen aus der Zeit- und Ortlosigkeit des klassischen Artusromans in die politische Gegenwart verlegt worden ist. Wie MANION ausgeführt hat, verwendet der englische Autor Termini aus der Rechtssprache, wie *releyse* [Rechtsanspruch aufgeben] (V. 640) *monraden* [Huldigung] (V. 642), *ryghte* [Rechtsanspruch] (V. 641) und *rentes* [Besitz] (V. 646), um Galerons Abtretung seiner Gebietsansprüche gegenüber Gawain zu formulieren.[32] Das unterstreicht den Wirklichkeitsbezug der hier vollzogenen Rechtshandlung. Das Ganze geschieht vor dem König, der sich nun als großzügiger Herrscher erweisen kann, indem er Galeron die verlorenen Gebiete als Lehen (*refeff* [belehnen] V. 685) zurückgibt.

Man hat darin eine Geste der Großzügigkeit gesehen, ein Zeichen dafür, dass Artus letztendlich nicht *to covetous* [zu habgierig] (V. 246) ist, sondern den Forderungen des Geists entspricht, mildtätig zu sein. Man sollte dabei jedoch nicht aus den Augen verlieren, dass Artus' Handlung eine wohlkalkulierte politische Geste ist, die seine Vormachtstellung zementiert. Sein Handeln wird durch politisches

---

32 MANION, Sovereign Recognition: Contesting Political Claims in the *Alliterative Morte Arthure* and *The Awntyrs off Arthure*, S. 89.

Kalkül, nicht ethische Beweggründe bestimmt. Er agiert als Realpolitiker, der darauf bedacht ist, seine nordwestliche Grenze abzusichern.

Man hat weiterhin darauf verwiesen, dass die Königin nicht nur die Seelenmessen für ihre Mutter lesen lässt, sondern selbst Demut und Barmherzigkeit übt, indem sie auf die Bitte von Galerons Freundin Artus ersucht, dem Kampf ein Ende zu machen und das Leben der beiden tapferen Ritter, besonders von Galeron, zu schonen. Diese Geste jedoch als eine besondere Demonstration von *caritas* [Liebe als Barmherzigkeit] zu bezeichnen, geht an der literarischen und Lebenswirklichkeit vorbei, denn Fürbitte für Schwächere gehörte zu den Aufgaben einer Königin. Ginevra tut nur das, was man in diesem Fall von einer Königin erwarten würde. Dem eigentlichen Sinn von *caritas* als Nächstenliebe wird sie nicht gerecht, denn wir hören nichts davon, dass sie sich um das Wohlergehen der Armen gekümmert hätte, was ihr der Geist ihrer Mutter mehrmals aufgetragen hatte. Vielleicht sollte man dies auch nicht erwarten, denn wie PHILLIPS so trefflich über die Aussage des Werks sagt: „Its explicit concern is with the souls of the rich rather than the bellies of the poor …" [sein explizites Anliegen sind die Seelen der Reichen anstatt die Bäuche der Armen][33] und man ist geneigt hinzuzufügen, nicht die Seelen der Lebenden, sondern die der Toten.

Soll das aber heißen, dass die Warnungen des Geists keinen Bezug zum Romanzenteil des Werks haben und der zweite Teil eine in sich geschlossene Episode darstellt? Oder umgekehrt: Ist dieser Teil als ein *exemplum in malo* gedacht, wie CHISM glaubt, die behauptet: „In the *Awntyrs* the shortcomings and blindness of Arthur's court emerge not as inevitable, but as chosen, cherished, and virtually cultivated". [In den ‚Awntyrs' treten die Mängel und die Blindheit des Artushofs nicht als unabdingbar zutage, sondern sind gewollt, geschätzt und gepflegt] [34] Keiner der beiden Ansätze wird dem Werk gerecht. Wenn man jedoch mit SPEARING (Anm. 9) Vers 357 zum Mittelpunkt der ‚Awntyrs' macht, ergibt sich folgendes: Artus sitzt offensichtlich in diesem Moment als unangefochtener Herrscher auf seinem Thron. Von seinem Thron her heißt er Galeron willkommen, vor diesem Thron hält Artus einen Staatsrat, zu diesem Thron begibt sich Ginevra und bittet Artus auf Knien um Gnade, von diesem Thron aus gebietet Artus dem Kampf Einhalt und vor diesem Thron kniet schließlich Galeron, um seine Länder als Lehen zu empfangen. Der Thron ist zugleich Zentrum und Symbol der Macht. Alle königlichen Funktionen erledigt Artus von seinem Thron aus. Die Bruderschaft der Ritter der Tafelrunde spielt eine untergeordnete Rolle. Sie wird nur einmal zum Thronrat einberufen, um zu entscheiden, wer das Ansehen des Artushofs gegen Galeron verteidigen soll. Die Artusfigur in diesem zweiten Teil unterscheidet sich radikal vom ineffektiven, inkompetenten und manchmal sogar hilflos oder lächerlich wirkenden Artus in den anderen Gawain-Romanzen. Er gleicht vielmehr der imposanten, stolzen Herrscherfigur in der Chronik-Tradition, in der auch der ‚Alliterative Morte Arthure' steht, aus dem der Autor wesentliche Teile wie z. B. das Fortuna-Bild im ersten Teil entlehnt hat. Wie Artus im ‚Alliterative

---

33 PHILLIPS, Structure and Meaning, S. 84.
34 CHISM, Alliterative Revivals, S. 262.

Morte Arthure' thront der König in ‚The Awntyrs' majestätisch hoch oben auf dem Rad der Fortuna, wenngleich sich sein Fall bereits ankündigt: *May no man stere him with strength while the whele stondes. / Whan he is in his magesté, most in his might, / He shal light ful lowe on the sesondes* [Keiner kann ihn mit Gewalt verdrängen, solange Fortunas Rad still steht. / Wenn er im Zenit seiner Herrlichkeit auf dem Höhepunkt seiner Macht steht / soll er ganz tief auf den Meeresstrand hinunter fallen] (V. 265–7). Dieses Bild muss bei der Lektüre des Werks immer mitgedacht werden, denn die Artusgeschichte in den Chroniken beeinflusst auch die Artusfigur im romanzenhaften zweiten Teil, in der er als unangefochtener Herrscher und König dargestellt wird. Die letzten beiden Verse der ‚Awntyrs', die eine fast wörtliche Wiederholung des Eingangsverses sind, zeigen, dass auch er der Bewegung des Fortuna-Rads nicht entkommen kann: Auch er wird fallen – das ist der unaufhaltsame Lauf der Geschichte. Dieser Fall sollte aber nicht moraltheologisch als Strafe für unmäßiges Verlangen nach Land und Herrschaft gedeutet werden. Solches Verlangen gehört zum Wesen der Mächtigen. So kann König Artus Gott in der Stunde seines Todes im ‚Alliterative Morte Arthure' bitten: *sent vs neuer no shame, ne schenshipe in erthe, / Bot euer ʒit the ouerhande of all other kynges* [sende uns niemals Scham noch Schande auf Erden, / sondern immer die Herrschaft über alle anderen Könige] (V. 4299–300). Angesichts dieser Überzeugung eines Artus, der in vielen Zügen dem in den ‚Awntyrs' gleicht, sollte man sich von vorschnellen Moralisierungen und Verurteilungen zurückhalten. Auch der Artus in den ‚Awntyrs', der nach Meinung des Schreibers der Ireland Hs. im Zentrum des Werks steht, ist ein vorbildlicher König – da spielt es keine Rolle, dass er wie alle großen Herrscher nach dem Überschreiten seines Zenits fällt, vielleicht sogar aus übergroßem Ehrgeiz. Das Gegenteil, Zurückhaltung und Bescheidenheit, wäre im vierzehnten und fünfzehnten Jahrhundert jedoch kaum vermittelbar. Weder Eduard I. noch Eduard III. hätten aus moralischen Bedenken ihre Eroberungspläne auf den Britischen Inseln bzw. auf dem Kontinent aufgegeben. Auch sie modellierten sich am Artusbild der Chroniken, nicht dem der Romanzen, ein Artusbild, das der Autor der ‚Awntyrs' trotz seiner Mängel bewundert.

5 HANDSCHRIFTEN

Die ‚Awntyrs' sind in vier Handschriften überliefert, die alle aus der Mitte bis zum dritten Drittel des fünfzehnten Jahrhunderts stammen:

1. T: Thornton MS, Lincoln Cathedral Library, MS 91.
2. L: Lambeth Palace Library, MS 491.
3. I: Ireland Blackburn MS, Robert H. Taylor Collection, Princeton, New Jersey.
4. D: Oxford Bodleian Library, MS Douce 324.

Zu 1: Der Text der ‚Awntyrs' im nördlichen Dialekt befindet sich in unvollständiger Form auf 154r–161r im Thornton MS unmittelbar vor ‚Sir Percyvell of Gales'.

Folio 159 ist defekt, so dass oft nur die ersten oder die letzten Wörter in einer Zeile erhalten geblieben sind. Das Folio, das ursprünglich 159 folgte, ist verloren gegangen, so dass V. 523–604 völlig fehlen. Die Handschrift wird allgemein um 1440 datiert.

Zu 2: Der Text der ‚Awntyrs‘ im Dialekt des südöstlichen Mittellandes (London) befindet sich auf 275r–286v im ersten Teil des aus zwei Teilen bestehenden Lambeth Palace Library MS, das aufgrund seiner paläographischen Eigenschaften auf das zweite Viertel des fünfzehnten Jahrhunderts datiert wird. In dieser Hs. fehlen acht Verse bzw. Versteile aufgrund von Schreibfehlern und weitere sieben Verse aufgrund eines Risses.

Zu 3: Der Text der ‚Awntyrs‘ im Dialekt des westlichen Mittellandes (Lancashire) befindet sich auf 1r–15v im ersten Teil des aus zwei Teilen bestehenden Ireland Blackburn MS, das aufgrund seiner paläographischen Eigenschaften auf das dritte Viertel des fünfzehnten Jahrhunderts (1450–1460) datiert wird. In dieser Version fehlen eine Strophe und drei weitere Verse.

Zu 4: Das Douce MS enthält nur die ;Awntyrs‘. Die Handschrift war wahrscheinlich ein Teil einer umfangreichen Sammelhandschrift, die später in Einzelteile zerlegt wurde. Die ‚Awntyrs‘ in Douce sind im Dialekt des nördlichen Mittellandes (möglicherweise nordöstliches Derbyshire) geschrieben. Die Entstehungszeit der Hs. fällt ins dritte Viertel des fünfzehnten Jahrhunderts zwischen 1460 und 1480. In dieser Hs. fehlen sechs Verse.

Keine dieser Handschriften ist das Original, noch lässt sich durch Kollationierung der Handschriften ein Archetyp erstellen. Trotz ihrer sehr unterschiedlichen Provenienz gehen T und L auf eine gemeinsame Version (Zwischenstufe) zurück, die aber bereits viele Fehler enthielt und zu unterschiedlichen Lesarten in den beiden Manuskripten T und L führte. Angesichts dieser mehr als unbefriedigenden Handschriftenlage sind drei Editionsverfahren vorstellbar, die in der Editionsgeschichte der ‚Awntyrs‘ zur Anwendung gekommen sind. 1. Die Ausgabe einer Textfassung, d. h. eine diplomatische Ausgabe. Hierfür sind Irland und Douce aufgrund ihrer Vollständigkeit und der Vertrautheit ihrer jeweiligen Schreiber mit der Diktion und Kompositionsmethode der alliterierenden Versdichtung am besten geeignet. Thornton und Douce eignen sich weniger gut: Thornton wegen der großen Anzahl fehlender Verse trotz seiner mundartlichen Nähe zum Archetyp und Douce aufgrund des südöstlichen Dialekts und somit weitesten Entfernung vom nördlichen Dialekt des Archetyp. 2. Eine Edition aller vier Texte in Parallelform, wie sie CHRISTIANSON 1964 in seiner unveröffentlichten Dissertation unternommen hat. 3. Eine kritische Edition, die sich auf eine Leithandschrift stützend, unter Einbeziehung der unterschiedlichen Lesarten in den drei anderen Handschriften einen hypothetischen Text erstellt. Vgl. auch ALLEN, Sceptical Observations, S. 10–23. Jede Ausgabe der ‚Awntyrs‘ reflektiert folglich die editorischen Prinzipien bzw. die Präferenzen des jeweiligen Herausgebers. Ein Herausgeber

(MILLS) legt seiner Edition das Ireland Blackburn MS zugrunde, andere bevorzugen Douce (ALLEN [unpublizierte MA These], GATES, HANNA, PHILLIPS, HAHN
and SHEPHERD). AMOURS druckt sowohl Thornton als auch Douce. GATES, dessen
kritische Textausgabe auf Douce basiert, druckt auf der rechten Seite je eine
Strophe der ‚Awntyrs' und auf der linken Seite die Lesarten der anderen Handschriften. Diese Art der Darstellung eröffnet dem interessierten Leser den besten
Überblick über die Vielfalt der Lesarten.

Die hier abgedruckte Fassung basiert auf der Ausgabe von HANNA, The
Awntyrs off Arthure at the Terne Wathelyne (1974), der seiner Edition den Text
Bodleian Library MS. Douce 324 zugrunde legt. Diese Ausgabe basiert auf seiner
an vielen Stellen überarbeiteten Dissertation von 1967: HANNA (Dissertation). In
einem Aufsatz, Recherche, der vierzehn Jahre nach dem Erscheinen der Edition
veröffentlicht wurde, überdenkt HANNA einige seiner damaligen editorischen
Entscheidungen und schlägt 79 zum Teil konservativere Emendationen und
Konjekturen vor. Es scheint angebracht, diese vom Herausgeber selbst durchge-
führten Korrekturen in der Studienausgabe aufzunehmen. Es wurde deshalb
darauf verzichtet, weitere Änderungen (mit Ausnahme von zwei konstanten Lesarten aus den anderen Handschriften) im Text vorzunehmen. Auch dieser überarbeitete Text ist hypothetisch. Um HANNA selber zu Wort kommen zu lassen: „… edi-
tions of such texts cannot generally be anything except eclectic conglomerations
of readings, the creation of composite entities which correspond, in aggregate, to
no surviving medieval versions." [… Editionen solcher Texte können gewöhnlich
nichts anderes sein als eklektische Konglomerate von Lesarten, die Bildung von
zusammengesetzten Einheiten, die in ihrer Gesamtheit mit keiner der überlieferten
mittelalterlichen Version übereinstimmen] (Recherche, S. 199). Der hier
abgedruckte Text reflektiert nur annähernd den Archetyp, denn sowohl die vier
überlieferten Texte in den Handschriften als auch alle Ausgaben der ‚Awntyrs'
sind Momentaufnahmen. Mittelalterliche Texte, vor allem solche der Unterhal-
tungsliteratur wie die Romanzen, die sowohl für Hörer als auch Leser bestimmt
waren, sind extrem unstabil. Im Gegensatz zu lateinischen und volkssprachlichen
klerikalen Texten sind sie nicht kanonisch. Deshalb wurden Vorlagen von den
Schreibern selbst nach Gutdünken redigiert. Die ‚Awntyrs' waren offensichtlich
ein beliebter Text; das allein erklärt die weite geographische Verbreitung des
Werks und seine Überlieferung in vier Handschriften. Ein Romanzentext in vier
Handschriften ist für englische Verhältnisse ein Bestseller, wenn man bedenkt,
dass viele Werke, die heute als Meisterwerke der me. Artusliteratur gelten, in nur
einer Handschrift überliefert worden sind wie z. B. ‚Sir Gawain and the Green
Knight' in Cotton Nero A X oder ‚The Alliterative Morte Arthure' in Thornton
Lincoln Cathedral MS 91.

Angesichts dieser editorischen Entscheidung, der Adaptation von HANNAs
Ausgabe von 1974 mit den von ihm selbst vorgeschlagenen Korrekturen, erübrigt
sich ein umfangreicher Lesartenapparat. HANNA selbst stellt die unterschiedlichen
Lesarten vor und untersucht sie auf ihre Nähe zum hypothetischen Archetyp, der
wahrscheinlich zwischen 1400 und 1430 im nördlichen Dialekt verfasst war. Bei
dieser Vorgehensweise verwendet er verschiedene Kriterien: Studium der Lesar-

ten – *lectio difficilior* gegenüber *lectio facilior*; Schreibweise – homöographische Substitutionen; Alliteration – Verteilung der Stabreime in den einzelnen Versen; Reimschema – Anordnung der Endreime in den Strophen; und Vokabular – Wörter nördlichen, skandinavischen oder schottischen Ursprungs und formelhafte Redewendungen, die für die Diktion der Dichtung des „alliterative revival" charakteristisch sind, zu dem die ,Awntyrs' gehören. Seinem Kommentarteil sind einige der folgenden Erörterungen entnommen. Da es sich hier um eine Studienausgabe handelt, werden die Schwierigkeiten der Textedition anhand weniger relevanter Beispiele erläutert.

Um dem Leser die Lektüre des Texts zu erleichtern, wurde zum einen die Interpunktion an einigen Stellen in HANNAS Textausgabe verändert und zum anderen folgende orthographische Änderungen vorgenommen:

1. Auflösung von þ to th: V. 2 þe > the.

2. Die Buchstaben u und v wurden der modernen Schreibweise gemäß dargestellt: V. 21 ouer > over; V. 32 vnder > under.

3. Das Zeichen ʒ wurde je nach Position wie folgt umgeschrieben: ʒ in Initialposition als y: V. 86 ʒauland > yauland; ʒ in Mittelposition als gh: V. 35 tauʒt > taught.

4. z in Endposition (HANNAS Umschreibung von ʒ) wurde als s wiedergegeben: V. 239 prophetez > prophetes.

5. Der Buchstabe i in Initialposition wurde, wenn nötig, als j umgeschrieben: V. 502 iolité > jolité.

Die Aufteilung von HANNAS Text in ,The Awntyrs A' (V. 1–338), ,The Awntyrs B' (V. 339–702) und ,The Concluding Stanza' (V. 703–715) wurde nicht übernommen, weil das Werk in dieser Form in keiner der vier Handschriften überliefert ist.

Mein besonderer Dank gilt Professor RALPH HANNA für die Erlaubnis, seine Ausgabe der ,Awntyrs off Arthure' von 1974 in dieser Form abzudrucken.

THE AWNTYRS OFF ARTHURE AT THE TERNE WATHELYN

In the tyme of Arthur an aunter bytydde,
By the Turne Wathelan, as the boke telles.
Whan he to Carlele was comen, that conquerour kydde,
With dukes and dussiperes that with the dere dwelles;
5   To hunte at the herdes that longe had ben hydde,
On a day thei hem dight to the depe delles,
To fall of the femailes in forest were frydde,
Fayre by the fermyson in frithes and felles.
Thus to wode arn thei went, the wlonkest in wedes,
10   Bothe the kyng and the quene,
And al the doughti bydene.
Sir Gawayn, graythest on grene,
Dame Gaynour he ledes.

Thus Sir Gawayn the gay Gaynour he ledes,
15   In a gleterand gide that glemed full gay –
With riche ribaynes reversset, ho so right redes,
Rayled with rybées of riall aray;

DIE AVENTIUREN VON ARTUS BEIM TARN WADLING

Zu der Zeit von Artus ereignete sich eine Aventiure
beim Tarn Wadling, wie (uns) das Buch berichtet,
als er nach Carlisle gekommen war, der berühmte Eroberer,
mit Herzögen und Rittern, die den geliebten (König) begleiteten,
5 um die Herden zu jagen, die sich lange versteckt hatten.
Eines Tages machten sie sich zu den tiefen Tälern auf,
um die Hirschkühe zu töten, die sich im Waldgehege befanden
(und) dort während der Schonzeit in Wäldern und Waldhuden gut gediehen.
Sie gingen in die Wälder, prächtig gekleidet –
10 der König und die Königin
und alle die Tapferen zusammen.
Sir Gawain, der beste auf dem Feld,
führte Frau Ginevra.

So führte Sir Gawain die schöne Ginevra
15 in einem glitzernden Kleid, das strahlend leuchtete:
mit kostbar verzierten Bändern – wer genau hinschaut –
geschmückt mit Rubinen von königlicher Pracht.

1 *aunter* bezeichnet kein beliebiges Abenteuer, sondern entspricht dem Konzept der Aventiure, d. h. ein Ereignis, das entweder auf dem Wirken Fortunas beruht oder aber für eine Person bestimmt ist wie z. B. das Erlangen des Grals und das Gralskönigtum für Galahad im altfranzösischen Vulgata Zyklus.   **2** Der Tarn Wadling, auch Tarn Wathelene geschrieben, war ein kleiner See im Inglewood Forest in Cumberland, der in der Mitte des neunzehnten Jahrhunderts trocken gelegt wurde. Er erscheint in einer Anzahl von me. Artusromanzen wie z. B. in ‚The Avowynge of King Arthur‘, ‚The Weddynge of Sir Gawain and Dame Ragnell‘ und ‚The Marriage of Sir Gawain‘. In allen diesen Romanzen wird der Tarn, ein verwunschener Ort, mit außergewöhnlichen Erscheinungen assoziiert. Im Gegensatz zu den beiden „popular romances" ‚Sir Percyvell off Gales‘ und ‚The Weddynge of Sir Gawain and Dame Ragnell‘, in denen eine mündliche Vortragssituation inszeniert wird, verweist der gelehrte und in höfischer Etikette versierte Autor der ‚Awntyrs‘ auf eine schriftliche Quelle.   **3** Carlisle, eine Grenzbefestigung an der englisch-schottischen Grenze, die in den me. Artusromanzen oft der Sitz des Artushofs ist.   **4** *dussiperes.* Eigentlich die Paladine Karls des Großen, hier aber aus Alliterationsgründen eine Bezeichnung für Artus' Ritter.   **7** *forest.* Ein abgegrenztes Waldgebiet (Gehege), in dem die königlichen Waldgesetze galten. Der Inglewood Forest war ein königliches Jagdrevier. Vgl. REEVES, Pleasures and Pastimes in Medieval England, S. 103–4.   **8** *fermyson.* Schonzeit. Hirsche durften zwischen dem 24. September und dem 24. Juni und Hinden zwischen dem 2. Februar und dem 11. November nicht gejagt werden. Die Jagd auf die Hinden scheint also zwischen dem 11. November und dem 2. Februar stattzufinden. *Felle*: Das Wort hat mehrere Bedeutungen. Abgeleitet vom altnordischen *fjall* kann es Berg oder Hügel heissen. Es kann aber auch Waldhude bedeuten, d. h. ein als Weide benutzter lichter Wald. In den ‚Awntyrs‘ wird zwischen Dickicht und lichtem Wald, also Waldhuden, unterschieden, wo das Wild gejagt wird bzw. sich versteckt. Siehe HOWES, Inglewood Forest in Two Middle English Romances, S. 186–8.

Her hode of a hawe huwe, ho that here hede hedes;
With pillour and palwerk and perré to pay.
20 Schurde in a short cloke that the rayne shedes;
Set over with saffres sothely to say,
With saffres and seladynes sercled on the sides;
Here sadel sette of that ilke,
Saude with sambutes of silke.
25 On a mule as the mylke
Gaili she glides.

Al in gleterand golde, gayly ho glides
The gates with Sir Gawayn bi the grene welle.
And that burne on his blonke with the quene bides
30 That borne was in Borgoyne by boke and by belle.
He ladde that lady so longe by the lawe sides
That under a lorre ho light, loghe by a felle.
And Arthur with his erles ernestly rides,
To teche hem to her tristres, the trouthe for to telle.
35 To here tristres he hem taught, ho the trouth trowes.
Eche lorde withouten lette
To his triste he hem sette,
With bowe and with barselette,
Under the bowes.

40 Under the bowes thei bode, thes burnes so bolde,
To byker at thes baraynes in bonkes so bare.
There might hatheles in high herdes beholde,
Herken huntyng with hornes in holtes so hare.
Thei kest of here couples in cliffes so colde,
45 Conforte her kenettes to kele hem of care.
Thei fel of the femayles ful thikfolde;
With fressh houndes and fele, thei folowen her fare.
....

---

18 hedes] *Die Form ist wahrscheinlich vom Verb* heeden *[beobachten, ansehen, bemerken] nicht von* hiden *[verbergen] abgeleitet, das sich nicht reimt. Aus grammatikalischen Gründen wurde das Pronomen* ho *hinzugefügt.* **48** *Der Vers fehlt in allen vier Handschriften.*

Ihre Kapuze ist graublau, wie jeder (erkennt), der ihren Kopf betrachtet –
hübsch verbrämt mit Pelz, reichem Tuch und Juwelen.
20   Zum Schutz gegen Regen war sie mit einem kurzen Mantel bekleidet,
der ganz mit Saphiren bestückt war, um die Wahrheit zu sagen,
mit Saphiren und Edelsteinen in kreisförmigen Mustern auf den Seiten;
ihr Sattel war genauso geschmückt
mit einer Satteldecke aus Seide.
25   Auf einem Maultier so weiß wie Milch
ritt sie hübsch herausgeputzt daher.

Ganz in glitzerndem Gold reitet sie schön
auf den Wegen mit Sir Gawain bei der grünen Quelle.
Auf seinem Pferd begleitet dieser Ritter die Königin,
30   der in Burgund geboren war, (schwöre ich) auf Buch und Glocke.
Er führte die Dame entlang der Hügelseiten,
bis sie unter einem Lorbeerbaum abstieg – unterhalb einer Waldhude.
Und Artus reitet zielstrebig mit seinen Rittern,
um sie auf ihre Standpunkte einzuweisen, um die Wahrheit zu sagen.
35   Er wies sie auf ihre Standpunkte ein – in der Tat.
Unverzüglich postierte er jeden Ritter
an seinem Standpunkt –
mit Bogen und Jagdhund
unter den Zweigen.

40   Unter den Zweigen warteten diese stolzen Ritter,
um auf die unträchtigen Hirschkühe in den Hügeln zu schießen.
Dort konnten die Ritter sogleich die Herden erblicken,
die Jagdhörner in den grauen Wäldern hören.
Sie ließen die Leinen auf den kalten Felsen los,
45   beruhigten ihre Hunde, um ihre Unruhe zu besänftigen.
Sie töteten Hinden zuhauf;
mit vielen frischen Hunden folgten sie ihrer Spur.
....

22 *seladynes.* Unbestimmte Edelsteine, die sich von Chalcedon unterscheiden, einem der zwölf Edelsteine in der Johannes Offenbarung (Kap. 21, 19). Mittelalterlichen Lapidarien zufolge hat *celedoine*, der entweder schwarz oder rot ist, medizinische Eigenschaften und hilft z. B. gegen Wahnsinn. Siehe English Mediaeval Lapidaries, hg. v. EVANS und SERJEANTSON, S. 52.   **30** *Borgoyne.* Weder Ginevra noch Gawain haben irgendeine Beziehung zu Burgund. Ginevra wurde in Cameliard und Gawain in Orkney geboren. *By boke and by belle* bezieht sich entweder auf das Messbuch und den Moment der Elevatio der Hostie in der Messe, wenn die Glocke geläutet wurde, oder auf die Exkommunikation von Sündern. Es ist eine gebräuchliche Formel zur Bekräftigung einer Aussage.   **38** *barselette.* Ein doggenähnlicher Jagdhund, der gewöhnlich an den Standpunkten gehalten und dann von der Leine gelassen wurde, um das Wild zu apportieren.   **45** *kennettes,* auch *raches* (V. 58) genannt, sind kleinere Hunde, die zum Aufspüren und zur Verfolgung des Wilds eingesetzt wurden.

Thay questes and quelles,
50   Both in frethes and felles.
All the dure in the delles,
Thei durken and dares;

Then durken the dere in the dymme skuwes,
And for drede of the deth droupes the do.
55   By the squyppand watur that squyperly squoes,
Thai werray the wilde and worchen hem wo.
The huntes thei halowe in hurstes and huwes,
And till thaire riste raches relayes on the ro.
They gaf no gamon no grythe that on grounde gruwes.
60   The grete greundes in the greves so gladly thei go;
So gladly thei gon in greves so grene.
The king blowe rechas
And folowed fast on the tras
With many sergeant of mas,
65   That solas to sene.

Thus with solas thei semble, the pruddest in palle,
And suwen to the soverayne within schaghes schene.
No gome but Sir Gawayn, graythest of all,
Beleves with Dame Gaynour in greves so grene.
70   By a lauryel ho lay, undur a lefesale,
Of box and of berber bigged ful bene.
Fast byfore undre this ferly con fall
And this mekel mervaile that I shal of mene.
Now wol I of this mervaile maele if I mote.
75   The day wex als dirke
As hit were mydnight myrke;
Thereof Arthur was irke
And light on his fote.

Thus on fote ar thei founde, thes frekes unfayn,
80   And fleen to the forest fro the fawe felle.
They ranne to the roches for rydour of reyne.
For the sneterand snawe that snaypped hem snell.
There come a lowe of the loughe – in lede is not to layne –
In the lyknes of Lucyfere, layetheste in Helle,

55 squyppand] *[schnell]. Die Form* squytherly *in I resultiert wahrscheinlich von einer Verwechslung von p und þ.* **60** *Der Vers in D ist verderbt. Deshalb wurde die Zeile von T mit folgenden Änderungen übernommen:* relayes *[Staffeln] anstelle von* relyes *[attackieren] und* on the ro *[auf das Reh] anstatt von* on thaire raye *[auf ihre Rehe].* **68** No gome] *[kein Mann] anstatt von* none *[keiner], da sonst der notwendige Stabreim fehlt.*

Sie jagen und töten
50 in Wäldern und Waldhuden.
Alles Rotwild in den Tälern
kauert sich tief nieder.

Dann kauert das Rotwild im dichten Gestrüpp,
so dass sich die Hinde aus Todesangst auf den Boden legt.
55 Bei den reißenden Wassern, die schnell dahin fließen,
stürmen sie auf das Wild los und setzten ihm sehr zu.
Die Jäger rufen auf Hügeln und Felsklippen
und die Hunde stürzen sich in Staffeln auf das Reh in seinen Verstecken.
Sie schonten keines das zu Boden ging.
60 Die Windhunde rennen fröhlich durchs Unterholz;
so freudig laufen sie durchs grüne Dickicht.
Der König bläst zum Sammeln
und folgt schnell der Spur
mit vielen Reisigen,
65 dass es eine Freude zu sehen ist.

Mit Freude versammeln sich so die edelst Gekleideten
und treffen sich mit dem König im lichten Unterholz.
Keiner außer Sir Gawain, der höfischste von allen,
bleibt mit Frau Ginevra in den grünen Wäldern.
70 Sie rastete bei einem Lorbeerbaum in einer Laubhütte,
die schön aus Buchs und Berberitze gemacht war.
Gegen Mittag geschah dieses seltsame Ereignis
und dieses große Wunder von dem ich jetzt erzählen will.
Wenn ich darf, möchte ich jetzt von dieser wunderbaren Begebenheit berichten.
75 Der Tag wurde so dunkel,
als ob es düstere Mitternacht wäre;
darüber war Artus besorgt
und sprang (von seinem Pferd) ab.

Die verunsicherten Männer gehen nun zu Fuß
80 und fliehen in den Wald aus der lichten Waldhude.
Wegen des starken Regens laufen sie schnell zu den (schützenden) Felsen,
denn das Schneegestöber macht ihnen schwer zu schaffen.
Da erschien ein Feuer im See – es ist nicht zu leugnen –
in der Gestalt von Luzifer, dem meist Gehassten der Hölle,

---

62 *rechas*. Ein Kommando, um die Hunde zurückzurufen.   **72** *undre*. Die Mittagszeit ist traditionell die Zeit, zu der sich außergewöhnliche Ereignisse zutragen und Geister, Feen oder Dämonen
in den menschlichen Bereich eindringen. Siehe Thomas Chestre ,Sir Launfal' V. 220 ff. und V. 375
ff. oder ,Sir Orfeo' V. 65ff. und V. 281 ff.

85   And glides to Dame Gaynour the gates full gayne,
      Yauland yamerly with many loude yelle.
      Hit yaules, hit yameres, with wannynges wete,
      And seid with siking sare:
      "I ban the body me bare!
90   Alas, now kindeles my care;
      I gloppen and I grete."

      Then gloppenet and grete Gaynour the gay
      And asked Sir Gawen: "What is thi good rede?"
      "Hit ar the clippes of the son, I herd a clerk say."
95   And thus he confortes the quene for his knighthede.
      "Sir Cadour, Sir Cleges, Sir Constantyne, Sir Cay –
      Thes knyghtes arn uncurtays, by crosse and by crede,
      That thus have left me alone on my dethday
      With the grisselist goost that ever herd I grede."
100   "Of the goost," quod the gome, "greve you no mare;
      For I shal speke with the sprete,
      And of the wayes I shall wete,
      What may the bales bete
      Of the bodi bare."

105   Bare was the body and blak to the bone,
      Al biclagged in clay uncomly cladde.
      Hit waried, hit waymented, as a woman,
      But nauthyr on hide ne on huwe no heling hit hadde.
      Hit stemered, hit stonayde, hit stode as a stone;
110   Hit marred, hit memered, hit mused for madde.
      Agayn the grisly goost Sir Gawayn is gone;
      He rayked to it on a res, for he was never rad.
      Rad was he never, ho so right redes.
      On the chef of the cholle,
115   A pade pikes on the polle,

---

87 wannynges] *HANNA hält* wayminges *in D für eine homöographische Lesart des Originals, d. h. eine Interpretation der Minime im Text, und emendiert das Wort.*   **93** *Der Vers ist wahrscheinlich verderbt, denn es fehlt der erste Stabreim. Fehlende Stabreime in den ‚Awntyrs' sind relativ selten. Für ähnliche Defekte siehe auch V. 177, 191, 202, 256, 292, 293, 417, 578, und 684.*   **98** *HANNA, Recherche, ersetzt* in desert have me laft *in D durch* have left me alone *aus T.*

85 und kommt geradewegs auf Frau Ginevra zu –
    jämmerlich jaulend mit lautem Geschrei.
    Es jault, es jammert mit tränenreichen Klagen
    und sagte tief seufzend:
    „Ich verfluche den Leib, der mich trug!
90 O weh, nun brennt meine Sorge;
    ich verzweifele und klage."

    Dann ängstigte sich Ginevra, die schöne, und klagte
    und fragte Sir Gawain: „Was rätst du mir?"
    „Es ist eine Sonnenfinsternis, hörte ich einen Gelehrten sagen,"
95 und so beruhigte er die Königin auf höfische Weise.
    „Sir Cador, Sir Cleges, Sir Konstantin, Sir Keie –
    diese Ritter sind unhöflich, beim (heiligen) Kreuz und bei (meinem) Glauben,
    die mich am Tag meines Todes so alleine gelassen haben
    mit dem schrecklichsten Geist, den ich jemals klagen gehört habe."
100 „Macht Euch des Geists wegen keine weiteren Sorgen", sagte der Ritter,
    denn ich will mit der Erscheinung sprechen
    und auf diese Weise erfahren,
    was die Schmerzen
    seines nackten Körpers zu lindern vermag."

105 Nackt war der Körper und schwarz bis auf die Knochen,
    hässlich, in schmutzige Erde gekleidet.
    Es fluchte (und) klagte wie eine Frau,
    aber weder seine Haut noch sein Gesicht war verhüllt.
    Es stammelte, es war verwirrt, es stand da wie ein Stein;
110 es klagte, es murmelte, es seufzte wie besessen.
    Gawain ging auf diesen schreckenerregenden Geist zu;
    er bewegte sich rasch, denn er hatte keine Angst.
    Er hatte keine Angst – wer (die Situation) richtig versteht.
    Auf der obersten Stelle des Nackens
115 beißt eine Kröte in den Kopf,

94 Der immer höfische Gawain versucht Ginevra zu beruhigen, indem er die außerweltliche Erscheinung einem Naturphänomen zuordnet.   **95–99** Die hier genannten vier Artusritter erscheinen wohl als Tetrade aus Gründen der Alliteration, wenngleich Keie traditionell als Verkörperung des Unhöfischen schlechthin gilt. Ginevra glaubt – und damit folgt sie mittelalterlichen Vorstellungen –, dass die Erscheinung des Geists in der Gestalt von Luzifer ihren eigenen Tod und ihre Verdammnis ankündigt.   **115 ff.** Mittelalterliche Sarkophage zeigen häufig Kröten und Schlangen, die auf dem Leichnam sitzen. Sie symbolisieren sowohl die Verwesung des Körpers als auch die Teufel, die die Seelen der Verdammten beanspruchen. Siehe COHEN, The Transi-Tomb in the Late Middle Ages and the Renaissance, Abbildung 32. In manchen Erzählungen vom Typ ‚ehebrecherische Mütter' wie z. B. in der in MS Egerton 1117, Folio 189b (1) symbolisieren die Kröten, die an den Lippen des Leichnams hängen, *oscula et adulteria colloquia* [Küsse und ehebrecherische Unterhaltung] und die Nattern an den Brüsten getötete uneheliche Kinder: *Duos ex eis filios genui*

With eighen holked ful holle
That gloed as the gledes.

Al glowed as a glede the goste there ho glides,
Umbeclipped in a cloude of clethyng unclere;
120   Serkeled with serpentes that sat to the sides –
To tell the todes theron my tonge wer full tere.
The burne braides oute the bronde, and the body bides;
Therefor the chevalrous knight changed no chere.
The houndes highen to the holte and her hede hides,
125   For the grisly goost made a grym bere.
The grete greundes wer agast of the grym bere.
The birdes in the bowes,
That on the goost gowes,
Thei skryke in the skowes,
130   That hatheles may here.

Hathelese might here, the hendest in halle,
How chatered the cholle, the chaftes and the chynne.
Then coniured the knight and one Crist con he calle:
"As thou was crucifiged on croys to clanse us of syn –
135   Wys me thou waret wyghte whether thou salle,
And whi thou walkest thes wayes the wodes within."
"I was of figure and flesh fairest of alle,
Cristened and crisomed with kinges in my kynne;
I have kinges in my kyn that kyd were kene.

mit tief liegenden hohlen Augen,
die wie Kohlen glühten.

Die Erscheinung glühte wie Glut, wie sie dahin gleitet,
eingehüllt in eine Wolke von dunkler Kleidung;
120 umringt von Schlangen, die auf den Seiten saßen –
wie viele Kröten darauf waren, wäre für meine Zunge zu schwierig zu berichten.
Der Mann zieht sein Schwert und der Leichnam hält inne.
Darob verzieht der tapfere Ritter keine Miene.
Die Hunde fliehen in den Wald und verstecken ihre Köpfe,
125 denn der furchterregende Geist war eine grauenvolle Erscheinung.
Die Windhunde fürchteten sich vor der grauenvollen Erscheinung.
Die Vögel in den Zweigen,
die auf den Geist starren,
kreischen in den Wäldern,
130 dass die Ritter es hören konnten.

Die Ritter konnten es hören, die edelsten im Saal,
wie der Nacken, das Gebiss und die Kinnladen klapperten.
Dann beschwor der Ritter (den Geist) und rief Christus an:
„Bei dem, der am Kreuz gekreuzigt wurde, um uns von unseren Sünden rein zu
135 sage mir, verfluchter Geist, wohin du gehst,   [waschen,
und warum du auf diesen Wegen im Wald wanderst."
„Ich war von Gestalt und Aussehen die Schönste von allen,
getauft und gesalbt mit Königen in meiner Verwandtschaft;
ich habe Könige als Verwandte, die für ihre Tapferkeit bekannt sind.

---

quos occidi et ideo hii duo serpentes mammas meas continue devorant [Zwei Söhne habe ich ihnen
geboren, die ich getötet habe und deshalb verschlingen diese zwei Nattern ständig meine Brüste].
Siehe KLAUSNER, Exempla and *The Awntyrs of Arthure*, S. 311–2. Auch in der mittelenglischen
Lyrik begegnet man der drastischen Beschreibung verwesender Frauenkörper, wie dieser Auszug
aus einem Gedicht im MS Bodley 789 aus dem frühen fünfzehnten Jahrhundert belegt. Die
Sprecherin, einstmals eine wunderschöne Dame, vertraut dem Leser an: *In mi riggeboon brediþ an
addir kene, / Min eiȝen dasewyn swiþe dymme: / Mi guttis rotin, myn heer is grene, / Mi teeþ
grennen swiþe grymme. // Mi bodi þat sumtyme was so gay, / Now lieþ and rotiþ in þe grounde, /
Mi fairhed is al now goon awai, / And I stynke foulere þan an hounde.* [In meiner Wirbelsäule
nistet eine beißende Otter, / meine Augen werden ganz matt: / Meine Eingeweide verrotten, mein
Haar ist grün, / meine Zähne knirschen scheußlich. // Mein Körper, der einst so schön war, / liegt
jetzt und verwest in der Erde, / meine Schönheit ist ganz vergangen, / und ich stinke übler als ein
Hund.] (V. 17–24). Vgl. WOOLF, The English Religious Lyric in the Middle Ages, S. 318.
116 Die hohlen Augen sind typisch für die Darstellung bzw. Beschreibung des Tods oder von
Leichnamen in der *memento mori* Kunst und Literatur. **119** *cloude of clethyng unclere.* Die
Wolke von dunkler Kleidung ist der Rauch, in den der Geist gehüllt ist. Zusammen mit den Kröten
und Nattern bildet der Rauch einen scharfen Kontrast zu der kostbar gekleideten und mit Juwelen
geschmückten Königin. **138** *crisomed.* Die Salbung, die bei der Taufe vollzogen wird, symbolisiert die Austreibung des Teufels. Die Taufe selbst bedeutet die Reinigung der Seele von der
Ursünde. Vgl. PHILLIPS, Ghost's Baptism, S. 50–1.

140   God has lent me this grace
      To dre my penance in this place;
      I am comen in this cace
      To carpe with your quene.

      Quene was I somwile, brighter of browes
145   Then Beryke or Brangwayn, thes burdes so bolde;
      Of al gamen or gle that on grounde growes
      Gretter then Dame Gaynour of garson and golde,
      Of palaies, of parkes, of pondes, of plowes,
      Of townes, of toures, of tresour untolde,
150   Of castelles, of contreyes, of cragges, of clowes.
      Now am I caught oute of kide to cares so colde;
      Into care am I caught and couched in clay.
      Lo, sir curtays knyght,
      How deth has me dight!
155   Lete me onys have a sight
      Of Gaynour the gay."

      After Gaynour the gay Sir Gawyn is gon,
      And to the body he her brought, the burde so bright.
      "Welcom, Waynour, iwis, wurlok in won;
160   Lo, how delful deth has thi dame dight!
      I was radder of rode then rose in the ron,
      My ler as the lelé lonched so light.
      Now am I a graceles gost and grisly l gron;
      With Lucyfer in a lake logh am I light.
165   Thus am I lyke to Lucefere, takis tent by mee!
      For al thi fressh foroure,
      Muse on thi mirrour;

140 Gott hat mir die Gnade erwiesen,
   an diesem Ort Buße zu tun.
   Ich bin jetzt gekommen,
   um mit der Königin zu sprechen.

   Einstmals war ich eine Königin, schöner anzusehen
145 als Berick und Brangwain, diese vortrefflichen Frauen;
   an Freuden oder Unterhaltung, die es hier auf Erden gibt,
   hatte ich mehr als Frau Ginevra: an Preziosen und Gold,
   an Gehegen, an Jagdrevieren, an Fischteichen, an Ländereien,
   an Städten, an Türmen, an zahllosen Schätzen,
150 an Burgen, an Ländern, an Bergen, an Tälern.
   Jetzt bin ich aus meiner Heimat in tiefe Not gestürzt;
   in Not bin ich geraten und von Erde eingehüllt.
   Schaut her, edler Herr Ritter,
   in welche traurige Lage mich der Tod gebracht hat!
155 Lasst mich sofort
   die schöne Ginevra sehen.“

   Gawain ging zu Ginevra, der schönen, zurück
   und geleitete sie, die strahlend (schöne) Frau, zu dem Leichnam.
   „Willkommen, Ginevra, geehrt, gewiss, in (deiner) Heimstatt;
160 Schau, wie der schreckliche Tod deiner Mutter zugesetzt hat!
   Mein Teint war röter als die Rose auf dem Zweig,
   mein Gesicht wie die Lilie, die so hell erblüht.
   Jetzt bin ich ein elender Geist und seufze schrecklich:
   Mit Luzifer bin ich in einem tiefen See versunken.
165 So ähnele ich Luzifer – schau mich nur an!
   Trotz deiner schönen Pelzkleider
   sieh (in mir) dein Spiegelbild,

---

145 *Beryke … Brangwayn.* Der erste Name ist in der gesamten me. Romanzenliteratur nicht belegt. In T findet man *Brysen*, den Namen der Zauberin, die Lancelot dazu verführte, mit Elaine zu schlafen, in der Annahme, sie sei Ginevra. Brangäne ist Isoldes Vertraute, die in der Hochzeitsnacht anstelle ihrer Herrin mit König Marke schläft. **159** *wurlok.* HANNAs Substitution dieses Adjektivs aus I anstelle des ursprünglichen *worthi* in der Textedition von 1974 bereitet gewisse Schwierigkeiten, denn *wurlok* bedeutet verdammt, was an dieser Stelle auch passen würde, nicht aber im Kontext von V. 365, wo das Adjektiv abermals erscheint. Es könnte sich hier aber auch um eine Schreibvariante von *wurliche* [geehrt, herrlich] handeln, ein Adjektiv, das sowohl auf Ginevra als auch auf Galerons Freundin in V. 365 zutrifft. **167** Die Toten als Spiegel für die Lebenden ist ein häufiges Motiv in der mittelalterlichen darstellenden Kunst und in der *memento mori* Literatur: als ein Aufeinandertreffen von drei Toten und drei Lebenden – oft Königen oder Edelmännern, die herrlich gekleidet und hoch zu Ross den Skeletten ihrer Väter bzw. ihrer selbst begegnen wie z. B. auf dem Fresko im Campo Santo in Pisa (BOASE, Death in the Middle Ages, Abbildung, S. 105) oder als Gegenüberstellung von Lebenden und Toten wie im ‚De Lisle Psalter‘, BL Arundel 83 oder im ‚Psalter of Bonne Luxembourg‘, Folios. 312v–322 (Vgl. CHISM, Alliterative Revivals, S. 243–5). Auch in der me. Literatur ist das Spiegelmotiv weit verbreitet. So ermahnt der letzte der

For king and emperour,
Thus dight shul ye be.

170 Thus deth wil you dight, thare you not doute;
Thereon hertly take hede while thou art here.
Whan thou art richest araied and ridest in thi route,
Have pité on the poer while thou art of power.
Burnes and burdes that ben besy the aboute,
175 When thi body is bamed and brought on a ber,
Then lite wyn the light that now wil the loute,
And then helpes the nothing but holy praier.
The praier of the poer may purchas the pes –
Of these that yellis at thi yete,
180 Whan thou art set in thi sete
With al merthes at mete
And dayntés on des.

With riche dayntés on des thi diotes arn dight,
And I in danger and doel, I dwine and I dwelle,
185 Naxté and nedefull, naked on night.
Ther folo me a ferde of fendes of helle;
They harle me unhendely; thei hewe me in hight;
In bras and in brymston I bren as a belle.
Was never wrought in this world a wofuller wight.
190 Hit were ful tore any tonge my turment to telle;
Nowe wil Y of my turment tel or I go.
Thenk throly on this;
Fonde to mende thi mys.
Thou art warned ywys;
195 Be war be my wo."

"Wo is me for thi wired," quod Waynour, "ywys.
But one thing wold I wite if thi wil ware:
If auther matens or mas might mende thi mys,
Or eny meble on molde? My merthe were the mare,
200 If bedis of bisshopps might bring the to blisse,
Or coventes in cloistre might kele the of care.
If thou be my moder, grete mervaile hit is
That al thi burly body is blaknet so bare."

187 harle] *[herumstoßen] in T anstatt* hurle *[werfen] in D, I und L.* HANNA *gibt* harlen *in diesem Kontext den Vorzug, weil der Begriff einerseits aus der schottischen Rechtssprache stammt und andererseits bei der Bestrafung der Sünder in der Hölle durch die Teufel gebraucht wird wie z. B. im ‚Cursor Mundi', V. 29532–3.* 201 kele] *[befreien] in T, I und L. In Recherche substituiert* HANNA *diese Lesart für* kere *[erlösen] in D, die in der Edition von 1974 erscheint.*

denn (ob) König oder Kaiser,
so soll es euch ergehen.

170 So wird dich der Tod zurichten – hab' keine Zweifel;
das nimm dir zu Herzen so lange du hier (auf Erden) weilst.
Wenn du am schönsten gekleidet bist und mit deinem Gefolge einher reitest,
dann habe Mitleid mit den Armen – es liegt in deiner Macht.
Diener und Dienerinnen, die dich umsorgen,
175 – wenn dein Körper einbalsamiert ist und auf einer Bahre getragen wird –,
haben dann wenig Lust, sich um dich zu kümmern, die dir jetzt schmeicheln,
denn dann hilft dir nichts anderes als frommes Gebet.
Die Gebete der Armen können dir Frieden erkaufen –
von denen, die vor deinen Toren schreien,
180 wenn du auf dem Thron sitzt
mit allen Freuden der Tafel
und erlesenen Speisen auf dem Ehrenplatz.

Mit reichen Speisen auf dem Ehrenplatz sind deine Feste ausgestattet,
ich (aber) lebe und schmachte in Gefahr und in Schmerz –
185 schmutzig und bedürftig, nackt in der Nacht.
Mir folgt eine Schar von Teufeln der Hölle;
die stoßen mich unsanft herum; sie zerfetzen meinen Körper;
in einem ehernen Schmelztiegel und in Schwefel brenne ich wie eine Glocke.
Keine traurigere Kreatur gab es je in dieser Welt.
190 Es wäre eine Last für jede Zunge, meine Qualen zu schildern;
nun möchte ich (dennoch) von meinen Qualen berichten, bevor ich fortgehe.
Denk eindrücklich daran,
versuche deinen Missetaten wieder gut zu machen:
Du bist gewisslich gewarnt;
195 lass dir mein Leid eine Warnung sein."

„Dein Schicksal verursacht mir Kummer", sagte Ginevra, „sicherlich.
Aber eines möchte ich wissen, wenn du es (zu sagen) bereit bist,
ob Stundengebete oder Messen deine Qualen lindern können,
oder irgendwelche irdischen Güter? Meine Freude wäre umso größer,
200 wenn die Gebete von Bischöfen dich erlösen,
oder Klosterbruderschaften dich von deinem Leid befreien könnten.
Wenn du (wirklich) meine Mutter bist, dann ist es sehr verwunderlich,
dass dein schöner Körper so unverhüllt schwarz ist."

drei Leichname in ,De Tribus Regis Mortuis' die drei Könige, ihre Nachfolger: *Makis your merour
be me* (V. 120) [Nehmt mich als Spiegel] und Elde in ,The Parlement of the Thre Ages' V. 290 die
Menschen ganz allgemein: *Makes youre mirrours bi me, men, bi your trouthe* [Nehmt mich als
Spiegel, Menschen, wahrlich].

"I bare the of my body; what bote is hit to layn?
205   I brak a solempne avowe,
      And none wist hit but thowe;
      By that token thou trowe,
      That sothely I sayn."

      "Say sothely what may the saven of sites,
210   And I sall garre seke saintes for thi sake.
      But for the baleful bestes that on thi body bites
      Al blendis my blode – thi blee is so blake."
      "That is luf paramour, listes and delites
      That gares me light and lende logh in a lake.
215   Al the welth of the world thus awey witis
      With the wilde wormes that worche me wrake;
      Wrake thei me worchen, Waynour, iwys.
      Were thritty trentales don
      Bytwene under and non,
220   Mi soule were socoured son
      And brought unto blys."

      "To blisse bring the the barne that bought the with his blode,
      That was crucifiged on croys and crowned with thorne.
      As thou was cristened and crisomed with candel and code,
225   Folowed in fontestone frely byforne –
      Mary the mighti, myldest of mode,
      Of whom the blisful barne in Bedlem was borne,
      Lene me grace to grete thi goost with gode
      And mynne the with matens and masses on morne."
230   "To menne me with masses grete menske hit were.
      For him that rest on the rode,
      Gyf fast of thi goode
      To folke that failen the fode
      While thou art here."

235   "Here I hete the my honde thes hestes to holde,

210 garre…saintes] *aus T anstelle der Emendation* gar sekestaines signe *in der Edition von 1974.*

„Ich trug dich in meinem Schoß – was nützt es mir zu leugnen?
205 Ich brach ein heiliges Gelübde,
und kein anderer als du wusste es;
wisse bei diesem Zeichen,
dass ich die Wahrheit sage."

„Sag wahrlich, was dich von deinen Mühen erlösen kann
210 und ich werde veranlassen, Heilige um deinetwillen aufzusuchen.
Die schrecklichen Tiere aber, die deinen Körper zerbeißen,
bereiten mir Sorge – dein Aussehen ist so dunkel."
„Der Grund (für meine Qualen) sind unerlaubte Liebe, Gelüste und Vergnügen –
die haben mich zugrunde gerichtet und mich tief in den See gebracht.
215 Aller Reichtum der Erde verschwindet auf diese Weise
mit den wilden Nattern, die mir Schmerz zufügen;
sie bereiten mir gewisslich Schmerzen, Ginevra.
Wenn dreißig Gregorianische Messen
zwischen Morgen und Nachmittag gelesen würden,
220 wäre meiner Seele bald geholfen
und sie würde ins (himmlische) Glück gebracht."

„Möge dich der Mann zur Glückseligkeit bringen, der dich mit seinem Blut erlöst
der am Kreuz gekreuzigt und mit Dornen gekrönt wurde.   [hat,
Da du mit Kerze und Taufband getauft und gesalbt wurdest,
225 getauft in einem Taufbecken in (aller) Öffentlichkeit –
möge Maria, die mächtige, die gnädigste von Gesinnung,
von der das selige Kind in Bethlehem geboren wurde,
mir die Gnade erweisen, deiner Seele Gutes zu tun
und deiner mit Stundengebeten und Seelenmessen zu gedenken."
230 „Meiner mit Stundengebeten und Seelenmessen zu gedenken wäre eine Wohltat.
Um dessentwillen, der am Kreuz hing,
gib rasch von deinem Gut
den Menschen, denen es an Nahrung mangelt,
während du hier (auf Erden) bist."

235 „Hier verspreche ich dir, diese Gelübde zu halten,

207 *token.* Wir wissen nicht, welches Zeichen gemeint ist, denn in der Artusliteratur wird Ginevras Mutter nie des Ehebruchs bezichtigt. **216** *wormes.* Nattern sind traditionell das Symbol für Unkeuschheit und Ehebruch in der Visionsliteratur. Siehe z. B. die Bestrafung der Sünder in der ,Visio Tungdali' im siebenten Kreis der Oberhölle, die sich des Vergehens der Sünde der *luxuria carnalis* [Fleischeslust] schuldig gemacht haben: Sie gebären Nattern und werden von ihnen zerfressen. Vgl. The Vision of Tundale, S. 215, V. 903–12. **218** *thritty trentales.* eine Anzahl von dreißig mal dreißig Seelenmessen, also insgesamt neunhundert Messen, um die Dauer der Strafe sündiger Seelen im Fegefeuer zu verkürzen.

With a myllion of masses to make the mynnyng.
Bot one word," quod Waynour, "yit weten I wolde:
What wrathes God most at thi weting?"
"Pride with the appurtenaunce, as prophetes han tolde
240   Bifore the peple apert in her preching,
Hit beres bowes bitter, therof be thou bolde;
That makes burnes so bale to breke His bidding.
Ho His bidding brekes, bare thei ben of blys;
But thei be salved of that sare,
245   Er they hethen fare,
They mon knowe of care,
Waynour, ywys."

"Wysse me," quod Waynour, "som wey, if thou wost,
What bedis mighte best me to the blisse bring?"
250   "Mekenesse and mercy, these arn the moost,
And have pité on the poer, that pleses Hevenking.
Sithen charité is chef and chere of the chaste,
And then almessedede over al other thing.
Thes arn the graceful giftes of the holy goste
255   That enspires iche sprete withoute speling.
Of this spiritualté spire thou no mare.
Whil thou art quene in thi quert,
Hold thes wordes in hert.

mit einer Million Seelenmessen an dich zu erinnern.
Auf ein Wort noch", sagte Ginevra, „ich möchte wissen:
Was verletzt Gott am meisten – deiner Meinung nach?"
„Übermäßiger Stolz mit allem was dazu gehört, wie die Propheten
240 es öffentlich in ihren Predigten vor den Leuten sagten.
Er bringt bittere Äste hervor: davor bewahre dich;
das bringt die Menschen dazu, seine Gesetze zu brechen.
Die seine Gesetze brechen, die sollen die himmlische Glückseligkeit verlieren,
es sei denn, sie werden von dieser Beule geheilt,
245 bevor sie von hinnen gehen;
sie müssen Kummer erleiden,
Ginevra, gewiss."

„Zeige mir", sagte Ginevra, „einen Weg, solltest du ihn kennen,
welche Gebete mich am besten zur Seligkeit bringen."
250 „Demut und Barmherzigkeit sind am wichtigsten
und habe Erbarmen mit den Armen – das erfreut den König des Himmels.
Dann sind Nächstenliebe und Enthaltsamkeit die wichtigsten
und dann vor allem Mildtätigkeit.
Dies sind die gnadenbringenden Gaben des Heiligen Geists,
255 die jede Seele von selbst berühren.
Frage nicht weiter nach diesen geistigen Dingen.
Solange du in Gesundheit Königin bist,
behalte diese Worte in deinem Herzen.

---

236 und **706** *myllion of masses.* Wahrscheinlich nicht eine Million, sondern eher ‚mille' [eintausend]. HAHN, Sir Gawain: Eleven Romances, S. 209 führt einen Beleg an, dass das Lesen von eintausend Messen für das Seelenheil eines Verstorbenen nichts Ungewöhnliches war.   **239** *Pride.* Stolz ist die Hauptsünde unter den sieben Todsünden und wird normalerweise an erster Stelle genannt. Stolz, insbesondere auf Besitz und Kleidung, wird in ‚The Awntyrs' durchgängig mit dem Artushof assoziiert. Aber auch die zweite Todsünde *avaritia* [Habsucht], die im Spätmittelalter Stolz als Hauptsünde abzulösen beginnt, spielt in diesem Werk eine erhebliche Rolle. Sowohl im ersten (V. 265) als auch im zweiten Teil der Romanze (V. 421) wird die Artusgesellschaft der Habsucht bezichtigt.   **241** *bowes bitter* evoziert die landläufige Vorstellung vom breit verästelten Sündenbaum, denn jeder der sieben Hauptsündenäste unterteilt sich in eine Anzahl von Nebensündenästen und Zweigen. Siehe z. B. Chaucers ‚Parson Tale' in den ‚Canterbury Tales'. Dort beginnt die Einleitung zur Darstellung der sieben Todsünden wie folgt: *Of the roote of thise sevene synnes, thanne, is Pride the general roote of alle harmes. For of this roote spryngen certain braunches, as Ire, Envye, Accidie or Slewthe, Avarice or Coveitise (to commune understondynge), Glotonye, and Lecherye. / And everich of thise chief synnes hath his braunches and his twigges, as shal be declared in hire chapitres folwynge* [Betrachtet man die Wurzel dieser sieben Sünden, dann ist Hochmut die Hauptwurzel aller Übel. Denn aus dieser Wurzel kommen gewisse Äste hervor, wie Zorn, Neid, Trägheit oder Müßiggang, Habsucht oder Begehrlichkeit (zum allgemeinen Verständnis), Völlerei und Wollust. / Und jede dieser Hauptsünden hat ihre Äste und Zweige, wie die folgenden Kapitel erklären werden] (X, Z. 388–89).   **250–5** Die sieben Taten der Barmherzigkeit, vor allem Mildtätigkeit, und die vier Gaben des Heiligen Geists, die in der Seele ein Verlangen nach Gott und eine Abkehr vom Bösen bewirken, strukturieren den Diskurs des Geists. Siehe dazu HANNA, ‚Awntyrs', S. 36–38.

Thou shal leve but a stert;
260   Hethen shal thou fare."

"How shal we fare," quod the freke, "that fonden to fight,
And thus defoulen the folke on fele kinges londes,
And riche rewmes overrynnes withouten eny right,
Wynnen worshipp and wele thorgh wightnesse of hondes?"
265   "Your king is to covetous, I warne thi sir knight.
May no man stere him with strength while the whele stondes.
Whan he is in his magesté, moost in his might,
He shal light ful lowe on the sesondes.
And your chivalrous king chef shall a chaunce:
270   False Fortune in fight,
That wonderfull whelewright,
Makes lordes lowe to light –
Take witnesse by Fraunce.

Fraunce haf ye frely with your fight wonnen;
275   Freol and his farnet, fey ar they leved.
Bretayne and Burgoyne is both in your bandoun,
And al the dussiperes of Fraunce with your dyntes deved.
Gyan may grete the werre was bigonen;
There is noght lede on lyve in that londe leved.
280   Yet shal the riche Romayns be with you avrronen,
And with the Rounde Table the rentes be reved;
That shal be Tyber in true tymber you tene.
Gete the, Sir Gawayn;

275 farnet] *[Truppe] erscheint in I. HANNA zieht diese Form* folke *[Leute] in D vor.*   **282** Tyber]
Die Erwähnung des Tibers zusammen mit der Lesart vntrue *anstelle von HANNAs Emendation in*
true *bereitet Interpretationsschwierigkeiten. Artus erreicht Rom und somit den Tiber auf seiner*
Heerfahrt nach Italien nicht. Liest man Tyber *als pars pro toto für Rom, dann ergeben sich*
Schwierigkeiten mit dem Adjektiv vntrue *[verräterisch], denn Rom werden zwar ungerechtfertigte*
Tributsansprüche unterstellt, aber kein Verrat. Auf Grund der Tatsache, dass Artus den römischen
Feldzug unternommen hat, wird ihm Rom (beim Tiber) aber trotzdem zum Verhängnis, denn seine
Abwesenheit begünstigt Mordreds Usurpation, die im Anschluss geschildert wird. Eine Lesart von
Tyber *als Tamar oder Tamber würde auch Sinn ergeben, denn in Waces und Layamons ‚Brut' sowie*
im ‚Alliterative Morte Arthure' findet Artus letzte Schlacht beim Tamar statt. Siehe GATES, The
Awntyrs off Arthure at the Terne Wathelyne: A Critical Edition, *S. 212.*

Du wirst nur eine kurze Zeit leben –
260 dann musst du von hinnen fahren.

„Wie soll es uns ergehen", fragte dann der Kämpe, „die wir kämpfen
und auf diese Weise Menschen in vielen Ländern unterdrücken
und gegen alles Recht Königreiche unterwerfen,
um Ruhm und Reichtum durch die Stärke unserer Hände zu gewinnen?"
265 „Euer König ist zu habgierig, warne ich dich, Herr Ritter.
Keiner kann ihn mit Gewalt verdrängen, solange Fortunas Rad still steht.
Wenn er im Zenit seiner Herrlichkeit auf dem Höhepunkt seiner Macht steht,
soll er ganz tief auf den Meeresstrand hinunterfallen.
Eurem ritterlichen König wird ein Unglück geschehen:
270 Die trügerische Fortuna,
die wunderbare Wagnerin,
lässt Herrscher im Kampf tief fallen –
nehmt Euch ein Beispiel an Frankreich!

Ihr habt Frankreich vollkommen im Kampf erobert:
275 Frollo und seine Truppe sind tot auf dem Feld geblieben.
Die Bretagne und Burgund sind in eurer Gewalt,
und alle Prinzen in Frankreich sind durch eure Schwertstreiche zum Schweigen ge-
Aquitanien mag darüber klagen, dass der Krieg je begonnen wurde;   [bracht.
es gibt keine Leute mehr in dem Land, die noch leben.
280 Auch die mächtigen Römer werden von euch überwunden
und die Tributzahlungen an sie werden von der Tafelrunde übernommen werden.
Das soll euch beim Tiber wahrlich Kummer bereiten.
Nimm dich in Acht, Sir Gawain;

266–70 Der Geist bedient sich hier der Vorstellung vom Rad der Fortuna. König Artus sitzt im Moment noch fest oben auf dem Rad. Er wird aber bald durch *False Fortuna* aus dieser Position hinab auf den Seesand geschleudert und sein Leben verlieren. Der Autor der ‚Awntyrs' übernimmt hier eine Episode aus dem ‚Alliterative Morte Arthure' (hiernach abgekürzt als ‚AMA'), Artus' Fortunatraum V. 3250–393, in dem dieses Thema ausführlich behandelt wird. Warum jedoch *se-sondes* [Seesand]? In den Chroniken stirbt Artus bei Glastonbury – Gawain aber kommt in einem Kampf nahe dem Meer um. PHILLIPS, ‚Awntyrs', S. 40, verweist auf den Tod von Eduard I. bei Burgh-by-Sand im Jahre 1307 im Kampf gegen Robert Bruce, den Anführer der rebellierenden Schotten. Seit 1296 nahm Eduard, der sich als *malleus Scottorum* [Hammer der Schotten] bezeichnete, die Nachfolge von König Artus für sich in Anspruch und somit auch den Herrschaftsanspruch über Schottland (Vgl. PRESTWICH, Edward I, S. 42–52). Eine Konflationierung dieser beiden Ereignisse könnte zu der Vorstellung von Artus' Tod am Seestrand in ‚The Awntyrs' geführt haben. **274–85** Der Geist gibt eine Kurzfassung von Artus' römischen Feldzug, wie er zum ersten Mal in der ‚Historia Regum Britanniae' von Geoffrey of Monmouth beschrieben und dann zum festen Bestandteil der „historischen" Artustradition wird, in der auch der ‚AMA' steht, an den sich der Autor der ‚Awntyrs' anlehnt. **275** *Freol.* Frollo ist der römische Stadthalter in Gallien, den Artus als ersten besiegt. Diese Episode wird zuerst von Geoffrey of Monmouth in ‚The History of the Kings of Britain: An Edition and Translation of De gestis Britonum (Historia Regum Britanniae)', S. 205, Z. 212 – S. 209, Z. 305 erzählt.

Turne the to Tuskayn.

285   For lese schall ye Bretayn
With a knight kene.

This knight shal clanly encroche the crowne,
And at Carlele shal that comly be crowned as king.
That sege sall be sesede at a sesone
290   That myche baret and bale to Bretayn shal bring.
Hit shal in Tuskan be tolde of the treson,
And ye shullen turne ayen for the tydyng.
Ther shal the Rounde Table lese the renoune
Beside Ramsey ful rad at a riding;
295   In Dorsetshire shal dy the doughtést of alle.
Gete the, Sir Gawayn,
The boldest of Bretayne;
In a slake thou shal be slayne,
Sich ferlyes shull falle.

300   Suche ferlies shull fal, withoute eny fable,
Uppon Cornewayle coost with a knight kene.
Sir Arthur the avenant, honest and able,
He shal be wounded, iwys – wothely, I wene.
And al the rial rowte of the Rounde Table,
305   Thei shullen dye on a day, the doughty bydene,
Suppriset with a subget that beris hit of sable
With a sauter engreled of silver full shene.
He beris hit of sable, sothely to say;
In riche Arthures halle
310   The barne playes at the balle
That outray shall you alle
Derfely that day.

Have gode day, Gaynour and Gawayn the gode;
I have no lenger tome tidinges to telle.
315   I mot walke on my wey thorgh this wilde wode
In my wonyngstid in wo for to welle.

---

287 encroche] *[an sich reißen] HANNA emendiert andere Lesarten, die er für Formen der lectio facilior hält mit dem Hinweis auf den ,Alliterative Morte Arthure', V. 3525:* He (Mordred) has castells encrochede, and corownde hym seluen *[Er hat Burgen an sich gerissen und sich selbst gekrönt].*   **292** tydyng] tything *in D, das von HANNA zwar übernommen, aber als Schreibfehler bezeichnet wird, wurde durch* tydynge *ersetzt, das in T, I und L erscheint. In Recherche schlägt HANNA vor,* tit, *eine Konjektur in der Edition von 1974, zu eliminieren, da keines der vier Handschriften dieses Wort enthält.*

begib dich in die Toskana,
285 denn ihr sollt England
durch einen tapferen Ritter verlieren.

Dieser Ritter wird die Krone an sich reißen
und in Carlisle wird dieser Edelmann zum König gekrönt werden.
Dieser Ritter wird die Macht zu einer Zeit ergreifen,
290 die viel Streit und Elend über England bringen wird.
In der Toskana sollt ihr von dem Verrat erfahren
und ihr werdet dieser Nachricht wegen (nach Hause) zurückkehren.
Dort soll die Tafelrunde ihren Ruhm verlieren:
In einer Schlacht bei Ramsey
295 wird der tapferste von allen plötzlich in Dorchester sterben.
Nimm dich in Acht, Sir Gawain,
du tapferster in England,
in einem Tal wirst du getötet werden:
Solche wundersamen Dinge werden sich ereignen.

300 Solche wundersamen Dinge werden sich ereignen – ohne zu lügen –
an der Küste von Cornwall durch einen tapferen Ritter.
König Artus, der gütige, ehrlich und tüchtig,
wird da verwundet werden – tödlich, gewiss, wie ich glaube.
Und die gesamte königliche Gesellschaft der Tafelrunde
305 wird an diesem Tag sterben – die Tapferen alle zusammen –
besiegt von einem Untertanen: Er trägt ein schwarzes Wappen
mit einem an den Rändern eingekerbten Andreaskreuz aus glänzendem Silber.
Er trägt ein schwarzes Wappen, um die Wahrheit zu sagen.
In Artus' prächtigem Rittersaal
310 spielt das Kind mit einem Ball,
das euch alle
an dem Tag mit Gewalt vernichten wird.

Einen guten Tag, Ginevra und Gawain, du guter;
ich habe keine Zeit mehr, um (weitere) Neuigkeiten zu erzählen.
315 Ich muss auf meinem Weg durch diesen wilden Wald gehen,
um an meinem Wohnort in Jammer zu leben.

---

294 *Ramsey.* Bei Wace und Layamon landet Artus in Kent und bei Layamon stirbt Gawain in der Nähe von Romney. HANNA, ‚Awntyrs', S. 43, mutmaßt, dass der Autor Romney mit Romsey in Hampshire verwechselt. **295** *Dorsetshire.* Bei Wace, Layamon und im ‚AMA' verfolgt Artus Mordred durch Südengland nach Cornwall. Dorset wird ausdrücklich im ‚AMA' (V. 4052) erwähnt. Romsey in Hampshire liegt ganz in der Nähe von Dorset. **298** *In a slake.* Im ‚AMA' greift der unbesonnene Gawain Mordred auf niedrigem, strategisch ungünstigem Gelände – auf *slakkes* (V. 3719) an und kommt auf diese Weise ums Leben. **306–8** Die Beschreibung des Wappens trifft auf Mordred zu. Siehe ‚AMA', V. 4182. **310** Die Prophezeiung des Geists weist weit in die Zukunft, denn im Augenblick ist Mordred noch ein Kind.

Fore him that rightwisly rose and rest one the rode,
Thenke on the danger and doel that I yn dwell.
Fede folke for my sake that fauten the fode
320   And menne me with matens and masse in melle.
Masses arn medecynes to us that bale bides;
Us thenke a masse as swete
As eny spice that ever thou yete."
Thus with a grisly grete,
325   The goste awey glides.

With a grisly grete, the goost awey glides
And goes with gronyng sore and a grym bere.
The wyndes and the weders the welken unhides –
Then unclosed the cloudes; the son wex clere.
330   The king his bugle has blowen and on the bent bides;
His faire folke in the frith, thei flokken in fere.
And al the riall route to the quene rides
And melis to hir mildely one thaire manere.
The wise of the wedres forwondred they were.
335   Prince proudest in palle,
Dame Gaynour and alle,
Went to Rondolesette Halle
To the suppere.

The king to souper is set and served in sale,
340   Under a siller of silke dayntly dight,
With al worshipp to wille innewith the walle
Briddes brauden and brad in bankers bright.
There suwes in a soteler with a symballe
A lady lufsom of lote ledand a knight;
345   Ho raykes up in a res bifor the rialle
And halsed Sir Arthur hendly on hight.
Ho said to the soverayne, wlonkest in wede:
"Mon makeles of might,

326–34 *Diese Strophe weist in den vier Handschriften sehr unterschiedliche Reimwörter auf. Nach eingehender Analyse unter Abwägung aller relevanter Kriterien entscheidet sich* HANNA *für die Reimwörter in I:* bere / clere / fere / manere.   **343** *Der Bezug zwischen diesem und dem nächsten Vers ist nicht eindeutig. Entweder muss V. 344 als Apposition zu V. 343 gelesen oder* and *[und] hinzugefügt werden, es sei denn man interpretiert das Verb* suwen *[folgen] in V. 343 als Verb der Bewegung, die sich an die Bewegung des Zimbalspielers anschließt.*

Um dessentwillen, der auf dem Kreuz ruhte und zu Recht auferstand,
denke an die Gefahr und den Schmerz, mit denen ich lebe.
Speise Leute, denen Nahrung fehlt, um meinetwillen
320   und gedenke meiner außerdem mit Stundengebeten und Seelenmessen.
Seelenmessen sind Medizin für uns, die sich im Elend befinden.
Für uns ist eine Seelenmesse so süß
wie irgendein Gewürz, das du jemals gegessen hast."
Mit jammervollem Klagen
325   gleitet der Geist so davon.

Mit jammervollem Klagen gleitet der Geist davon
und verschwindet mit schlimmem Stöhnen und schrecklichem Geschrei.
Die Winde und Stürme reißen den Himmel auf –
die Wolken lichten sich; die Sonne erscheint.
330   Der König blies sein Horn und wartet auf dem Feld;
seine edlen Begleiter im Wald versammeln sich.
Die königliche Gesellschaft reitet der Königin entgegen
und spricht, wie gewohnt, höflich mit ihr.
Sie waren alle ganz erstaunt über das Wetter.
335   Der Prinz in stolzen Kleidern,
Frau Ginevra und alle anderen
begeben sich nach Schloss Rondolesette
zum Abendmahl.

Der König setzte sich zum Abendmahl nieder und ihm wurde im Saal aufgetragen
340   unter einem Baldachin aus Seide, der herrlich gemacht war,
mit aller erdenklicher Pracht an eine Mauer (gelehnt),
verziert mit Vögeln, die über wunderbare Tapisserien verstreut waren.
Dann folgte einem Zimbalspieler mit einem Zimbal
eine Dame mit lieblichem Gesicht, die einen Ritter führte.
345   Sie begab sich eilends zum König
und grüßte Herrn Artus höflich mit lauter Stimme.
Sie sprach zum prächtig gekleideten Herrscher:
„Mächtiger Herr ohne gleichen,

---

337 *Randolesette Halle.* Die präzise Lage dieses Ortes ist unbekannt. Er muss am Rande des Inglewood Forest gelegen haben. WALKING, The Problem of "Randolesette Halle", S. 107–11, erstellt eine Liste der möglichen Lokalitäten, die seit 1842 für Randolesette Hall vorgeschlagen wurden, bevor er selbst für (Randulph) Seat auf der höchsten Erhebung am Rande des Inglewood Forest plädiert. Des weiteren glaubt er, es handele sich hier nicht um ein permanentes Gebäude, sondern um ein großes Zelt. Als temporäres Gebilde „the feasting tent … can itself be read as a metaphor for the Arthurian world, a brief, glorious efflorescence in a dark and terrifying age … only to be dismantled and packed away once the celebration has come to an end." [das Festzelt … lässt sich als Metapher für die Artuswelt lesen, ein kurzes, glorreiches Aufblühen in einem dunklen und furchterregenden Zeitalter … nur um dann abgebaut und weggepackt zu werden, wenn die Feier zu Ende ist.] (S. 121).

Here commes an errant knight.
350 Do him reson and right
For thi manhede."

Monli in his mantell sittes at his mete,
In pal pured with pane prodly pight,
Trefolyte and traverste with trewloves in trete;
355 The tasselles were of topas that wer thereto tight.
He gliffed up with his eighen that grey wer and grete,
With his beveren berde, on that burde bright.
He was the soveraynest sir sitting in sete
That ever segge had sought, or sen was with sight.
360 King crowned in kith carpes hir tille:
"Welcom, worthely wight!
He shal have reson and right!
Whethen is the comli knight,
If hit be thi wille?"

365 Ho was the wurloke(st) wight that eny welde wolde;
Here gide was glorious and gay, of a gressegrene.
Here belle was of blunket with birdes ful bolde,
Beten with besantes and bokeled ful bene.
Here fax in fyne perré was fretted in folde,
370 Contrefelet and kelle coloured full clene
With a crowne of crystal and of clere golde;
Here kercheves were curiouse with many proude prene.
Her enparel was praysed with prise of might;
Bright birdes and bolde
375 Had note ynoghe to beholde
On that frely to folde
And on the kene knight.

The knight in his colours was armed ful clene,
With his comly crest clere to beholde,
380 His brené and his basnet burneshed ful bene,
With a bordur abought al of brende golde.
His mayles were mylkewhite, enclawet ful clene;
His stede trapped with that ilke, as true men me tolde;
His shelde on his shulder of silver so shene,
385 With borehedes of blake browed ful bolde;

---

365 welde] *HANNA führt mehrere Belege dafür an, dass das Verb sexuell konnotiert ist: Galerons Geliebte wird also als äußerst begehrenswert dargestellt.*

hier kommt ein fahrender Ritter.
350 Behandle ihn wohlwollend und gerecht
um deiner Mannhaftigkeit willen."

Eindrucksvoll in seinem Umhang sitzt er beim Mal –
in reicher pelzverbrämter Kleidung,
geschmückt und durchkreuzt von Reihen von Liebesknoten;
355 die Quasten waren aus Topas, der daran befestigt war.
Er blickte flüchtig mit seinen großen grauen Augen –
mit seinem rötlichen Bart – auf das strahlend schöne Mädchen.
Er war der herrlichste Prinz auf seinem Thron,
den man jemals aufgesucht oder gesehen hatte.
360 Der König, gekrönt unter seinen Leuten, sprach zu ihr:
„Willkommen, ehrbare Dame!
Ihm soll Wohlwollen und Gerechtigkeit widerfahren!
Woher kommt der stattliche Ritter –
wenn du es mir es sagen willst?"

365 Sie war die herrlichste Frau, die man sein eigen nennen konnte;
ihr grasgrünes Kleid war herrlich und sehenswert.
Ihr Mantel war aus feiner Wolle, verziert mit stolzen Vögeln,
durchwirkt mit Goldmünzen und sehr wohl mit Schließen geschlossen.
Ihr Haar war mit Edelsteinen in Zöpfen geflochten;
370 mit Schleifen und wunderbarem Haarschmuck,
mit einer Krone aus Kristall und purem Gold;
ihr Kopftuch war wunderbar mit vielen edlen Broschen (geschmückt);
ihre Kleidung wurde von den Angesehensten gepriesen.
Schöne und edle Frauen
375 konnten sich nicht satt sehen
an diesem Mädchen, das lieblich zu umarmen war,
und an dem kühnen Ritter.

Der Ritter war in seinem wappenverzierten Rock herrlichst gekleidet
mit einem schönen Federbusch, der hübsch anzusehen war;
380 seine Rüstung und Stahlhaube glänzten wunderschön
mit einer Bordüre aus strahlendem Gold.
Sein Kettenhemd war milchweiß und bestens befestigt;
sein Pferd war ebenso ausgestattet, wie mir vertrauenswürdige Männer berichten.
Sein Schild auf seiner Schulter war aus glänzendem Silber
385 mit schwarzen Eberköpfen mit kühn aussehenden Brauen;

---

354 *trewloves*. Liebesknoten gehören zum Repertoire mittelalterlicher Minneikonographie. Sie schmücken z. B. auch Gawains Rüstung in ‚Sir Gawain and the Green Knight', V. 612. Es handelt sich um einen in sich verschlungenen Knoten mit zwei Schleifen, der die wahre Liebe symbolisiert.

His horse in sandel of Tars was trapped to the hele.
And in his cheveron biforne
Stode as an unicorne,
Als sharp as a thorne,
390   An anlas of stele.

In stele was he stuffed that stourne uppon stede,
Al of sternes of golde, strenkeled on stray;
His gloves and his gamesons glowed as a glede,
With graynes of revé that graithed ben gay;
395   And his schene schynbaudes sharp wer to shrede;
His poleinus with pelidotus were poudred to pay.
With a launce on loft that lovely con lede;
A freke on a freson him folowed in fay.
The freson was afrayed for fere of that fare,
400   For he was selden wonte to se
The tablet fluré.
Siche gamen ne gle
Sagh he never are.

Arthur asked on hight, herand hem alle:
405   "What woldes thou, wee, if hit were thi wille?
Tel me what thou seches and whether thou salle,
And whi thou stedes on thi stede and stondes so stille."
He wayved up his viser fro his ventalle;
With a knightly contenaunce, he carpes him tille:
410   "Whether thou be cayser or king, her I the becalle
Fore to finde me a freke to fight one my fille.
For fyghtynge to fraist I fonded fro home."
Then carped the king uppon hight:
"Lyghte and lende al nyght,
415   If thou be curteys knight
And tel me thi nome."

"Mi name is Sir Galaron, sans eny gile,
The grettest of Galwey of greves and gylles,

---

386 *Nur in T sind genügend Stabreime vorhanden, da dort das Verb* teldede *[bedeckt] eingefügt wurde.* HANNA *emendiert diesen Vers, indem er die Konjektur* Tars *[Tarsia] hinzufügt, d. h. das Pferd ist mit kostbarem orientalischem Seidentuch bedeckt.*

sein Pferd war mit Seide aus Tarsia bis zu den Füßen bedeckt
und auf seinem Kopfschutz
stand ein Dolch aus Stahl –
scharf wie ein Dorn –
390   wie von einem Einhorn.

(Ganz) in Stahl war dieser Krieger auf seinem Schlachtross eingeschlossen –
mit goldenen Sternen (verziert), die ungleichmäßig verteilt waren;
seine Handschuhe und sein Waffenrock schimmerten wie Glut
mit kleinen Rubinen, die kunstvoll verteilt waren;
395   seine glänzenden Beinschienen waren messerscharf;
(und) seine Kniebuckel waren prächtig mit Edelsteinen übersät.
Mit einer erhobenen Lanze erschien der würdige (Ritter);
ein Knappe auf einem Friesen folgte ihm – wahrhaftig.
Der Friese scheute aus Furcht vor dem Trubel,
400   denn er war es kaum gewohnt,
eine mit einer Blumendecke verzierte Tafel zu sehen.
Solche Unterhaltung oder Festfreude
hatte er nie zuvor erblickt.

Artus fragte laut, (so dass) alle ihn hörten:
405   „Was willst du, Ritter, wenn du es sagen willst?
Sag mir, was du suchst und wohin du willst,
und warum du auf deinem Streitross sitzt und so still stehst."
Er lüftete sein Visier von seinem Helm;
mit höfischer Gebärde sprach er zu ihm:
410   „Ob du Kaiser oder König bist, hier fordere ich dich heraus,
mir einen Kämpen zu finden, der mit mir zu meiner Genugtuung kämpft.
Um den Kampf zu suchen, verließ ich meine Heimat."
Dann sagte der König laut:
„Steig ab und verbringe die Nacht,
415   so wahr du ein höfischer Ritter bist,
und nenne mir deinen Namen."

„Ich heiße Sir Galeron – um die Wahrheit zu sagen,
der Mächtigste von Galloway an Wäldern und Schluchten,

387–90 Der Kopfschutz von Galerons Pferd, der einem Einhorn gleicht, ist keine literarische Fiktion, sondern durchaus für spätmittelalterliche Pferderüstungen nachweisbar. **398** *freson.* Der Friese, den der Knappe reitet, ist ein Arbeitstier, kein eines Ritters würdiges Schlachtross. Das erklärt Gawains ärgerliches Verhalten, als Galeron ihm als Ersatz für Grissel einen Friesen anbietet (V. 551). **417** *Sir Galeron* erscheint nur selten in der me. Artusliteratur: in ‚Sir Gawain and the Carle of Carlisle', im ‚AMA' und in Malorys ‚Morte Darthur'. In allen diesen Werken ist er ein Artusritter. **418** Galloway liegt nordwestlich von Carlisle. SCHIFF, Revivalist Fantasy, S. 114–5, weist darauf hin, dass Galloway im vierzehnten und fünfzehnten Jahrhundert unabhängig war, d. h. weder zu England noch zu Schottland gehörte.

Of Connok, of Carrak, of Conyngham, of Kyle,
420 Of Lonrik, of Lennex, of Loudan Hilles.
Thou has wonen hem in werre with a wrange wile
And geven hem to Sir Gawayn – that my hert grylles.
But he shal wring his honde and warry the wyle,
Er he weld hem, ywis, at myn unwylles.
425 Bi al the welth off the worlde, he shal hem never welde,
While I the hede may bere,
But if he wyn hem in were
With shelde and with spere
On a faire felde,

430 On a fyld will I feghte – thereto I make feith –
With eny freke uppon folde that frely is borne.
To lese suche a lordshipp me wold thenke laith,
And iche lede opon lyve wold lagh me to scorne."
"We ar in the wode went to walke on oure waith,
435 To hunte at the herdes with hounde and with horne.
We ar in oure gamen; we have no gome graithe,
But yet thou shalt be mached be mydday tomorne.
Forthi I rede the, renke, rest the al night."
Gawayn, grathest of all,
440 Ledes him oute of the hall
Into a pavilon of pall
That prodly was pight.

Pight was it prodly with purpour and palle,
With beddus brauderit o brode and bankers bryght;
445 Inwith was a chapell, a chambour and ane halle,
A chymné with charcole to chaufe the knight.
His stede was stabled and led to the stalle;
Hay hertly thay heved in haches on hight.
Sithen thei braide up a borde and clothes con calle,
450 Sanapes and salers, semly to sight,
Torches and brochetes and stondardes bitwene.

von Cumnock, von Karrick, von Cunningham, von Kyle,
420   von Lanark, von Lennox, von Loudoun Hill.
Diese hast du im Kampf mit einem üblen Trick erobert
und sie an Sir Gawain gegeben – das ärgert mich sehr.
Er aber soll seine Hände ringen und den Tag verfluchen,
bevor er über sie ohne meine Einwilligung herrscht.
425   Bei allem Reichtum der Erde, er soll sie nie beherrschen,
so lange ich meinen Kopf noch habe,
es sei denn er gewinnt sie im Kampf
mit Schild und Speer
auf dem Schlachtfeld.

430   Ich werde auf dem Felde kämpfen – darauf schwöre ich einen Eid –
mit jedem Kämpen auf der Erde von edler Abstammung.
Eine solche Herrschaft zu verlieren, deuchte mich abscheulich –
jedermann würde mich verächtlich verlachen."
„Wir sind in den Forst gekommen, um auf die Jagd zu gehen,
435   um die Herden mit Hund und Horn zu jagen.
Wir sind hier zu unserem Vergnügen; wir verfügen über keinen Kämpen,
aber trotzdem sollst du bis morgen Mittag einen passenden (Gegner) hier vorfinden.
Deshalb rate ich dir, Mann, ruhe dich die ganze Nacht aus."
Gawain, der höfischste von allen,
440   führt ihn aus dem Saal
zu einem Pavillon aus reichem Stoff,
der herrlich geschmückt war.

Er war schön geschmückt mit Purpur und reichem Stoff,
mit breiten geschmückten Betten mit wunderbaren Bezügen;
445   darin befanden sich eine Kapelle, eine Kemenate und ein Saal,
ein Kamin mit Holzkohle, um den Ritter zu wärmen.
Sein Streitross wurde in einen Stall in eine Box geführt;
Heu hoben sie emsig in die hohen Krippen.
Dann stellten sie einen Tisch auf und verlangten nach Tischdecken,
450   Servietten und Salzgefäßen, die schön anzusehen waren;
(nach) Fackeln und großen Wachskerzen und dazwischen Kerzenhalter.

419–20 Die hier genannten Territorien liegen alle in Schottland an der heftig umkämpften Grenze
zu England: Carrick, Cunnigham, Kyle und Cumnock in Ayrshire. Vgl. HANNA, ‚Awntyrs‘, S. 127.
Der Grenzverlauf war nie eindeutig und verschob sich je nachdem, wer in den andauernden Grenz-
kriegen die Oberhand gewann. Somit sind nicht nur die ‚Awntyrs‘, sondern auch die anderen
Gawain Romanzen, die in Carlisle angesiedelt sind, Zeugnisse englischer territorialer Ansprüche in
der Auseinandersetzung mit der sogenannten „Celtic fringe" [keltischem Randgebiet]. Wie SCHIFF,
Revivalist Fantasy, S. 104–9, ausführt, sind diese Gebiete „marcher lands", deren Herren sich
opportunistisch auf die jeweils siegreiche Seite (England oder Schottland) schlugen, um größtmög-
liche Unabhängigkeit zu bewahren. Carlisle diente als Grenzfestung, von der aus vor allem Eduard
I. und Eduard III. von 1296 an ihre Feldzüge gegen Schottland begannen.

Thus they served that knight
And his worthely wight
With riche dayntés dight
455   In silver so shene.

In silver so semely thei serve of the best,
With vernage in veres and cuppes ful clene.
And thus thes galiard gomes glades hour gest,
With riche dayntées endored in disshes bydene.
460   Whan the riall renke was rayked to his rest,
The king to counsaile has called his knightes so kene:
"Umbloke nowe, lordinges, oure lose be not lest;
Ho shal encontre with yone knight, kestes you bitwene."
Then seid Sir Gawayn, "hit shal us not greve.
465   Here my trouth I you plight
I woll counter with the knight
In defence of my right,
Lorde, by your leve."

"I leve wel," quod the king, "thi lates ar light,
470   But I nolde for no lordeshipp se thi life lorne."
"Let go!"quod Sir Gawayn, "God stond with the right!
If he skape skathelese, hit were a foule skorne."
In the daying of the day the doughti were dight
And herden matens and masse erly on morne.
475   By that on Plumton Land a palais was pight,
Were never freke opon folde had foughten biforne.
Thei setten listes bylyve on the logh lande.
Thre soppes demayn
Thei brought to Sir Gawayn
480   For to confort his brayn,
The king gared commaunde.

The king commaunded Krudely, the erlis son of Kent:
"Curtaysly in this case, take kepe to the knight."
With riche dayntées or day he dyned in his tente;
485   After buskes him in a brené that burneshed was bright
And sythen to Waynour warly he went;

---

462 *In allen Handschriften fehlt das Reimwort, weil dort zumeist die Partizipialform* lost *anstatt der Form* lest *erscheint, dem Partizip des ae. schwachen Verbs* lēosan. *Substituiert man* lest, *dann ist der Reim wieder hergestellt.*

So bedienten sie den Ritter
und seine würdige Gefährtin
mit erlesenen Speisen,
455 die in glänzenden Silberschüsseln serviert wurden.

In silbernem Geschirr trugen sie vom Besten auf,
mit Süßwein in Gläsern und in schönen Bechern
und so erfreuten die tapferen Männer ihren Gast
alsbald mit erlesenen glacierten Speisen in Schüsseln.
460 Als der fürstliche Herr sich zum Schlafen niedergelegt hatte,
rief der König seine tapferen Ritter zum Rat zusammen:
„Habt Acht, ihr Herren, dass wir unser Ansehen nicht verlieren;
zieht das Los, wer mit dem Ritter dort kämpfen soll."
Dann sagte Sir Gawain: „Das soll uns nicht bekümmern.
465 Hier versichere ich euch eidesstattlich:
Ich werde mit dem Ritter kämpfen,
um meinen Rechtsanspruch zu verteidigen,
Herr, mit Eurer Erlaubnis."

„Ich glaube dir wohl", sagte der König, „dass du ein geschickter Kämpfer bist;
470 unter keinen Umständen aber wollte ich, dass du dein Leben verlörest."
„Lass mich gehen!" sprach Sir Gawain, „Gott stehe auf der Seite des Rechts!
Wenn er ungeschoren davon käme, wäre das eine Beleidigung."
Im Morgengrauen machten sich die Tapferen bereit
und hörten früh am Morgen Morgenandacht und Messe.
475 Bis dahin wurde bei Plumpton Wall ein Turnierplatz mit Palisaden errichtet,
wo niemals zuvor ein Mann auf dem Feld gekämpft hatte.
Sie errichteten eiligst Schranken auf der Ebene.
Drei Frühstücksmahlzeiten
brachten sie Sir Gawain,
480 um seinen Kampfesmut zu stärken,
wie es der König befohlen hatte.

Der König befahl Krudely, dem Sohn des Earls von Kent:
„Kümmere dich höflich um den Ritter."
Bevor Tagesanbruch aß er in seinem Zelt erlesene Speisen;
485 danach legte er eine Rüstung an, die hell glänzte.
Dann ging er vorsorglich zu Ginevra.

---

471 *God stond with the right*. Wie HAHN, Sir Gawain: Eleven Romances, S. 218, anmerkt, betrachtet Gawain den bevorstehenden Zweikampf nicht nur als eine Auseinandersetzung zweier Kämpen zur Beilegung eines Territorialstreits, sondern als Gottesurteil.   **475** *Plumton Land*. Wiesenlandschaft innerhalb des Inglewood Forest bei den Ortschaften Plumpton und Plumpton Head.   **481** *Krudely*. In der Artusliteratur ist dieser Name unbekannt. HANNA, ‚Awntyrs', S. 128–9 schlägt Caradoc vor, der als Craddock im ‚AMA' erscheint, wo er Artus von Mordreds Rebellion informiert.

He laft in here warde his worthly wight.
After thes hatheles in high hour horses thei hent
And at the listes on the lande lordely don light –
490   Alle bot thes two burnes, baldest of blode.
The kinges chaier was set
Above on a chafelet;
Many galiard gret
For Gawayn the gode.

495   Gawayn and Galeron gurden her stedes;
Al in gleterand golde, gay was here gere.
The lordes bylyve hom to list ledes,
With many seriant of mace, as was the manere.
The burnes broched the blonkes that the side bledis;
500   Ayther freke opon folde has fiched his spere.
Shaftes of shidewode thei shindre in shedes,
So jolilé thes gentil justed on were;
Shaftes thei shindr in sheldes so shene,
And sithen, with brondes bright,
505   Riche mayles thei right.
There encontres the knight
With Gawyn on grene.

Gawyn was gaily grathed in grene,
With his griffons of golde engreled full gay,
510   Trifeled and traversed with trueloves bitwene,
On a startand stede he strikes on stray.
The tother in his turnaying, he talkes in tene:
"Whi drawes thou the on dregh and makes siche deray?"
He swapped him yn at the swyre with a swerde kene;
515   That greved Sir Gawayn to his dethday.
The dyntes of that doughty were doutwis bydene;
Fifté mayles and mo
The swerde swapt in two,
The canelbone also,
520   And clef his shelde clene.

He clef thorgh the cantell that covered the knight,
Thorgh the shilland shelde a shaftmon he share.
And then the lathely lorde lowe uppon hight,

522 shilland] *[schillernd]* HANNAs *Konjektur in Recherche.* D: shiand, I: his shild and his shildur,
L: shuldre and ... .   523 *An dieser Stelle (Folio 158v) ist der Text in der Handschrift T
unterbrochen, da eine Seite und somit 82 Verse fehlen.*

Er ließ die ehrwürdige Dame in ihrer Obhut zurück.
Danach holten die Ritter eilends ihre Pferde
und stiegen bei den Schranken galant ab –
490 alle außer den beiden Kämpen, die kühnsten von ihrer Abstammung.
Des Königs Thron stand
auf einer Empore.
Manch edler Ritter
rief nach Gawain, dem guten.

495 Gawain und Galeron gurten ihre Rösser;
ganz aus glitzerndem Gold war ihre stattliche Ausrüstung.
Die Herren begeben sich schnell zu den Schranken –
zusammen mit vielen Reisigen, wie es üblich war.
Die Männer gaben den Pferden die Sporen, dass ihre Flanken bluteten;
500 jeder der beiden Männer auf dem Feld hat seinen Speer angelegt.
Schafte aus gespaltenem Holz zersplittern sie in Stücke,
so fröhlich tjostierten die Edlen im Zweikampf;
Schafte zersplittern sie auf glänzenden Schilden,
und danach zerhauen sie mit funkelnden Schwertern
505 die kostbaren Kettenhemden.
So trifft der Ritter
auf Gawain auf dem grünen Feld.

Gawain war ansehnlich in Grün gekleidet
mit goldenen Greifen, die hübsch eingraviert waren,
510 geschmückt und durchkreuzt von Reihen von Liebesknoten;
auf einem sich aufbäumenden Ross scherte er zur Seite aus.
Der andere in diesem Tjost spricht verärgert:
„Warum ziehst du dich zurück und machst solche Umstände?"
Er schlägt ihm mit dem scharfen Schwert auf den Hals –
515 das schmerzte Gawain bis zu seinem Lebensende.
Die Hiebe des tapferen (Ritters) waren furchtbar:
Fünfzig Kettenringe und mehr
zerschlug das Schwert –
auch das Schlüsselbein –
520 und durchschlug glatt den schillernden Schild.

Er durchschlug den Winkelteil des Schilds, das den Ritter schützte –
eine Handbreit und mehr durch den glänzenden Schild.
Dann lachte der schreckliche Herr laut auf

---

509 Gawains Wappen wird nicht einheitlich in den Romanzen beschrieben. Der goldene Greif erscheint auch im ‚AMA', V. 3869; in ‚Sir Gawain and the Green Knight' aber trägt Gawain auf seinem Schild ein Pentagramm. In der deutschen Dichtung erscheint häufig ein Löwe auf Gawains Schild.   **510** *trueloves*. Siehe Eintrag V. 354.

And Gawayn grech es therwith and gremed ful sare:
525   "I shal rewarde the thi route, if I con rede right."
He folowed in on the freke with a fressh fare;
Thorgh blason and brené that burneshed wer bright
With a bytand bronde thorgh him he bare.
The bronde was blody that burneshed was bright.
530   Then gloppened that gay –
Hit was no ferly, in fay;
The sturne strikes on stray
In stiropes stright.

Streyte in his steroppes, stoutely he strikes,
535   And waynes at Sir Wawayn als he were wode,
Then his lemman on loude skirles and skrikes,
When that burly burne blenket on blode.
Lordes and ladies of that laike likes
And thonked God of his grace for Gawayn the gode.
540   With a swap of a swerde that swither him swykes;
He stroke of the stede hede, streite there he stode.
The faire fole fondred and fel, bi the rode.
Gawayn gloppened in hert;
He was smite with smert.
545   Oute of sterops he stert
Fro Grissell the goode.

"Grissell," quod Gawayn, "gon is, Godote.
He was the burlokest blonke that ever bote brede.
By him that in Bedeleem was borne ever to ben our bote,
550   I shall revenge the today, if I con right rede."
"Go fecche me my freson, fairest on fote;
He may stonde the in stoure in as mekle stede."
"No more for the faire fole then for a risshrote,
But for doel of the dombe best that thus shuld be dede,
555   I mourne for no montur, for I may gete mare."

529 *Dieser Vers erscheint in einer Anzahl verschiedener Lesarten in den anderen Handschriften. In I:* He bare thurghe his brenys that burneshed was bright, *in L:* Thurgh the blasyng basnet of that hende wight. *Keine dieser Lesarten ist eine lectio difficilior.* **542** *HANNA folgt hier der Lesart von I* bi the rode *[beim heiligen Kreuz], da der Lesart in D* to the grounde *[auf den Boden] der Stabreim fehlt.* **547** *HANNA emendiert* God wote *[Gott weiß] in D zur kontrahierten Form* Godote *[Gott weiß], weil ae. ā im nördlichen Dialekt erhalten bleibt und somit der Reim defekt wäre, während* Godote *in Texten nördlichen Ursprungs belegt ist.* **551–5** *Diese Verse sind am besten als Dialog zu verstehen. Nachdem Gawain den Tod seines Pferds in V. 547–50 beklagt hat, bietet ihm Galeron seinen Friesen an (V. 551–2), den Gawain aber entrüstet ablehnt (V. 553–5), vielleicht auch deshalb, weil ein Friese ein Arbeitspferd und kein Streitross ist. Der Verlust von Gawains Pferd führt schließlich dazu, dass der Kampf zu Fuß fortgeführt wird.*

und Gawain ärgerte sich und grämte sich schmerzlich:
525 „Ich werde dir diesen Hieb heimzahlen, wenn ich Recht haben sollte."
Er bedrängte den Streiter mit einem erneuten Schwerthieb;
durch Schild und Kettenhemd, das so glänzend strahlte,
hieb er mit dem scharfen Schwert auf ihn ein.
Das Schwert war blutig, das vorher strahlend poliert war.
530 Dann war der treffliche (Ritter) benommen –
das war wahrhaftig kein Wunder.
Der tapfere (Ritter) schlägt kräftig zu,
während er aufrecht auf den Steigbügeln steht.

Aufrecht in den Steigbügeln schlägt er kräftig zu
535 und stürzt wie besessen auf Sir Gawain los.
Dann schreit seine Geliebte laut auf und kreischt,
als der treffliche Ritter in (seinem) Blut erstrahlt.
Die Ritter und Damen freuen sich über das Kampfspiel
und danken Gott für seine Fürsorge um Gawain, den guten.
540 Mit einem Schwertstreich, den der Behände (Galeron) gegen ihn ausführt
schlägt er dem Ross das Haupt ab, da wo es stand.
Das schöne Pferd stolperte und fiel – beim heiligen Kreuz.
Gawain war ganz verwirrt;
aus Schmerz schlug er drauf los.
545 Aus den Steigbügeln stieg er
von dem guten Grissel.

„Grissel", sprach Gawain, „ist dahin, Gott weiß es!
Er war das beste Pferd, das jemals Futter fraß.
Bei ihm, der in Bethlehem geboren wurde, um unser Heiland zu sein,
550 ich werde dich heute rächen, wenn ich es richtig sehe."
„Geh und hole mir meinen Friesen, den Schönsten auf Füßen;
er kann dir im Kampf genauso gut als mächtiges Streitross dienen."
„Ich mache mir nicht mehr aus dem schönen Pferd als aus Unkraut.
Außer aus Schmerz über die stumme Kreatur, die auf diese Weise sterben musste,
555 trauere ich um kein Pferd, denn ich kann andere bekommen."

532 *stiropes stright.* Mittelalterliche Sattel waren höher als moderne Sattel, so dass die Ritter fast auf ihren Steigbügeln standen. **546** *Grissell.* Gawains Pferd heißt hier einfach: der Graue. In der französischen Artustradition jedoch wird Gawains Pferd stets Gringolet genannt. Bei Wolfram heißt es Gringoljete.

Als he stode by his stede
That was so gud in ich nede
Ner Gawayn wold wede,
So weped he sare.

560   Thus wepus for wo Wowayn the wight
And wendys to his witerwin that wonded is sare.
That other drogh him on dreght for drede of the knight
And boldely broched his blonk on the bent bare.
"Thus may thou dryre forthe the day to the derk night.
565   The son is passed the mark of mydday and mare."
Within the listes the lede lordly don light;
Toward the burne with his bronde he busked him yare.
To bataile they boun with brondes so bright.
Shene sheldes wer shred,
570   Bright brenés bybled;
Many doughti were adred,
So fersely thei fight.

Thus thei feght on fote on that fair felde
As frike as two lyones that fautes the fille.
575   Wilelé thes wight men thair wepenes they welde;
Wyte ye wele, Sir Gawayn wantis no will.
He brouched him with his bronde under the brode shelde
Thorgh the waast and the wombe and wonded him ille.
The swerd stent for no stuff – hit was so wel steled –
580   That other startis on bak and stondis stonstille;
Though he were stonayed that stonde, he strikes ful sare.
He gurdes to Sir Gawayn
Thorgh ventaile and pesayn;
He wanted noght to be slayn
585   But the brede of an hare.

Hardely then thes hathelese on helmes they hewe;
Thei beten downe beriles and bourdures bright.
Shildes on shildres, that shene were to shewe,
Fretted were in fyne golde, thei failen in fight.
590   Stones of iral they strenkel and strewe;
Stithe stapeles of stele they strike don stright.

---

578 and … wombe] *Hannas Konjektur in Recherche. In D und I:* and the wombe of the body; *in*
L: he went.

Als er bei seinem Ross stand,
das ihm in jeder Notlage so oft geholfen hatte,
wurde Gawain fast wahnsinnig,
so kummervoll weinte er.

560 So weint Gawain, der Ritter, aus Kummer
und geht auf seinen Gegner los, der schmerzhaft verwundet war.
Der andere zog sich vor dem Ritter aus Zweifel (was er tun sollte) zurück
und gab seinem Pferd die Sporen auf dem offenen Feld:
„So kannst du den Tag bis zur dunklen Nacht verbringen;
565 die Sonne hat bereits den Mittag weit überschritten."
Innerhalb der Schranken stieg der Kämpe ab;
mit gezogenem Schwert stürmt er auf den Ritter los.
Sie machen sich zum Kampf mit den blanken Schwertern bereit.
Schöne Schilde wurden zerhauen;
570 glänzende Kettenhemden mit Blut beschmiert.
Viele tapfere Ritter hatten Angst,
weil sie so heftig kämpften.

So kämpften sie zu Fuß auf dem schönen Feld –
so heftig wie zwei hungrige Löwen.
575 Geschickt benutzen die beiden Männer ihre Waffen.
Glaubt mir, Sir Gawain mangelt es nicht an Entschlossenheit.
Er durchbohrte mit dem Schwert unter dem breiten Schild
die Hüfte und den Leib und verwundete ihn schwer.
Kein Wams stoppte das Schwert – es war so gut geschmiedet –
580 Der andere springt zurück und steht stockstill;
obwohl er einen Augenblick lang benommen war, schlägt er voll drauf los.
Er durchbohrt Sir Gawain
durch Nacken- und Brustschutz.
Um Haaresbreite
585 wäre er getötet worden.

Die Kämpen hieben einander hart auf die Helme;
sie schlugen die Edelsteine und die schmucken Verzierungen herunter.
Die Schilde auf den Schultern, die schön anzusehen
und mit Goldfiligran geschmückt waren, versagten im Kampf.
590 Sie zerstreuten Edelsteine in den Farben des Regenbogens.
Starke Schließen aus Stahl trennten sie glatt ab.

---

565 Galeron könnte sich auf eine aus dem keltischen Sagenbereich stammende Vorstellung beziehen, der zufolge Gawains Kampfkraft nach dem Mittag, wenn die Sonne ihren Höchststand erreicht, abnimmt. Vgl. LOWE, Folklore as a Unifying Factor in "The Awntyrs off Arthure", S. 215.
590 *iral* ein nicht näher beschriebener Edelstein. Im Middle English Dictionary, Bd. i–lang, S. 272 heißt es dazu: „Some kind of precious stone" [irgendein Edelstein].

Burnes bannen the tyme the bargan was brewe,
The doughti with dyntes so delfully were dight.
The dyntis of tho doghty were doutous bydene.
595   Bothe Sir Lote and Sir Lake
Mecull menyng con make.
Dame Gaynour gret for his sake
With her grey eyen.

Thus gretis Gaynour with bothe her gray yene
600   For gref of Sir Gawayn that grisly was wound.
The knight of corage was cruel and kene,
And with a stelun bronde that sturne oft stound;
Al the cost of the knyght he carf downe clene.
Thorgh the riche mailes that ronke were and rounde
605   With suche a teneful touche he taght him in tene.
He gurdes Sir Galeron groveling on gronde.
Grovelonges on gronde he groned on grene.
Als wounded as he was,
Sone unredely he ras
610   And folowed fast on his tras
With a swerde kene.

Kenely that cruel kevered on hight
And with a cast of the carhonde in cantil he strikes,
Full yerne he waynes at Wawayne the wighte –
615   But him lymped the worse, and that me wel likes!
He atteled with a slyvyng haf slayn him in slight;
The swerd swapped on his swange and on the mayle slikes,
And Sir Gawayne bi the coler cleches the knight.
Then his lemman on loft skrilles and skrikes;
620   Ho gretes on Gaynour with granes grylle:
"Lady makeles of might,
Haf mercy on yondre knight
That is so delfull dight,
If hit be thi wille."

625   Than wilfully Dame Waynour to the king went;

594–8 *Alle Handschriften enthalten Korruptelen. HANNA versucht eine Lesart zu erstellen, die möglicherweise der Intention des Archetyps entsprochen haben könnte.*   **605** *An dieser Stelle (Folio 160r) beginnt wieder der Text in der Handschrift T.*   **613** carhonde] *[linke Hand] ist ein hapax legomenon im Mittelenglischen. Das Wort ist jedoch im Schottischen im fünfzehnten und sechzehnten Jahrhundert belegt.*

Die Ritter verfluchten die Stunde, als die Vereinbarung getroffen worden war:
Die Tapferen wurden so schrecklich mit Schwerthieben eingedeckt –
die Schwertstreiche der Tapferen waren so furchtbar.

595 Sowohl Sir Lot als auch Sir Lac
erhoben große Klage.
Frau Ginevra weinte um ihretwillen
aus ihren grauen Augen.

So weinte Ginevra mit ihren grauen Augen
600 aus Kummer um Gawain, der furchtbar verletzt war.
Der Ritter besaß Tapferkeit und Mut
und mit dem stählernen Schwert setzte er dem tapferen (Gegner) schwer zu.
Beide Seiten des Ritters schnitt er glatt durch;
durch das prächtige runde Kettenhemd hindurch, das der Kämpe trug,
605 verletzte er ihn grimmig mit einem Streich.
Er schlägt auf Sir Galeron ein, der sich am Boden wälzt.
Sich auf der Erde im Grass wälzend stöhnte er.
Doch wie sehr er auch verwundet war,
raffte er sich mit (letzter) Kraft auf
610 und verfolgte Gawain in dessen Spur
mit scharfem Schwert.

Tapfer verteidigte sich schnell der ungestüme (Ritter)
und mit einem Streich mit der linken Hand trifft er die Ecke des Schilds
und stürmt auf Gawain, den würdigen Ritter, los.
615 Aber ihm geschah Unheil – und das freut mich sehr!
Er plante einen Streich, der Gawain mit Geschick getötet hätte;
das Schwert (aber) traf seine Hüfte und glitt an der Rüstung ab
und Sir Gawain packt darauf den Ritter bei der Halsberge und nimmt ihn gefang-
Daraufhin schreit und kreischt seine Geliebte oben (auf der Empore);   [gen.
620 Sie fleht Ginevra bitterlich stöhnend an:
„Herrin von Macht ohne gleichen,
hab Mitleid mit dem Ritter dort,
der sich in einer so schlimmen Lage befindet,
wenn du es willst."

625 Dann ging Frau Ginevra gerne zum König;

595 *Sir Lote ...Sir Lake*: Sir Lot, König von Lothian und Orkney, der Vater von Gawain, und König Lac, der Vater von Erec. **625 ff.** Die Bitte einer Königin um Gnade für einen Ritter oder einen Delinquenten ist sowohl in den mittelalterlichen Chroniken als auch in den Romanzen eine Standardsituation. Der *locus classicus* ist die Beschreibung der Fürbitte von Philippa, der Königin von England, in Froissarts Chronik für die sechs Bürger von Calais, die König Eduard III. die Schlüssel der Stadt überbringen. Obwohl schwanger (ein Umstand, auf den Froissart dreimal hinweist) kniet die Königin vor dem König nieder und bittet ihn im Namen von Christus und um seiner Liebe zu ihr willen, Gnade walten zu lassen. Auch Königin Anna von Böhmen, die Ehefrau

Ho caught of her coronall and kneled him tille:
"As thou art roy roial, richest of rent,
And I thi wife wedded at thi owne wille –
Thes burnes in the bataile that blede on the bent,
630 They arn wery, iwis, and wonded full ille.
Thorgh her shene sheldes her shuldres ar shent;
The grones of Sir Gawayn dos my hert grille;
The grones of Sir Gawayn greven me sare.
Woldest thou lufly lorde,
635 Make thes knightes accorde,
Hit were a grete conforde
For all that her ware."

Then spak Sir Galeron to Gawayn the good:
"I wende never wee in this world had ben half so wight.
640 Her I make the releyse, renke, by the rode,
And, byfore thiese ryalle, resynge the my ryghte;
And sithen make the monraden with a mylde mode
As man of medlert makeles of might."
He stalked toward the king in stede ther he stode,
645 And bede that burly his bronde that burnesshed was bright:
"Of rentes and richesse I make the releyse."
Downe kneled the knight
And carped wordes on hight –
The king stode upright
650 And commaunded pes.

The king commaunded pes and cried on hight,
And Gawayn was goodly and cesed for his sake.
Then lordes to listes they lopen ful light –
Sir Ewayn, Fiz Urian and Arrak Fiz Lake,
655 Marrake and Meneduke, that most wer of might –
Bothe thes travayled men they truly up take.
Unneth might tho sturne stonde upright,
So forbrosed and forbled, her blees wex blak;
Her blees were brosed, forbeten with brondes.
660 Withouten more hersing,

---

660 hersing] *[Verzug, Umschweife] In dieser Form ist das Substantiv ein hapax legomenon. In Handschrift L erscheint es in der üblichen Form mit Präfix:* rehercyng.

sie nahm ihre Krone ab und kniete vor ihm nieder:
„Da du ein königlicher Herrscher bist, der mächtigste Herr,
und ich deine Frau bin, die du aus freien Stücken geheiratet hast –
diese Ritter, die im Kampf so auf dem Feld bluten,
630   sind sicherlich erschöpft und schwer verwundet.
Durch ihre glänzenden Schilde hindurch sind ihre Schultern ganz zerhauen;
das Stöhnen von Sir Gawain quält mein Herz;
das Stöhnen von Sir Gawain bekümmert mich sehr.
Wenn du, mein lieber Herr,
635   die (beiden) Ritter versöhnen könntest,
wäre das ein großer Trost
für alle, die hier sind.“

Dann sprach Galeron zu Gawain, dem guten:
„Ich glaube, dass es in der Welt keinen gibt, der halb so stark wie du bist.
640   Hier gebe ich dir gegenüber meinen Rechtsanspruch auf, Herr, beim (heiligen)
und vor diesen Prinzen erkläre ich meine Rechte für hinfällig   [Kreuz
und unterwerfe mich dir mit demütiger Gesinnung
als einem Mann, der auf Erden nicht seines gleichen hat.“
Er geht zum König hin, dort wo er stand
645   und übergab dem Vortrefflichen sein Schwert, das hell glänzte:
„Ich verzichte dir gegenüber auf Einkommen und Besitz.“
Der Ritter kniete nieder
und sprach diese Worte laut aus.
Der König stand auf
650   und befahl Ruhe.

Der König befahl Ruhe und rief laut
und Gawain benahm sich ritterlich und hörte (mit dem Kampf) auf.
Dann sprangen die Ritter behände zu den Schranken –
Sir Iwain Fitz Urian und Erec Fitz Lake,
655   Marrake und Meneduke, die die Mächtigsten waren –
sie richteten die beiden erschöpften Männer auf.
Die tapferen Ritter konnten kaum aufrecht stehen,
denn ihre Hautfarbe war ganz dunkel durch die Quetschungen und den Blutver-
ihr Aussehen war durch die Schwerter ganz entstellt.   [lust;
660   Ohne Umschweife

König Richards II., bittet ihren Gemahl auf Knien für die Londoner Bürger (Siehe STROHM,
Hochon's Arrow, S. 99–111).
654–5 Sir Ywain, der Protagonist in Chrétiens ‚Ivain‘, die einzige von Chrétiens Artusromanzen,
von der eine me. Version, nämlich ‚Ywain and Gawain‘, erhalten ist. Erec, der Protagonist von
Chrétiens ‚Erec‘. Er erscheint als Ritter in Malorys ‚Morte Darthur‘. Marrake kommandiert im
‚AMA‘ Artus' Truppen im römischen Feldzug. Er wird ebenfalls in ‚Sir Gawain and the Carle of
Carlisle‘ erwähnt. Der Artusritter Meneduke erscheint sowohl im ‚AMA‘ als auch in Malorys
‚Morte Darthur‘. Vgl. HANNA, ‚Awntyrs‘, S. 139–40.

There dighte was here saghtlyng;
Bifore the comly king
Thei held up her hondes.

"Here I gif the Sir Gawayn, with gerson and golde,
665   Al the Glamergan londe with greves so grene,
The worship of Wales at wil and at wolde,
With Criffones Castelles curnelled ful clene;
Eke Ulstur Halle to have and to holde,
Wayford and Waterforde, walled I wene;
670   Two baronrées in Bretayne with burghes so bolde,
That arn batailed abought and bigged ful bene.
I shal dowe the as duke and dubbe the with honde,
Withthi thou saghtil with the knight
That is so hardi and wight
675   And relese him his right
And graunte him his londe."

"Now here I gif Sir Galeron," quod Gawayn, "withouten any gile,
Al the londes and the lithes fro Laver to Ayre,
Connok and Carrak, Conyngham and Kile –
680   Als the chevalrous knyghte hase chalandchede als ayere –
The Lother, the Lemmok, the Loynak, the Lile,

666 *HANNA folgt der Emendation von AMOURS, Scottish Alliterative Poems in Rhyming Stanzas,* at
wil and at wolde *[zur Verfügung und zur Herrschaft], da diese formelhafte Wendung auch in ‚Sir
Gawain and the Green Knight‘, V. 836–7 belegt ist.*

wurde dort eine Versöhnung vereinbart;
vor dem stattlichen König
erhoben sie ihre Hände.

„Hiermit übergebe ich dir Sir Gawain zusammen mit Gold und Schätzen
665 das gesamte Glamorganshire mit (seinen) grünen Wäldern,
die Herrschaft über Wales zur deiner vollen Verfügung
mit Criffones Schlössern mit (ihren) prächtigen Zinnen;
auch Ulster Hall, um es vollkommen zu besitzen,
Wayford und Waterford, zwei befestigte Ortschaften, wie ich meine;
670 zwei Baronien in der Bretagne mit stolzen befestigten Orten,
die mit Wällen umgeben und gut gebaut sind.
Ich werde dich als Herzog einsetzen und mit (eigener) Hand dazu erheben,
wenn du deinen Frieden mit dem Ritter machst,
der so tapfer und stark ist,
675 und an ihn deine Rechte abtrittst
und ihm sein Land zurückgibst.“

„Hier gebe ich jetzt in guter Absicht Sir Galeron
alle Länder und die Untertanen von Laver bis Ayrshire,
Cumnock und Carrak, Conyngham und Kyle –
680 wie sie der tapfere Ritter als Erbe beansprucht,
Lother, Lemmok, Loynak, Lile,

664 ff. Als Entschädigung für die Territorien, die Gawain an Galeron zurückgibt, erhält er von Artus vor allem Wales und eine Anzahl anderer Liegenschaften. Glamorganshire liegt im Südosten von Wales am Kanal von Bristol zusammen mit den bedeutenden Städten Cardiff und Swansea. Ulstur Halle und Waterforde verweisen auf Territorien in Irland. Zusammen mit der Bretagne gehören alle diese Gebiete zur „Celtic fringe“, über die Artus nach Belieben zu verfügen scheint. Es ist interessant, dass Artus Gawain als Herrn von Wales einsetzt, denn seit Mitte des vierzehnten Jahrhunderts wurde Wales an den ältesten Sohn des Königs und voraussichtlichen Thronfolger vergeben, zum ersten Mal von Eduard III. an seinen Sohn John of Gaunt. Wenn Artus also seinen Neffen Gawain zum Herrscher über Wales erhebt, dann ließe sich daraus schließen, dass er ihn anstelle von Mordred, seinem Sohn/Neffen, zum Nachfolger auserkoren hat. Vgl. HAHN, Sir Gawain: Eleven Romances, S. 224. **667** *Criffones Castelles* könnte auf Crieff, Perthshire oder auf Griff Grange in Nord-Derbyshire verweisen. Siehe HANNA, ‚Awntyrs‘, S. 140. **678 ff.** Die hier genannten Namen lassen sich nicht mit Sicherheit identifizieren. *Lauer* könnte sich auf Laversdale in Cumberland oder aber auf die Dörfer Lever, Lanes oder Laverton in Yorkshire beziehen. Mit *Lemmok* ist vielleicht wieder Lennox gemeint oder aber Lemmington in Northumberland. Soll *Lother* auf die Lothian Hills verweisen? Auf alle Fälle wird Galeron von Artus mit Lehen beiderseits der englisch-schottischen Grenze belehnt, d. h. er bekommt eine Position als Grenzwächter zugewiesen, ähnlich der der Marcher Lords (Markgrafen), die im vierzehnten und fünfzehnten Jahrhundert die Gebiete zur keltischen Grenze verteidigten oder verteidigen sollten. Der Aufstand des walisischen Fürsten Owain Glyn Dŵr im Jahre 1400, der sich selbst zum Prince of Wales erklärte, wurde vom Marcher Lord Henry Percy unterstützt. Heinrich IV. besiegte seine Gegner zwar am 21. Juli 1403 bei Shrewsbury, aber das Bündnis zwischen Owain Glyn Dŵr und Henry Percy zeigt, dass sich der englische König nicht immer auf seine Grenzwächter verlassen konnte. Siehe dazu auch ROBSON, Local Hero: Gawain and the Politics of Arthurianism, S. 81–84.

With frethis and forestes and fosses so faire.
Withthi under our lordeshipe thou lenge a while
And to the Round Table make thy repaire,
685 I shal refeff the in felde in forestes so fair."
Bothe the king and the quene
And al the doughi bydene
Thorgh the greves so grene
To Carlele thei cair.

690 The king to Carlele is comen with knightes so kene
To halde the Rounde Table on rial aray.
Those wees that weren wounded so wothely, I wene,
Surgenes sone saned, sothely to say;
Bothe confortes the knightes, the king and the quene.
695 Thei were dubbed dukes both on a day.
And there he wedded his wife, wlonkest I wene,
With giftes and garsons, Sir Galeron the gay;
Thus that hathel in high withholdes that hende.
Whan he was saned and sonde,
700 Thei made Sir Galeron that stoned
A knight of the Table Ronde
To his lyves ende.

Waynour gared wightly write into the west
To al the religious to rede and to singe;
705 Prestes with procession to pray were prest,
With a mylion of masses to make the mynnynge.
Bokelered burnes and becheppes the best
Thorgh al Bretayne besely belles gared rynge.
This ferely bifelle in Engelwode Forest
710 Under a holte so hore at a hunting –
Suche a huntyng in holte oght not be hide.
Thus to forest they fore,
Thes sterne knightes and store.
In the tyme of Arthore
715 This anter betide.

---

713 sterne…store] *[tapfere und starke Ritter], eine Lesart, die in T, I und L erscheint, scheint besser als die Lesart in D* sterne knightes in store *[Ritter, tapfer im Kampf], weil die Kombination* sterne and store *als formelhafte Wendung belegt ist.*

die Wälder und die Forste und die schönen Wassergräben.
Wenn du eine Zeit lang unter unserer Herrschaft verweilst
und der Tafelrunde beitrittst,
685 dann werde ich dich auf dem Feld wieder in schöne Forste einsetzen.
Sowohl der König als auch die Königin
und alle die Tapferen gehen
zusammen durch die grünen Wälder
nach Carlisle zurück.

690 Der König ist mit seinen tapferen Rittern nach Carlisle gekommen,
um die Tafelrunde in königlicher Pracht abzuhalten.
Die beiden Ritter, die so tödlich verwundet schienen, glaube ich,
haben Wundärzte alsbald geheilt, um die Wahrheit zu sagen.
Beide, der König und die Königin, sind um das Wohl der Ritter besorgt.
695 Beide wurden an dem Tag zu Herzögen erhoben.
Da heiratete Sir Galeron, der schöne, seine Frau, die anmutigste (von allen),
wie ich meine, mit Geschenken und Schätzen.
So nimmt der Ritter schnell die Schöne zu sich.
Als er völlig geheilt war,
700 machten sie Sir Galeron sogleich
zum Ritter der Tafelrunde
bis zu seinem Lebensende.

Ginevra befahl alsbald, nach Westen an den gesamten Klerus zu schreiben,
dass Seelenmessen gelesen und gesungen würden;
705 Priester wurden ermahnt, mit Prozessionen zu beten –
mit einer Million Seelenmessen zum Gedenken (an ihre Mutter).
Gelehrte (und) die trefflichsten Bischöfe
ließen in ganz England die Glocken tüchtig läuten.
Diese außergewöhnliche Begebenheit ereignete sich im Inglewood Forst
710 unter einem kahlen Baum bei der Jagd –
eine solche Jagd im Wald sollte nicht unerwähnt bleiben.
So gingen sie in den Forst,
diese tapferen und starken Ritter.
Zu König Artus' Zeiten
715 trug sich die Aventiure zu.

714–15 eine fast wörtliche Wiederholung der Anfangszeile der ‚Awntyrs‘, die die kreisförmige Struktur des Werks hervorhebt. Eine ähnliche Struktur haben auch ‚The Avowynge of King Arthur‘ und ‚Sir Gawain and the Green Knight‘.

THE WEDDYNGE OF SIR GAWAIN AND DAME RAGNELL

EINLEITUNG

Bei der Vorstellung der ‚Weddynge of Sir Gawain and Dame Ragnell‘ werden vier Gesichtspunkte berücksichtigt: 1. Technische Aspekte wie Strophenform und Metrik; 2. Tradition und Ausprägung der „Loathly Lady“-Geschichten; 3. ‚The Weddynge of Sir Gawain and Dame Ragnell‘ als Artusromanze; 4. Handschrift.

1 TECHNISCHE ASPEKTE

Obwohl die ‚Weddynge of Sir Gawain and Dame Ragnell‘ in der Hs. Oxford, Bodleian Library, Rawlinson C.86 keine Aufteilung in Strophen aufweist, ergibt sich eine eindeutige Stropheneinteilung, die jedoch leider nicht durchgängig ist. Das Werk besteht vorwiegend aus sechsversigen Schweifreimstrophen mit dem Reimschema aabccb. Die beiden Reimpaare aa und cc sind Vierheber; die beiden b Reime sind Dreiheber. Das erste Reimpaar hat häufig Überlänge, anstatt acht zehn Silben, was den Versrhythmus erheblich beeinträchtigt. Strophenaufbau und Metrik erinnern an ‚Sir Thopas‘, Chaucers Parodie auf die Schweifreimromanze, zu denen viele Romanzen ostmittelländischer Provenienz gehören. Der Dialekt der ‚Weddynge‘ verweist darauf, dass auch dieses Werk wahrscheinlich dort entstanden ist.

Die Strophenform ist nicht durchgängig, sondern bricht immer wieder ein. Zwischen V. 84–96, 137–48, 176–206, 231–39, 338–41, 414–18, 441–48 und 515–20 sind diese Einbrüche am gravierendsten, denn dort fehlen ein Vers, manchmal sogar zwei Verse. In Strophe V. 231–37 wurde ein Vers hinzugefügt. Die achtversige Strophe V. 197–204 scheint der ‚Wife of Bath's Tale‘ entlehnt zu sein. Das Fehlen einer Manuskriptseite zwischen Folios 136 und 137 bringt eine weitere Unregelmäßigkeit.

Der mangelhafte Zustand des Werks erschwert die Unterteilung in Strophen erheblich. Deshalb präsentieren einige Herausgeber wie MADDEN, SANDS und SUMNER, deren Text hier in überarbeiteter Form zugrunde gelegt wurde, das Werk wie in der Hs. als durchgehenden Text. Da der Abdruck der ‚Weddynge‘ ohne Unterteilung in Strophen einen falschen Eindruck vermittelt, haben andere Herausgeber versucht, die ursprüngliche Stropheneinteilung so gut wie möglich zu rekonstruieren. HAHN fasst in seiner Ausgabe je zwei Schweifreimstrophen zu einer Großstrophe von zwölf Versen zusammen, während WITHRINGTON und SHEPHERD den Text in sechsversige Schweifreimstrophen unterteilen. Zwar ist ein solches Unterfangen wegen der oben angeführten Mängel in der Überlieferung der ‚Weddynge‘ mit Schwierigkeiten verbunden, trotzdem scheint der Ansatz gerechtfertigt zu sein. Auch diese Ausgabe präsentiert das Werk, wenn immer möglich, in sechsversigen Schweifreimstrophen. An den acht Stellen, an denen der Text einbricht, wurde versucht, Strophen als Sinneinheiten wiederzugeben.

2 TRADITION UND AUSPRÄGUNG DER „LOATHLY LADY"-GESCHICHTEN

Die Erzählung von der „Loathly Lady" [abstoßenden Dame] bzw. „Ugly Hag" [hässlichen alten Vettel] stammt wahrscheinlich aus Irland, wo eine ganze Anzahl dieser Geschichten seit dem elften Jahrhundert überliefert sind. Die bekanntesten sind die Erzählungen von Ériu zum Thema Herrschaft. Ein Königssohn (Mac Niad, Lughaidh Laidhe oder Níall) stellt sich den Avancen einer abstoßenden Alten und erfährt auf diese Weise, dass er auserwählt ist, die Herrschaft über Irland zu gewinnen. Die Alte, die sich nach der sexuellen Vereinigung bzw. nach dem Erhalt eines Kusses in ein wunderschönes junges Mädchen verwandelt, erklärt dem jungen Mann, sie sei die Herrschaft von Irland, die er auf diese Weise gewonnen habe.[1] In manchen der Erzählungen gibt die verwandelte Alte Anweisungen zur Herrschaft in der Form eines Fürstenspiegels, denn der Auserwählte muss sich der Herrschaft auch würdig erweisen.[2]

Auf welchem Wege diese keltischen Sagen von Irland nach England kamen ist ungewiss – ob direkt, wie MAYNADIER glaubt,[3] oder indirekt über Wales und die Bretagne, wie EISNER behauptet,[4] spielt letztlich keine Rolle. In England ist das erste Erscheinen einer abstoßenden Alten für 1299 nachweisbar. Ein als „Loathly Lady" verkleideter Knappe tritt in einem Interludium nach dem dritten Gang eines Banketts am Hof von König Eduard I. auf. Die hässliche Alte, deren Nase ein Fuß lang und eine Handfläche breit ist, die Ohren wie ein Esel hat, struppige Zöpfe, die bis zu ihrem Gürtel herabhängen, einen Kropf am roten Hals und zwei Zähne, die etwa die Länge eines Fingers aus ihrem Mund hervorragen, wendet sich zunächst an Perceval und fordert ihn auf, nach Leicester zu reiten, um eine Burg von einem Edelmann zurück zu gewinnen, der seine Nachbarn bedrängt, bevor sie Gawain befiehlt, nach Cornuaelge zu reiten, um den Streit zwischen den „commons and lords" [Bürgerlichen und Adligen] zu beenden. In diesem Spiel setzt Eduard, der sich selbst als Artus inszeniert, die Geschichte von der abstoßenden Alten ganz bewusst für seine politischen Ziele ein, um sich der Loyalität seiner Ritter im geplanten Feldzug gegen die Schotten und somit des Fortbestands und der Ausdehnung der eigenen Herrschaft zu versichern.[5] Er ist der Regisseur und kontrolliert das Geschehen im Gegensatz zu den englischen Varianten der „Loathly Lady"-Erzählungen, zu denen auch die ‚Weddynge' gehört.

---

1   Siehe EISNER, A Tale of Wonder: A Source Study of *The Wife of Bath's Tale*, Kapitel II, Tales of Ériu, S. 17–30.
2   PASSMORE, Through the Counsel of the Lady, S. 3–4.
3   MAYNADIER, The wife of Bath's tale: its sources and and analogues, S. 80.
4   EISNER (Anm. 1), S. 15.
5   PECK, Folklore and Powerful Women in Gower's "Tale of Florent", S. 103–4.

Neben der ‚Weddynge of Sir Gawain and Dame Ragnell' (um 1450) existieren eine balladenhafte Version, ‚The Marriage of Sir Gawain', die bruchstückhaft im Percy Folio MS., S. 46–52 von 1650 überliefert, aber wohl älteren Datums ist, Gowers ‚Tale of Florent' aus dem ersten Buch der ‚Confessio Amantis' und Chaucers ‚Wife of Bath's Tale' – die letzten beiden Erzählungen aus dem ausgehenden vierzehnten Jahrhundert. In welchem Zusammenhang die beiden ersten Versionen der Geschichte stehen, die auf einer gemeinsamen Vorlage zu basieren scheinen, und welche davon die ältere Fassung ist, ist in der Forschung umstritten. Während SUMNER glaubt, die Ballade ‚The Marriage' sei älter als die ‚Weddynge',[6] eine Ansicht die von HAHN geteilt wird, meint GARBÁTY die Ballade sei jünger als die ‚Weddynge'.[7] Weiterhin ist umstritten, wie die Vorlage ausgesehen haben könnte, die allen diesen englischen Versionen zugrunde liegt. Es scheint jedoch, als ob der Autor der ‚Weddynge' Chaucer's ‚Wife of Bath's Tale' kannte, denn die Verse 197–204 erinnern an die Verse 925–32 der ‚Wife of Bath's Tale'. Außerdem weist die ‚Weddynge' erhebliche Ähnlichkeiten mit Gowers ‚Tale of Florent' auf.

In allen me. Fassungen ist die Erzählung von der abstoßenden Frau ein Halslösungsrätsel: Der Protagonist muss also wie Oedipus vor der Sphinx ein Rätsel lösen, um sein Leben zu retten. Dieses Element ist kein Bestandteil der ursprünglichen keltischen Sage, von der nur der Herrschaftsaspekt übernommen wurde. Allerdings unterscheiden sich die me. Erzählungen auch in diesem Punkt vom keltischen Archetyp, denn es geht nicht mehr um die Herrschaft über Irland, also um weltliche Macht, sondern um das Kräfteverhältnis zwischen Mann und Frau sowie um Selbstbeherrschung. Drei der me. Versionen sind am Artushof angesiedelt, nur Gowers ‚Tale of Florent' erscheint im klassischen Gewand. YEAGER weist darauf hin, dass dies eine bewusste Entscheidung Gowers gewesen sei, der die Geschichten im ersten Buch der ‚Confessio Amantis' nicht nur einem Thema zuordnet, sondern sie auch in die entferntere Vergangenheit verlegt, um sie für den zeitgenössischen Rezipienten, zu dessen Belehrung sie dienen sollten, als zeitlose exemplarische Erzählungen zu tarnen.[8] Obwohl Chaucer den arturischen Hintergrund der Geschichte beibehält, verbindet ihn mit Gower mehr als mit den Autoren der Romanzen- bzw. der Balladenfassung. Beide sind Gelehrtendichter mit einer fundierten Kenntnis der Literatur der Antike, die in ihre Werke einfließt. Beide wenden sich an ein Publikum von Ministerialen, wohlhabenden Londoner Bürgern und Angehörigen des niedrigen Hofadels und sind um königliche Patronage bemüht. Wenngleich *moral Gower* [moralischer Gower] (Chaucer, ‚Troilus and Criseyde', 5, 1856) den didaktischen Gehalt seiner Dichtung in den Vordergrund stellt, die Literatur also vor allem als Instrument zur Belehrung benutzt, ist *sentence* [Belehrung] auch bei Chaucer ein wesentliches Element neben *solaas* [Unterhaltung] (CT, GP, 798), den beiden Kriterien, die zur Maxime in den ‚Can-

---

6   SUMNER, The Weddynge of Sir Gawen and Dame Ragnell, S. xxiii–iv; HAHN, Sir Gawain: Eleven Romances, S. 360.

7   GARBÁTY, Rhyme, Romance, Ballad, Burlesque, and the Controlling Confluence of Form, S. 296–7.

8   YEAGER, The Politics of *Strengthe* and *Vois* in Gower's Loathly Lady Tale, S. 42–9.

terbury Tales' erhoben werden. In dieser Hinsicht (Gelehrtendichtung, Adressatenkreis und Intention) unterscheiden sich Chaucer und Gower von den Verfassern der beiden volkstümlichen Versionen der „Loathly Lady"-Geschichte, selbst wenn ‚The Tale of Florent' eine größere Nähe zu den beiden Artusdichtungen aufweist. Sowohl Gowers ‚Tale of Florent' als auch Chaucers ‚Wife of Bath's Tale' sind exemplarische Erzählungen.

Bei Gower ist dies völlig eindeutig, denn ‚The Tale of Florent' in Buch I, V. 1407–861 der ‚Confessio Amantis' fällt unter die Kategorie der Hauptsünde: Stolz (in der Liebe), deren *remedia* Genius, der Priester der Venus, Amans gegenüber durch verschiedene beispielhafte Erzählungen illustriert. Sie ist als Gegenbeispiel zu Ungehorsam mit seiner Subspezies von *Murmur and Compleignte* [Murren und Beschwerde] (CA, I, 1345) gedacht. Indem sich Florent den Wünschen der hässlichen Alten fügt, soll er und natürlich auch Amans aus der Erzählung Gehorsam lernen. Die Erzählung erfüllt somit den in V. 1401–2 erhobenen Anspruch *Obedience in love availeth, / Wher al a mannes strengthe faileth* [Gehorsam in der Liebe ist da von Nutzen / wo die ganze Stärke eines Mannes versagt]. Da die Geschichte aber durch den Traum Nebukadnezars von den fünf Weltaltern am Anfang der ‚Confessio Amantis' auch Gowers degenerative Geschichtsphilosophie widerspiegelt,[9] hat ‚The Tale of Florent' eine zusätzliche Bedeutung: Sie betrifft das Staatswesen im allgemeinen. Besonders in den achtziger Jahren des vierzehnten Jahrhunderts kennzeichnen Murren und Beschwerden den Zustand des Gemeinwesens in England. Gower, der kein Freund aufständischer Bauern oder aufsässiger Adliger war, sondern ein treuer Diener der Krone, erteilt in der ‚Tale of Florent' somit auch eine Lektion in zivilem Gehorsam.

Die Geschichte der Frau von Bath ließe sich hingegen als ein weiteres der vielen Beispiele lesen, die sie in ihrem Prolog erzählt. Dort erscheinen u. a. auch eine Reihe klassischer Exempla von bösen Weibern, mit der sie ihr vierter Ehemann Jankin angeblich so traktierte, dass sie schließlich aus Wut eine Seite aus seiner Exempla-Sammlung herausriss, worauf er sie so hart aufs Ohr schlug, dass sie wie tot am Boden lag und taub wurde. Um eine Versöhnung zu erreichen, unterwarf sich Jankin, dem sie zuvor aus Verliebtheit die Herrschaft über ihr Hab und Gut überlassen hatte, völlig ihrer Kontrolle, so dass die alte Herrschaftsordnung wiederhergestellt war. Die Situation in ihrer Geschichte von der hässlichen Alten spiegelt die Verhältnisse im Leben der Frau von Bath wieder. Auch hier vergeht sich ein junger Ritter an einer Frau (einem jungen Mädchen), wofür er Buße tun muss. Er muss sich auf Gedeih und Verderb der hässlichen Alten ausliefern, die ihm die rettende Antwort gegeben hat. Indem er dies tut, gewinnt er nicht

---

9   Bezieht sich auf Daniel, Kap. 2, V. 31–34, in dem der Traum des Königs von einer Figur erzählt wird, deren Haupt aus Gold, deren Brust und Arme aus Silber, deren Bauch und Lenden aus Kupfer, deren Schenkel aus Eisen und deren Füße teils aus Eisen und teils aus Ton gefertigt waren. Die Vorstellung von den Weltaltern findet sich in der Antike einerseits bei Hesiod in seinem Gedicht ‚Werke und Taten' und andererseits in Ovids ‚Metamorphosen'. Während Hesiod fünf Zeitalter nennt: das goldene, das silberne, das bronzene, das heroische und das eiserne Zeitalter, reduziert Ovid die Anzahl auf vier: Das heroische Zeitalter entfällt. Im Anschluss an Ovid entsteht die traditionelle Einteilung der Zeit in vier Weltalter.

nur sein Leben zurück, sondern erhält auch eine weise Frau, die ihm sowohl das Wesen wahren Adels (*sentence* [Lehre]) vermittelt als auch sexuelle Befriedigung (*solaas* [Unterhaltung]) verspricht. Im Gegensatz zum wirklichen Leben, wo die Frau aus Bath ihre Jugend nicht wieder erlangen kann, kann sich die „Loathly Lady“ in ein strahlend schönes junges Mädchen verwandeln. Der Frau aus Bath bleibt nur die Hoffnung auf einen sechsten Ehemann.

Im Gegensatz zu diesen beiden beispielhaften Erzählungen, hat die ‚Weddynge‘ kaum didaktische Elemente. Die Vermittlung einer spezifischen Lehre ist nicht beabsichtigt. Die Geschichte könnte ein weiteres Beispiel für Gawains Höfischkeit sein, denn er verkörpert das Ideal von Ehre, Höflichkeit und Loyalität. Besonders seine unverbrüchliche Treue gegenüber König Artus wird lobend hervorgehoben.[10] Diese Eigenschaften aber sind charakteristisch für Gawain, der in dieser Romanze nur seinem Ruf gerecht wird. Eine wirkliche Lehre (*sentence*) lässt sich daraus nicht ziehen und ist wahrscheinlich auch nicht beabsichtigt. Somit unterscheidet sich die jeweilige Version der ‚Loathly Lady‘-Geschichte bei Gower und Chaucer bereits im Ansatz von der in der ‚Weddynge‘. Hier wird der Leser oder Hörer auf keine besondere *sentence* verwiesen, sondern muss sich diese selbst erarbeiten. Das lässt natürlich erheblichen Raum für individuelle Interpretationen, wie sich in Abschnitt 3 zeigen wird.

Vergleicht man Gowers Version der Geschichte mit ‚The Weddynge of Sir Gawain and Dame Ragnell‘ fallen sechs Gemeinsamkeiten auf. (1) Beide Erzählungen haben die gleiche Struktur: In beiden werden die Protagonisten Florent und Artus von Gegnern überrascht, als sie von zu Hause fort sind. Beide kehren nach Hause zurück, vertrauen sich ihren Familien an und begeben sich nach Erhalt der richtigen Antwort an den fremden Ort zurück, um sich dem Urteil ihrer Feinde zu stellen. Chaucer erzählt die Geschichte wesentlich geradliniger, aber nichtsdestoweniger gekonnt. Der junge Ritter wird wegen seines Übergriffs auf das junge Mädchen zunächst zum Tode verurteilt, dann aber zu der Bedingung begnadigt, dass er herausfindet, was Frauen am meisten begehren. Er trifft die hässliche Alte, erfährt die Antwort auf das Rätsel und kehrt zusammen mit ihr zum Hof zurück, wo er sein Versprechen gegenüber der Alten einlösen muss, das zu tun, worum sie ihn bittet. (2) In der ‚Tale of Florent‘ und in der ‚Weddynge‘ hoffen diejenigen, die das Rätsel stellen, dass die mit der Lösung Beauftragten versagen, damit sie zum Tode verurteilt werden können. Das gilt für die Großmutter des von Florent im Kampf getöteten Ritters ebenso wie für Sir Gromer Somer Joure. Nachdem Florent bzw. Artus die richtige Antwort überbracht hat, wünscht sowohl die Großmutter als auch Sir Gromer, dass man denjenigen bzw. diejenige, der/die ihm die Antwort gegeben hat, verbrennen möge. Bei Chaucer, wo Ginevra das Rätsel stellt, fehlt nicht nur diese Intention, sondern die Königin hofft sogar, dass der junge Ritter, der von Artus zum Tod verurteilt worden ist, durch die Lösung des Rätsels sein Leben retten und sich rehabilitieren kann. (3) Sowohl bei Gower als auch in der ‚Weddynge‘ erscheinen die beiden Protagonisten, Florent und Artus,

---

10 Siehe auch GAFFNEY, Controlling the Loathly Lady, Or What Really Frees Dame Ragnelle, S. 157.

mit vielen Antworten, die sie alle auf Geheiß der hässlichen Alten vorlegen, bevor sie am Ende die richtige Antwort geben, die sie von der Alten erhalten haben. Bei Chaucer gibt es nur eine Antwort, die die Alte dem jungen Ritter ins Ohr flüstert und die wir erst bei seiner Rückkehr an den Artushof erfahren. (4) Sowohl Florent als auch Artus kennen den Preis dieser Antwort, während Chaucer ihn sowohl dem Leser als auch dem jungen Ritter vorenthält und somit eine dramatische Wende im Geschehen herbeiführt. Der junge Mann, der glaubt, er habe sein Leben gerettet und könne von nun an sorgenfrei leben, erfährt, dass er die hässliche Alte heiraten muss. Seine Freude wandelt sich zu Trauer und Schmerz. (5) Sowohl bei Gower als auch in der ‚Weddynge‘ ist die hässliche Alte von ihrer bösen Stiefmutter verhext worden (Märchenmotiv), d. h. sie ist selbst ein Opfer, das erlöst werden muss, während die hässliche Alte im ‚Wife of Bath's Tale‘ sich von selbst verwandeln kann. Insofern verfügt die Alte bei Chaucer über sehr viel mehr Macht als die anderen beiden Figuren und scheint Zauberkräfte zu besitzen. Sie ist noch Bestandteil der magischen Feenwelt, die die Frau aus Bath zu Eingang ihrer Geschichte beschreibt und die mit der Artuswelt gleich gesetzt wird. Diese Welt jedoch ist der modernen Welt mit ihren christlichen Institutionen gewichen, in der Magie und Zauber nicht mehr naturmagische Kräfte sind, sondern nur noch Attribute des Teufels, die von den Bettelmönchen exorziert werden. Die Artuswelt in der ‚Wife of Bath Tale‘ wird ganz bewusst in eine graue Vorzeit verlegt, wo die *elf-queene* [Elfenkönigin] (CT, III, 860) möglicherweise die Gestalt der hässlichen Alten angenommen hat. Diese Welt ist für die Moderne (das urbane London im ausgehenden vierzehnten Jahrhundert) nicht mehr relevant, sondern kann vom Dichter als ein Fallbeispiel benutzt werden, das im Gegensatz zu Gowers ‚Tale of Florent‘ nicht auf die Gegenwart verweist, sondern überzeitliche, allgemein gültige menschliche Verhaltensnormen untersucht, nämlich das Wesen wahren Herzensadels. (6) In diesem Kontext steht auch die letzte Gemeinsamkeit der ‚Tale of Florent‘ und der ‚Weddynge‘: der soziale Stand der hässlichen Alten. In beiden Erzählungen gehören die verzauberten Frauen zum Adel. Bei Gower ist die hässliche Alte in Wirklichkeit die Tochter des Königs von Sizilien, während Dame Ragnell die Schwester eines begüterten Ritters ist. In der ‚Wife of Bath's Tale‘ hingegen gehört die Alte nicht zum Adel – *Thou art so loothly, and so oold also, / And therto comen of so lough a kynde* [du bist so abstoßend und auch so alt / und noch dazu von so niedriger Abkunft] (CT, III, 1100–1) –, eine Tatsache, die dem jungen Ritter, der sie heiraten soll, genauso viel Kummer bereitet wie ihr hässliches Aussehen und ihr vorgerücktes Alter. Seine Klage über ihre niedrige Geburt gibt der Alten Gelegenheit, dem Ritter unter Rückgriff auf Seneca, Valerius Maximus, Juvenal, Boethius und Dante, in einer Art Gardinenpredigt das Wesen wahren Adels zu erklären. Auch in diesem Punkt ist Chaucers Erzählung wieder transgressiv, d. h. die im Artushof verkörperte ritterliche Wertewelt wird durch eine neue klassisch-humanistische Wertordnung abgelöst.[11]

---

11   NORRIS, *Sir Malory* and *The Wedding of Sir Gawain and Dame Ragenell* Reconsidered, S. 85–6.

3 ‚THE WEDDYNGE OF SIR GAWAIN AND DAME RAGNELL' ALS ARTUSROMANZE

‚The Weddynge of Sir Gawain and Dame Ragnell' gehört wie Chaucers ‚Wife of Bath's Tale' zur Artusliteratur. Während Chaucer den Artushof nur als Hintergrund für seine Erzählung benutzt, um sie in einer fast mythischen Vorzeit anzusiedeln, ist die ‚Weddynge' eine wirkliche Artusromanze. Ihr Aufbau folgt der klassischen Doppelkreisstruktur mit Zwischeneinkehr am und anschließender Rückkehr zum Artushof. Auch das Brautwerbungsmotiv ist vorhanden sowie das Fest am Ende der Romanze. Die äußerlichen Ähnlichkeiten der Struktur sollten jedoch nicht darüber hinwegtäuschen, dass das, was innerhalb des Schemas verhandelt wird, in keiner Weise den Erwartungen an den klassischen Artusroman entspricht. Zwar beginnt die Romanze mit dem konventionellen Artuslob, doch angesichts der nachfolgenden Handlung, scheint diese Lobeshymne nicht wirklich gerechtfertigt zu sein. *Of alle kynges Arture berythe the flowyr, / And of alle knyghtod he bare away the honour, / Wheresoevere he wentt. / In his contrey was nothyng butt chivalry / And knyghtes were belovid [by] that doughty, / For cowardis were everemore shent* [Unter allen war Artus die Blume der Ritterschaft / und von Ritterschaft der Ehrenvollste, / wo immer er hin ging. / In seinem Land gab es nur Ritterlichkeit / und der Tapfere liebte seine Ritter – / Feiglinge hingegen wurden verachtet!] (V. 7–12). Es ist fraglich, ob Artus diesem hohen Lob gerecht wird. Zunächst einmal besteht er darauf, allein dem Hirsch zu folgen, um sein Jagdgeschick unter Beweis zu stellen. Leichtfertig verlässt er die Ritter, die ihn begleiten, und gerät auf diese Weise in eine missliche Lage. Tief im Wald wird er von Sir Gromer Somer Joure überrascht, der den König beschuldigt, seine Ländereien zu Unrecht an Sir Gawain gegeben zu haben. Das erinnert an Galerons Vorwurf in den ‚Awntyrs off Arthure': Dort hatte Artus Galerons Territorien im Krieg gewonnen, wenn auch, wie Galeron behauptet, mit einem üblen Trick, was sich aber nicht beweisen lässt und im anschließenden Zweikampf widerlegt wird. In diesem Fall, so behauptet Sir Gromer, hat Artus ihm seinen ihm rechtmäßig zustehenden Besitz weggenommen.[12] Artus, „diese Blume der Ritterschaft und von Ritterschaft der Ehrenvollste", fordert Sir Gromer weder zum geordneten Zweikampf heraus noch verteidigt er sich, sondern verspricht, die Sache wieder in Ordnung zu bringen, ein Verhalten, das von einer gewissen Mutlosigkeit zeugt. Er hält auch sein Versprechen gegenüber Sir Gromer nicht, die Angelegenheit geheim zu halten, sondern teilt sich umgehend Gawain mit, der von nun an die Initiative ergreift und seinem König mit Rat und vor allem Tat hilfreich zur Seite

---

12 In der Charakterisierung von Sir Gromer Somer Joure und seinen Motiven unterscheidet sich die ‚Weddynge' übrigens von der ‚Marriage', wo der *bold Barron* [kühne Baron] (V. 33), der Sir Gromer entspricht, ein aufrührerischer Untertan ist, der *cryd himselfe a king* [sich selbst zum König erklärt] (V. 91): The Marriage of Sir Gawen, hg. v. HAHN (Anm. 6), S. 363 und 365. Artus' Gegner hat keinen legitimen Grund für sein Verhalten, sondern er bedroht die Gesellschaftsordnung.

steht. Artus agiert hier wie Frauen im allgemeinen, von denen die Frau aus Bath in ihrer Geschichte behauptet, sie könnten kein Geheimnis bewahren. Wenn Artus später auf Dame Ragnell trifft, die ihm anbietet, ihm zu helfen, reagiert er kurz angebunden und äußerst unhöflich. Nachdem Artus von ihr die Antwort erhalten hat, die sein Leben rettet, versucht er vergeblich, sie zu kontrollieren. Artus wird zur komischen Figur, die von Dame Ragnell wie von einer Puppenspielerin vorgeführt wird. Sie lässt ihn nicht einmal aussprechen, sondern erstickt jede seiner Initiativen im Keim, sie möglichst ohne Aufsehen zum Hof zurück zu bringen. Artus wird zur Randfigur degradiert; Dame Ragnell gegenüber verliert er völlig seine Autorität.

Angesichts dieser negativ konnotierten Artuskonzeption ist es nicht verwunderlich, dass das herkömmliche Schema nicht mehr funktioniert. Im ersten Durchgang wird Artus selbst, nicht der Artushof, herausgefordert und geprüft. Das Halslösungsrätsel, das Sir Gromer Somer Joure stellt, ist keine Prüfung des Artusethos. Die Aufgabe heraus zu finden, was Frauen am meisten begehren, verweist vielmehr in die Richtung schwankhafter Erzählungen. Auch die Antworten, die der König und Gawain erhalten, die zum Teil aus der ‚Wife of Bath's Tale' entlehnt sein könnten, verstärken den schwankhaften Eindruck, denn sie evozieren die komische, vitale und aggressive Figur der Frau von Bath, die sich mit allen Mitteln ihre sexuelle Freiheit und Dominanz über ihre fünf Ehemänner erkämpft hat und die in der hässlichen Alten in ihrer anschließenden Geschichte eine Wiederauferstehung und Metamorphose feiert. In der ‚Weddynge' wird die Autorität der Artusromanze durch den intertextuellen Bezug zur ‚Wife of Bath's Prologue and Tale' in Frage gestellt.

Die Aventiure des ersten Durchgangs liefert den Protagonisten Artus zunächst seinem Gegner hilflos aus und wandelt sich dann zur Queste nach der richtigen Antwort. Die Rückkehr von Artus und Gawain an den Artushof mit zwei dicken Folianten voller möglicher Antworten zu Sir Gromers Rätselfrage neutralisiert jedoch die ursprüngliche Herausforderung nicht, weil Artus sich nicht sicher ist, ob er wirklich die richtige Antwort gefunden hat, sondern führt schemagerecht zu einer neuen Queste. Auch diese Queste ist keine Aventiure-Fahrt im herkömmlichen Sinn, wo sich der Protagonist mit ritterlichen und unritterlichen Gegnern auseinandersetzen muss, sondern er trifft im Inglewood Forest auf ein abstoßendes Weib *as ungoodly a creature, / As evere man sawe withoute mesure* [die hässlichste Kreatur / die man je sehen konnte – über alle Massen (hässlich)] (V. 229–30), deren Hässlichkeit dann liebevoll in allen Einzelheiten beschrieben wird. Das Portrait dieses Ausbunds an Hässlichkeit ist eine Umkehrung des bei der *effictio* (Beschreibung des Aussehens einer Person) verwendeten *descriptio pulchritudinis* Topos (Beschreibung der Schönheit), wie man ihn z. B. von der Beschreibung der Gralsbotin bei Chrétien und Wolfram her kennt. Dame Ragnell ist deformiert und grotesk. Nicht nur von ihrem abstoßenden Äußeren, sondern auch von ihrer Wesensart steht sie im diametralen Gegensatz zum höfischen Ideal der Artusgesellschaft. Ihre abstoßende Erscheinung fordert den Hof heraus. Dieser Herausforderung kann der Hof jedoch nicht mit herkömmlichen kämpferischen Mitteln begegnen, da die Alte die lebensrettende Antwort auf Sir Gromers Rätselfrage besitzt, was Frauen am meisten begehren. Artus ist ihr ausgeliefert, wenn er sein Leben retten will. Im Gegensatz zu Gowers und Chaucers Version der Geschichte, wo der Protagonist, Florent bzw. der junge Ritter, nicht nur die Handlung initiiert, sondern auch persönlich zu Ende führt, wird die Figur des Protagonisten in der Artusromanze in zwei Personen zerlegt: Artus und Gawain. Zwar geht es um Artus' Leben, aber der Leidtragende ist Gawain, denn Artus muss der Alten versprechen, dass Gawain sie im Austausch für die richtige Antwort heiraten wird. Das herkömmliche Brautwerbungsschema wird invertiert und erscheint erst im zweiten Kursus. Trotzdem ist Gawain sofort dazu bereit. „*I shalle wed her and wed her agayn, / Thoughe she were a fend, / Thoughe she were as foulle as Belsabub…*" [Ich werde sie heiraten und wieder heiraten, / wenn sie auch der Teufel selbst wäre, / auch wenn sie so hässlich wie Beelzebub wäre …] (V. 343–5). Diese Zweiteilung des Protagonisten entspricht nicht mehr dem Strukturschema des klassischen Artusromans. Selbst wenn wie im ‚Perceval' zwei Handlungsstränge entwickelt werden, laufen diese parallel zueinander. In der ‚Weddynge' jedoch sind Artus und Gawain zusammen die Akteure in einer in sich geschlossenen Haupthandlung, in der Artus versagt und Gawain für seinen König einspringt, um ihn zu retten.

Die Dekonstruktion des klassischen Schemas setzt sich mit der Rückkehr von Artus und Dame Ragnell zum Artushof fort. Anstatt der von allen Rittern und Damen sehnlichst erwarteten Ankunft des Protagonisten herrscht angesichts der Hässlichkeit der Dame und der Tatsache, dass Gawain sie heiraten muss, große Bestürzung und Trauer. Hofesfreude, die sich im Fest konkretisiert, wandelt sich in Hofesleid: „*Alas!" then sayd Dame Gaynour; / So sayd alle the ladyes in her bower, / And wept for Sir Gawen* [„O weh!" sprach da Frau Ginevra; / das sagten auch alle die Damen in der Kemenate / und weinten um Sir Gawain.] (V. 542–4). Dame Ragnell, die trotz der Bitten von Artus und Ginevra darauf besteht, die Hochzeit während des Hochamts zur Mittagszeit zu feiern und sich anschließend zum Hochzeitsmahl auf dem Ehrenplatz neben dem König und der Königin niedersetzt, tut alles, um dieses Fest zu zerstören. *This foulle lady began the highe dese, / She was fulle foulle and nott curteys, / So sayd they alle verament.* [Die hässliche Dame hatte den Ehrenplatz inne: / sie war sehr hässlich und überhaupt nicht höfisch – / so sprachen in der Tat alle] (V. 601–3). Obwohl sie prächtig gekleidet ist, lassen ihre Tischmanieren manches zu wünschen übrig. Nachdem sie eine große Anzahl von Braten mit ihren dreckigen langen Nägeln zerrissen hat, stopft sie sich voll. Sie frisst so viel wie sechs und alle, die sie sahen, wünschten sie zum Teufel.

An dieser Stelle fehlt eine Seite, also siebzig Verse, und die Erzählung setzt wieder mit der Beschreibung der Hochzeitsnacht ein. Auch jetzt ist Dame Ragnell immer noch die Fordernde und befiehlt Gawain: „*A, Sir Gawen, syn I have you wed, / Shewe me your cortesy in bed, / Withe ryghte itt may nott be denyed* [„Ach, Sir Gawain, jetzt, wo ich Euch geheiratet habe, / zeigt mir Eure Höfischkeit im Bett – / denn zu Recht darf die (mir) nicht vorenthalten werden] (V. 629–31). Sie manipuliert die Vorstellung von Gawains Höfischkeit, indem sie den Begriff sexuell umfunktioniert. Hierin gleicht sie der Frau von Bertilac de Hautdesert in

‚Sir Gawain and the Green Knight' (V. 1226–40), die ebenfalls an Gawains sprich-wörtliche Höfischkeit appelliert, um ihn dazu zu bewegen, mit ihr zu schlafen. Auch Dame Ragnell versteht Gawains Höfischkeit als seine Bereitschaft, mit ihr ins Bett zu gehen, eine Pflicht, die der Ehemann auszuüben hat. Dies ist ein weite-rer Verstoß gegen höfische Sitten und ein Benehmen, das eher zum Schwank als zur Romanze passt. Das Drängen der Alten erinnert auch an die Frau aus Bath, mit der sie trotz ihrer aristokratischen Herkunft den Hang zur Dominanz gemein-sam hat. Sobald sich Gawain fügt und aus freien Stücken mehr zu tun verspricht, als die hässliche Alte um Artus' willen zu küssen, ist der Bann gebrochen. Als er sich umdreht, erblickt er *the fayrest creature / That evere he sawe withoute mesure* [das schönste Wesen, / das er je gesehen hatte – unvergleichlich (schön)] (V. 641–2). Das vorläufige Denouement folgt dem Muster der „Loathly Lady"-Erzählungen wie ‚The Tale of Florent' und ‚The Marriage of Sir Gawain': die Wahl zwischen tags schön und nachts hässlich bzw. tags hässlich und nachts schön (also zwischen öffentlichem Ansehen und Privatvergnügen) und Gawains Verzicht auf das Privileg der Wahl. Er überlässt Dame Ragnell, das zu wählen, was sie für das Beste hält. Damit ist der Zauber, mit dem sie von ihrer Stiefmutter belegt worden war, endgültig gebrochen: Der beste Ritter Englands habe sie heira-ten und ihr die Wahl überlassen müssen. Das ist geschehen.

Es hat den Anschein, als ob die Welt nun wieder in Ordnung ist, die Bedro-hung der Artusgesellschaft also abgewendet und das Bedrohliche erfolgreich integriert ist. Damit scheint ‚The Weddynge' doch noch gattungskonform zu enden. Wie LEECH jedoch überzeugend dargelegt hat, ist die schöne Dame Ragnell genauso gefährlich für den Männerbund der Tafelrunde wie die hässliche.[13] Obwohl sie nach ihrer Wahl, immer für ihn schön zu bleiben, Gawain zunächst die ihm als Ehemann zustehende Kontrolle zurückgibt und ihm verspricht, niemals mit ihm zu streiten, worauf er sie seiner ewigen Liebe versichert, ist Dame Ragnell nicht domestiziert. Auch jetzt noch übt sie ihre Macht aus. Indem sie Artus daran erinnert, dass sie ihm das Leben gerettet hat, erreicht sie, dass der König ihren Bruder Sir Gromer Somer Joure *in absentia* begnadigt – sie lässt ihm keine andere Wahl. Aufgrund ihrer außergewöhnlichen Schönheit überstrahlt sie alle Damen am Artushof, inklusive der Königin, und trägt immer den Schönheits-preis davon. Damit wird die Hierarchie des Hofs untergraben, denn eigentlich müsste Ginevra die Schönste sein. Zu guter Letzt setzt sie ihre Attraktivität dazu ein, Gawain von der Ausübung seiner ritterlichen Pflichten abzuhalten: *As a coward he lay by her bothe day and nyghte, / Nevere wold he haunt justyng aryghte, / Theratt mervayled Arthoure the kyng* [Wie ein Feigling lag er bei ihr Tag und Nacht im Bett; / er hatte kein Interesse mehr an Turnieren – / worüber König Artus sich wunderte. (V. 808–10). Mittelalterlicher Vorstellung zufolge schwächt übermäßige sexuelle Betätigung den Mann und macht ihn zum Feigling. Im ‚Erec' führt das *verligen* zum Zerwürfnis mit Enide und initiiert den zweiten Handlungsdurchlauf, während dessen sich der Held in immer schwierigeren Aven-tiuren bewähren muss, um schließlich nach dem Überleben eines todesähnlichen

---

13 LEECH, Why Dame Ragnell Had to Die, S. 224–6.

Zustands im Schloss von Limors wieder mit Enide versöhnt zu werden. Der Autor der 'Weddynge' löst das Problem des *verligens* auf andere Weise: Er lässt Dame Ragnell nach fünf glücklichen Ehejahren mit Gawain sterben und versichert dem Leser oder Hörer, dass Gawain in seinem ganzen Leben keine Frau mehr geliebt habe als sie. Artus behauptet von ihr, sie sei zu ihren Lebzeiten die schönste Frau ins ganz England gewesen. Kurzum, Dame Ragnell, die sowohl als hässliche wie auch schöne Frau die Artuswelt herausgefordert und Gawain, ihren höfischsten Vertreter, der Tafelrunde entfremdet hatte, wird entrückt und ikonisiert.[14] Damit ist das Männerbündnis gerettet und die Ordnung wiederhergestellt.[15]

In der Forschung ist die 'Weddynge' seit langem kritisch beurteilt worden, besonders im Hinblick auf Form und Ausdruck des Werks. FIELD beklagt das uninspirierte Gereime.[16] In SANDS' Romanzenanthologie erscheint das Werk in der Kategorie 'Burlesque and Grotesquerie' [Burleske und Groteske]: „the *Dame Ragnell* poet seems to have taken delight in grotesque characterization and absurd social situation and both features are staples of literary humor" [der Dichter von 'Dame Ragnell' scheint ein Vergnügen an grotesker Charakterisierung und absurder sozialer Situation gehabt zu haben und beides sind Standardmerkmale literarischen Humors].[17] WITHRINGTON, ein weiterer Herausgeber des Werks, fügt hinzu: „its anonymous English author evidently took great delight in burlesquing the seriousness found elsewhere in Arthurian literature, and revelled in the grotesque and comic possibilities offered by his subject matter" [sein anonymer englischer Autor hatte offensichtlich großes Vergnügen, die Ernsthaftigkeit, die man sonst in der Artusliteratur findet, zu karikieren und er weidete sich an den grotesken und komischen Möglichkeiten, die ihm dieses Sujet bot].[18] SHEPHERD spricht von „irreverent humour on several levels – structural, thematic, even lexical" [respektlosem Humor auf verschiedenen Ebenen – strukturell, thematisch, sogar lexikalisch].[19] HOLLIS schließlich vergleicht die Romanze mit der Ballade und kommt zu folgendem Urteil: „Whereas „Ragnell" undercuts and burlesques the courtesy of Arthur's court, particularly in the characterization of Gawain, the „Marriage" extends the meaning of courtesy" [Während 'Ragnell' die Höfischkeit des Artushof untergräbt und lächerlich macht, besonders in der Charakterisierung von Gawain, erweitert die 'Marriage' das Konzept von Höfischkeit].[20] Diese Beobachtungen sind zwar richtig, das eigentliche Ziel des Autors war wohl aber, die Artusromanze selbst infrage zu stellen. Es hat den Anschein, als ob er die Gattung mit ihrem inhärenten Sinnverständnis hinterfragen will, indem er zwar alle konventionellen Strukturelemente aufnimmt, sie aber nicht normenkonform einsetzt. Inwieweit dies beabsichtigt gewesen ist oder aber zum Teil auf Zufall, ungenügender Kenntnis der Materie oder an der Freude am Erzählen einer grotesk anmutenden

14 Ebd., S. 227–8.
15 CALDWELL, Brains and Beauty, S. 248–9.
16 FIELD, Malory and *The Wedding of Sir Gawain and Dame Ragnell*, S. 377.
17 SANDS, Middle English Verse Romances, S. 323.
18 WITHRINGTON, The Wedding of Sir Gawain and Dame Ragnell, S. 2.
19 SHEPHERD, No poet has his travesty alone, S. 113.
20 HOLLIS, "The Marriage of Sir Gawain": Piecing the Fragments Together, S. 178.

Geschichte beruht, lässt sich nicht mehr mit absoluter Sicherheit sagen, vor allem weil sich die populäre spätmittelalterliche Artusromanze in England weit vom kontinentalen klassischen Artusroman entfernt hat. Es ist jedoch erstaunlich, dass die ‚Weddynge‘ mit ziemlicher Genauigkeit alle wesentlichen Strukturelemente des klassischen höfischen Artusromans invertiert, so dass man dahinter eine gewisse Absicht vermuten kann.

4 HANDSCHRIFT

Der einzige erhaltene Text der ‚Weddynge of Sir Gawan and Dame Ragnell‘ ist in der Hs. Oxford, Bodleian Library, Rawlinson C.86 überliefert. Es handelt sich um eine Sammelhandschrift, deren Inhalt Werke devotionaler Literatur wie z. B. ‚The Northern Passion‘, Schriften zur Geographie und Geschichte Englands, Auszüge aus Lydgates und Chaucers Dichtung, zwei Artusromanzen bis hin zu skatologischen und antifeministischen Versen und Erzählungen einschließt. (Vgl. BOFFEY/ MEALE, Selecting the Text: Rawlinson C. 86 and Some Other Books for London Readers, S. 143). Die Handschrift gliedert sich in vier Teile mit unterschiedlichem Layout und Lagenanordnung, die von einer Anzahl von Schreibern Ende des fünfzehnten bzw. Anfang des sechzehnten Jahrhunderts niedergeschrieben wurde. In Sektion III befinden sich die beiden Artusromanzen, ‚Sir Landeval‘ (Folios 90r–124r und 126r–128r) und ‚The Weddynge of Sir Gawain and Dame Ragnell‘ (Folios 128v–140r). ‚The Weddynge‘ ist in einer Hand geschrieben, wahrscheinlich kurz nach 1500 (GRIFFITH, A Re-examination of Oxford, Bodleian Library, MS Rawlinson C. 86, S. 387). BOFFEY/MEALE, S. 154–55, zeigen Folios 128v–129r, den Anfang der Romanze, als Photoabdruck. Nach eingehendem Studium der Handschrift und des möglichen Rezipientenkreises gelangen BOFFEY/MEALE, S. 169, zu der Überzeugung, dass Rawlinson C.86 für ein Londoner Publikum von wohlhabenden Bürgern und Angehörigen des niedrigen Adels zusammengestellt wurde. Der Schreiber der ‚Weddynge‘ stammte wahrscheinlich aus Shropshire, während das Werk selbst ostmittelländischen Ursprungs sein könnte.

Dieser Ausgabe liegt die Fassung des Werks in folgender Ausgabe zugrunde: The Weddynge of Sir Gawen and Dame Ragnell, hg. von LAURA SUMNER (Smith College Studies in Modern Languages 5), Northampton, MA 1924. Die Interpunktion wurde stark verändert sowie folgende orthographische Änderungen vorgenommen:

1. Die Buchstaben u/v/w wurden der modernen Schreibweise gemäß dargestellt: V. 12 eueremore > everemore; V. 33 vnto > unto; V. 90 thow > thou.

2. Doppel ff in Initialposition wurde vereinfacht: V. 85 Ffor > For.

3. Römische Zahlen wurden umgeschrieben wie z. B. V. 104 und 167 xij. > twelve; V. 592 iij. mlle > thre thousand.

THE WEDDYNGE OF SIR GAWAIN AND DAME RAGNELL

Lythe and listenythe the lif of a lord riche,
The while that he lyvid was none hym liche,
Nether in bowre ne in halle.
In the tyme of Arthoure thys adventure betyd,
5   And of the greatt adventure that he hymself dyd,
That kyng curteys and royalle.

Of alle kynges Arture berythe the flowyr,
And of alle knyghtod he bare away the honour,
Wheresoevere he wentt.
10   In his contrey was nothyng butt chivalry
And knyghtes were belovid [by] that doughty,
For cowardis were everemore shent.

Nowe wylle ye lyst a whyle to my talkyng,
I shalle you telle of Arthoure the kyng,
15   Howe ones hym befalle.
On huntyng he was in Ingleswod
Withe alle hys bold knyghtes good,
Nowe herken to my spelle!

The kyng was sett att hys trestylle-tree
20   Withe hys bowe to sle the wylde venere
And hys lordes were sett hym besyde;
As the kyng stode, then was he ware,
Where a greatt hartt was and a fayre,
And forthe fast dyd he glyde.

25   The hartt was in a braken ferne,
And hard the g[r]oundes, and stode fulle derne,
Alle that sawe the kyng.
"Hold you stylle, every man,
And I wolle goo myself, yf I can
30   Withe crafte of stalkyng."

---

11 by] *eingefügt nach* belovid. *(Emendation* MADDEN, *The Weddynge of Sr Gawen and Dame Ragnell in: Syr Gawayne).* **26** groundes] goundes *in der Hs. (Emendation).*

DIE HOCHZEIT VON SIR GAWAIN UND DAME RAGNELL

Hört und vernehmt die Geschichte von einem edlen Herrn,
dem niemand, während er lebte, gleich war –
weder in Kemenate noch im Rittersaal.
Dieses Abenteuer ereignete sich zu König Artus' Zeiten
5   und (handelt) von der Aventiure, die er selbst unternahm –
dieser höfische und majestätische König.

Unter allen war Artus die Blume der Ritterschaft
und von Ritterschaft der Ehrenvollste,
wo immer er hin ging.
10 In seinem Land gab es nur Ritterlichkeit
und der Tapfere liebte seine Ritter –
Feiglinge hingegen wurden verachtet!

Wenn ihr mir jetzt eine Weile zuhört,
werde ich euch von König Artus erzählen,
15 was ihm eines Tages zustieß.
Er war auf der Jagd im Inglewood –
mit all seinen guten tapferen Rittern:
Hört jetzt meine Geschichte an!

Der König befand sich auf seinem Standpunkt
20 mit seinem Bogen, um das Wild zu erlegen;
seine Ritter waren zu seiner Seite.
Als der König dort stand, sah er
einen großen und prächtigen Hirsch.
Artus ging schnell weiter.

25 Der Hirsch war in einem Farndickicht,
hörte die Hunde und stand ganz still;
alles das sah der König.
„Ein jeder verhalte sich ruhig –
wenn ich vermag, will ich selbst
30 mit Geschick auf die Pirsch gehen."

---

16 *Ingleswod.* Die Romanze ist im Inglewood Forest angesiedelt, der in Cumberland in der Nähe von Carlisle an der Grenze zu Schottland liegt. Der gleiche Ort erscheint auch in den ‚Awntyrs off Arthure' (V. 709) und ‚The Avowynge of King Arthur' (V. 65). In allen diesen Romanzen wird der Inglewood Forest mit ungewöhnlichen Erscheinungen oder Begebenheiten assoziiert.

The kyng in hys hand toke a bowe
And wodmanly he stowpyd lowe,
To stalk unto that dere.
When that he cam the dere fulle nere,
35   The dere lept forthe into a brere,
And evere the kyng went nere and nere.

So kyng Arthure went a whyle
After the dere, I trowe, half a myle,
And no man withe hym went;
40   And att the last to the dere he lett flye
And smote hym sore and sewerly, –
Suche grace God hym sent.

Down the dere tumblyd so theron
And felle into a greatt brake of feron;
45   The kyng folowyd fulle fast.
Anon the kyng bothe ferce and felle
Was withe the dere and dyd hym serve welle.
And after the grasse he taste.

As the kyng was withe the dere alone,
50   Streyghte ther cam to hym a quaynt grome,
Armyd welle and sure;
A knyghte fulle strong and of greatt myghte,
And grymly wordes to the kyng he sayd:
"Welle imett, kyng Arthour!

55   Thou hast me done wrong many a yere,
And wofully I shalle quytte the here;
I hold thy lyfe days nyghe done;
Thou hast gevyn my landes in certayn
Withe greatt wrong unto Sir Gawen.
60   Whate sayest thou, kyng alone?"

"Syr knyghte, whate is thy name withe honour?"

---

43 theron] deron *in der Hs. (Emendation).*   **46** bothe] both *in der Hs. (Emendation* MADDEN).
47 serve welle] *Auflösung einer Abbreviatur in der Hs.*

Der König nahm seinen Bogen in die Hand
und bückte sich wie ein Waldhüter,
um dem Hirsch nachzupirschen.
Als er dem Hirsch ganz nahe gekommen war,
35   sprang der in ein Dornengestrüpp,
während der König immer näher kam.

So folgte König Artus dem Hirsch
eine gewisse Zeit – ich glaube – etwa eine halbe Meile;
keiner begleitete ihn.
40   Am Ende schoss er auf den Hirsch
und traf ihn hart und sicher –
ein solches Glück hatte ihm Gott zuteil werden lassen.

Der Hirsch ging auf der Stelle zu Boden
und fiel in ein Farndickicht;
45   der König folgte ihm schnell.
Wild und ungestüm kam der König sogleich
zum Hirsch und zerlegte ihn weidmännisch.
Danach untersuchte er das Fett.

Als der König mit dem Hirsch (ganz) allein war,
50   kam da alsbald ein seltsam (aussehender) Mann,
der vortrefflich und gut gewaffnet war –
ein sehr starker Ritter von großer Kraft.
Er richtete barsche Worte an den König;
„Gut, dass ich dich treffe, König Artus!

55   Du hast mir viele Jahre Unrecht zugefügt;
das werde ich dir jetzt schmerzlich heimzahlen.
Ich glaube, dass dein Leben bald vorbei sein wird.
In der Tat hast du meine Ländereien
sehr zu Unrecht an Sir Gawain gegeben.
60   Was sagst du nun König, wo du jetzt ganz allein bist?"

„Herr Ritter, in allen Ehren, wie heißt du?"

---

48 *grasse* [Fett]. HAHN, Sir Gawain: Eleven Romances, S. 72, weist darauf hin, dass es sich bei dieser Szene um einen „assay" [Test] handelt, wo der Jäger zuerst die Dicke der Fettschicht des erlegten Hirsches misst, bevor das Tier waidgerecht zerlegt wird. Eine ausführliche Darstellung dieser Prozedur findet sich in ‚Sir Gawain and the Green Knight', V. 1325–29. **55** *Thou*. Sir Gromer duzt den König, d. h. er behandelt ihn wie ein Kind oder einen Diener, anstatt die Höflichkeitsform *you* [Ihr] zu benutzen.

"Syr kyng," he sayd, "Gromer Somer Joure
I telle the nowe withe ryghte."
"A, Sir Gromer Somer bethynk the welle,
65   To sle me here honour getyst thou no delle,
Bethynk the thou artt a knyghte.

Yf thou sle me nowe in thys case,
Alle knyghtes wolle refuse the in every place;
That shame shalle nevere the froo.
70   Lett be thy wylle and folowe wytt,
And that is amys I shalle amend itt,
And thou wolt, or that I goo."

"Nay," sayd Sir Gromer Somer, "by hevyn kyng!
So shalt thou nott skape withoute lesyng,
75   I have the nowe att avaylle.
Yf I shold lett the thus goo withe mokery,
Anoder tyme thou wolt me defye;
Of that I shalle nott faylle."

Now sayd the kyng: "So God me save,
80   Save my lyfe, and whate thou wolt crave,
I shalle now graunt itt the.
Shame thou shalt have to sle me in venere,
Thou armyd and I clothyd butt in grene, perde."

"Alle thys shalle nott help the, sekyrly,
85   For I wolle nother lond ne gold truly;

„Herr König", erwiderte er, „Gromer Somer Joure,
sage ich dir zu Recht."
„Ach, Sir Gromer Somer, bedenke wohl,
65 wenn du mich hier tötest, wirst du keine Ehre gewinnen.
Denk daran, dass du ein Ritter bist.

Wenn du mich hier jetzt tötest,
werden dich alle Ritter überall meiden.
Diese Schande wirst du niemals mehr los.
70 Vergiss dein unüberlegtes Handeln und folge deinem Verstand –
und alles Unrecht werde ich wieder gut machen –
wenn du es wünscht, bevor ich gehe."

„Nein", sagte da Sir Gromer Somer, „beim Herrn des Himmels!
In der Tat, so sollst du mir nicht davon kommen;
75 ich bin dir gegenüber jetzt im Vorteil.
Wenn ich dich jetzt mit Spott gehen ließe,
dann wirst du mich ein anderes Mal herausfordern –
deshalb werde ich meinen Vorteil ausnutzen!"

„Nun", sagte der König, „Gott möge mich schützen,
80 verschone mich und was du begehrst
werde ich dir jetzt gewähren.
Du wirst Schande über dich bringen, wenn du mich auf der Jagd tötest –
du gerüstet und ich in Jagdkleidung, bei Gott."

„All das soll dir sicherlich nichts nützen,
85 denn wahrhaftig will ich weder Land noch Gold,

---

62 *Gromer Somer Joure.* Der Name scheint eher folkloristisch als höfisch zu sein. In der balladenhaften Romanze ‚The Turke and Sir Gawain' verwandelt sich der „Türke" in Sir Gromer, den
Artus zum König der Isle of Man erhebt, nachdem ihn Gawain enthauptet hat. In beiden Werken
gehört Sir Gromer, alias der „Türke" in ‚The Turke and Sir Gawain', zum nicht-höfischen Bereich
einer mysteriösen Gegenwelt, die in der ‚Weddynge' ganz besonders bedrohliche Formen annimmt.
Der Name könnte von *grome* [Mann] abgeleitet zu sein – in V. 50 wird Sir Gromer *quaynt grome*
[seltsamer Mann] genannt – oder aber auch von *gram* [ärgerlich]. Sir Gromer Somer Joure ließe
sich vielleicht auch mit den Festivitäten der Mittsommernacht in Verbindung bringen, in der man
glaubte, Unholde und Geister drängen in den menschlichen Bereich ein und trieben ihr Spiel mit
den Menschen. Ein Ritter mit dem Namen Gromore somer Joure wird aber auch in Malorys ‚Morte
Darthur' in der Winchester Hs. als ein Gefolgsmann von Mordred genannt. TRIMNELL, 'And shold
have been oderwyse understond', S. 297, führt eine weitere mögliche Quelle an: den französischen
Roman ‚L'Âtre périlleux', in dem eine Figur namens Goumerés sans Mesure erscheint, dessen Vita
gewisse Ähnlichkeiten zu der von Sir Gromer in der ‚Weddynge' aufweist.   **77** *defye.* Das Verb
bezeichnet eine Herausforderung, die öffentlich geschieht mit der Absicht, die verletzte Ehre des
Herausforderers durch einen Zweikampf wiederherzustellen. In diesem Kontext ist der Begriff fehl
am Platz, denn die Ehre von König Artus ist nicht verletzt worden, d. h. der König hätte keinen
Grund, Sir Gromer herauszufordern.

Butt yf thou graunt me att a certayn day,
Suche as I shalle sett, and in thys same araye."

"Yes," sayd the kyng, "lo, here my hand."
"Ye, butt abyde, kyng, and here me a stound:
90   Fyrst thou shalt swere upon my sword brown
To shewe me att thy comyng whate wemen love best in feld and town;
And thou shalt mete me here witheouten send
Evyn att this day twelfe monethes end;
And thou shalt swere upon my swerd good
95   That of thy knyghtes shalle none com with the, by the rood,
Nowther frende ne freynd.

And yf thou bryng nott answere witheoute faylle,
Thyne hed thou shalt lose for thy travaylle,
Thys shalle nowe be thyne othe.
100   Whate sayst thou, kyng, lett se, have done."
"Syr, I graunt to thys, now lett me gone;
Thoughe itt be to me fulle lothe.

I ensure the, as I am true kyng,
To com agayn att thys twelve monethes endynge
105   And bryng the thyne answere."
"Now go thy way, kyng Arthure;
Thy lyfe is in my hand, I am fulle sure,
Of thy sorowe thow artt nott ware.

Abyde, kyng Arthure, a lytelle whyle:
110   Loke nott today thou me begyle
And kepe alle thyng in close;
For and I wyst, by Mary mylde,
Thou woldyst betray me in the feld,
Thy lyf fyrst sholdyst thou lose."

115   "Nay," sayd kyng Arthure, "that may nott be,
Untrewe kynghte shalt thou nevere fynde me;
To dye yett were me lever.
Farwelle, Sir knyghte and evylle mett,
I wolle com, and I be on lyve att the day sett,
120   Thoughe I shold scape nevere."

The kyng his bugle gan blowe,

---

96 frende] fremde *in der Hs. (Emendation* MADDEN*).*   **104** endynge] end *in der Hs. (Emendation: Reim).*

es sei denn, dass du dich bereit erklärst, mich an einem fest gesetzten Tag,
den ich bestimmen werde, so wie du jetzt gekleidet bist, wieder zu treffen."

„Ja", antwortete der König: „Sieh, hier meine Hand zum Pfand."
„Gut, aber warte, König, und hör mir einen Augenblick zu.
90   Zuerst sollst du auf mein blankes Schwert schwören,
mir bei deiner Rückkehr zu zeigen, was Frauen in Stadt und Land am meisten
Du sollst mich hier ohne Mahnung   [lieben.
an diesem Tag in zwölf Monaten treffen.
Und du sollst auf mein gutes Schwert schwören,
95   dass keiner deiner Ritter mit dir kommt, beim (heiligen) Kreuz,
weder Fremder noch Freund.

Und solltest du mir keine Antwort bringen – zweifelsohne
wirst du dann deinen Kopf wegen deines Misserfolgs verlieren –
das soll dein Eid beinhalten.
100 Was sagst du dazu, König? Lass sehen! Mach schon!"
„Herr, ich akzeptiere dies! Lass mich jetzt gehen,
obwohl es mich hart ankommt.

Ich versichere dir, so wahr ich ein König bin,
am Ende von zwölf Monaten wiederzukommen
105 und dir eine Antwort zu bringen."
„Geh nun deines Weges, König Artus.
Dein Leben liegt in meiner Hand; ich bin mir ganz sicher,
dass du keine Ahnung vom Ausmaß deiner Schwierigkeiten hast.

Warte noch ein wenig, König Artus:
110 Gib Acht, dass du mich nicht betrügst
und behalte alles für dich,
denn wenn ich wüsste, bei der gütigen (Mutter) Maria,
dass du mich hintergehst,
solltest du dein Leben verlieren."

115 „Nein", sagte König Artus, „das wird nicht geschehen;
du wirst mich nicht als treulosen Ritter bloß stellen –
lieber würde ich sterben.
Auf Wiedersehen, Herr Ritter, den ich aufgrund unglücklicher Umstände getroffen
ich werde am verabredeten Tag kommen, wenn ich noch leben sollte,   [habe;
120 selbst wenn ich dann nicht mit dem Leben davon käme."

Der König blies sein Jagdhorn.

107 *Thy lyfe is in my hand.* Sir Gromers Drohung wird in V. 256 von Dame Ragnell wortwörtlich
wiederholt; Artus muss sich also zweimal dem Wunsch seiner Widersacher beugen.

That hard every knyghte and itt gan knowe,
Unto hym can they rake;
Ther they fond the kyng and the dere
125   Withe sembland sad and hevy chere,
That had no lust to layk.

"Go we home nowe to Carlylle,
Thys huntyng lykys me nott welle,"
So sayd kyng Arthure.
130   Alle the lordes knewe by his countenaunce
That the kyng had mett withe sume dysturbaunce.

Unto Carlylle then the kyng cam,
Butt of his hevynesse knewe no man,
Hys hartt was wonder hevy.
135   In this hevynesse he dyd abyde,
That many of his knyghtes mervelyd that tyde,
Tylle att the last Sir Gawen
To the kyng he sayd than:
"Syr, me marvaylythe ryghte sore,
140   Whate thyng that thou sorowyst fore."

Then answeryd the kyng as tyghte:
"I shalle the telle, gentylle Gawen knyghte.
In the forest as I was this daye,
Ther I mett withe a knyghte in hys araye,
145   And serteyn worden to me he gan sayn,
And chargyd me I shold hym nott bewrayne.
Hys councelle must I kepe therfore,
Or els I am forswore."

"Nay, drede you nott, lord, by Mary flower,
150   I am nott that man that wold you dishonor,
Nother by evyn ne by moron."
"Forsothe I was on huntyng in Ingleswod,
Thowe knowest welle I slewe an hartt by the rode,
Alle myself alon;
155   Ther mett I withe a knyghte armyd sure:
His name he told me was Sir Gromer Somer Joure,
Therfor I make my mone.

Ther that kynghte fast dyd me threte
And wold have slayn me withe greatt heatt,

Das hörten alle Ritter und erkannten es;
sie kamen zu ihm.
Dort fanden sie den König und den Hirsch –
125 er sah traurig aus und war niedergeschlagen –
und hatte keine Lust an Spaß und Spiel.

„Lass uns nach Hause nach Carlisle gehen;
diese Jagd missfällt mir",
sagte König Artus.
130 An seinem Aussehen erkannten alle Ritter,
dass dem König etwas Unangenehmes zugestoßen war.

Der König kam dann nach Carlisle,
aber den Grund seiner Traurigkeit kannte niemand;
sein Herz war so schwer.
135 Er verharrte in seiner Trauer,
dass sich viele seiner Ritter darüber wunderten,
bis Gawain schließlich
dann zum König sagte:
„Herr, ich wundere mich sehr,
140 warum du so traurig bist."

Dann antwortet ihm der König sogleich;
„Ich werde es dir sagen, edler Ritter Gawain.
In dem Wald, in dem ich heute war,
traf ich auf einen Ritter in voller Rüstung,
145 der gewisse Worte zu mir sprach
und mir befahl, ihn nicht zu verraten.
Sein Geheimnis muss ich deshalb bewahren
oder aber wortbrüchig sein."

„Nein, habe keine Angst, Herr! Bei Maria, der Blume (unter den Frauen),
150 ich bin nicht der Mann, der dich entehren würde –
weder am Abend noch am Morgen."
„In der Tat jagte ich im Inglewood;
wie du gut weißt, tötete ich den Hirsch, beim (heiligen) Kreuz, –
ganz allein.
155 Dort traf ich auf einen schwer bewaffneten Ritter;
sein Name, sagte er mir, sei Sir Gromer Somer Joure –
deshalb klage ich jetzt.

Der Ritter setzte mir hart zu und drohte
und hätte mich liebend gern getötet,

127 *Carlylle.* Carlisle erscheint häufig in den me. Artusromanzen als Sitz des Artushofs.

160   But I spak fayre agayn;
      Wepyns withe me ther had I none.
      Alas! my worshypp therfor is nowe gone."
      "What thereof?" sayd Gawen.

      "Whatt nedys more I shalle nott lye,
165   He wold have slayn me ther witheoute mercy,
      And that me was fulle lothe.
      He made me to swere that att the twelve monethes end
      That I shold mete hym ther in the same kynde;
      To that I plyghte my trowithe.

170   And also I shold telle hym att the same day,
      Whate wemen desyren moste in good faye,
      My lyf els shold I lese.
      This othe I made unto that knyghte
      And that I shold nevere telle itt to no wight –
175   Of thys I myghte nott chese.

      And also I shold com in none oder araye,
      Butt evyn as I was the same daye;
      And yf I faylyd of myne answere,
      I wott I shal be slayn ryghte there.
180   Blame me nott thoughe I be a wofulle man;
      Alle thys is my drede and fere."

      "Ye, Sir make good chere;
      Lett make yowr hors redy
      To ryde into straunge contrey;
185   And evere wheras ye mete owther man or woman, in faye,
      Ask of theym whate thay therto saye.
      And I shalle also ryde anoder waye
      And enquere of every man and woman, and gett whatt I may,
      Of every man and womans answere,
190   And in a boke I shalle theym wryte."
      "I graunt," sayd the kyng, as tyte,
      "Ytt is well advysed, Gawen the good,
      Evyn by the holy rood."

      Sone were they bothe redy,
195   Gawen and the kyng, wytterly.
      The kyng rode on way and Gawen anoder,
      And evere enquyred of man, woman, and other,

---

172 lese] leve *in der Hs. (Emendation* MADDEN). **194** they] the *in der Hs. (Emendation* MADDEN).

160   doch ich antwortete ihm freundlich;
      ich hatte keine Waffen dabei.
      O weh! Meine Ehre ist nun dahin."
      „Wieso ", sprach Gawain.

      „Was soll ich noch sagen? Ich will nicht lügen:
165   Er hätte mich ohne Gnade getötet –
      und das war mir zuwider.
      Er ließ mich schwören, dass ich ihn nach zwölf Monaten
      in derselben Art und Weise wieder treffen würde;
      dazu habe ich mich verpflichtet.

170   An dem Tag soll ich ihm sagen,
      was Frauen am meisten wünschen – in gutem Glauben – ,
      oder mein Leben verlieren.
      Diesen Eid schwor ich dem Ritter
      und auch dass ich es niemandem erzählen würde.
175   In dieser Angelegenheit habe ich keine Wahl.

      Auch sollte ich nicht anders gekleidet kommen
      als in der Kleidung, die ich damals trug.
      Wenn meine Antwort nicht richtig ist,
      dann, weiß ich, werde ich dort auf der Stelle getötet.
180   Tadele mich also nicht, wenn ich niedergeschlagen bin.
      All dies bereitet mir jetzt Furcht und Angst."

      „Nun, Herr, sei frohen Mutes.
      Lass dein Pferd satteln,
      um in die Fremde zu reiten.
185   Wo immer du eine Frau oder einen Mann triffst,
      frage sie in der Tat, was sie dir dazu sagen können.
      Und ich werde in eine andere Richtung reiten
      und jeden Mann und jede Frau befragen und, was möglich,
      an Antworten von Mann und Frau bekommen;
190   die werde ich in ein Buch schreiben."
      „Ich gebe zu", sagte der König sogleich,
      „das ist ein guter Rat, guter Gawain,
      beim heiligen Kreuz."

      Bald waren sie beide bereit,
195   Gawain und der König – ganz gewiss.
      Der König ritt in eine und Gawain in die andere Richtung
      und immer fragten sie Mann, Frau und andere danach,

Whate wemen desyred moste dere.
Somme sayd they lovyd to be welle arayd,
200   Somme sayd they lovyd to be fayre prayed;
Somme sayd they lovyd a lusty man
That in theyr armys can clypp them and kysse them than;
Somme sayd one; somme sayd other;
And so had Gawen getyn many an answere.
205   By that Gawen had geten whate he maye
And come agayn by a certeyn daye.

Syr Gawen had goten answerys so many,
That had made a boke greatt, wytterly;
To the courte he cam agayn.
210   By that was the kyng comyn withe hys boke,
And eyther on others pamplett dyd loke.
"Thys may nott faylle," sayd Gawen.

"By God," sayd the kyng, "I drede me sore,
I cast me to seke a lytelle more
215   In Yngleswod Forest.
I have butt a monethe to my day sett,
I may hapen on somme good tydynges to hytt,
Thys thynkythe me nowe best."

"Do as ye lyst," then Gawen sayd,
220   "Whatesoevere ye do I hold me payd,
Hytt is good to be spyrryng;
Doute you nott, lord, ye shalle welle spede;
Sume of your sawes shalle help att nede,
Els itt were ylle lykyng."

225   Kyng Arthoure rode forthe on the other day
Into Yngleswod as hys gate laye,
And ther he mett withe a lady;
She was as ungoodly a creature,
As evere man sawe witheoute mesure.
230   Kyng Arthure mervaylyd securly.

Her face was red, her nose snotyd withalle,
Her mouithe wyde, her tethe yalowe overe alle,
Withe bleryd eycn gretter then a balle;
Her mouithe was nott to lak;

---

212 faylle] ffayd *in der Hs. (Emendation* MADDEN).

was Frauen am meisten begehrten.
Einige sagten, sie wünschten sich, gut gekleidet zu sein,
200 andere, dass man ihnen den Hof machte,
wieder andere, dass sie gerne einen hübschen Kerl hätten,
der sie umarmte und küsste.
Die einen sagten dies und die anderen das.
Auf diese Weise hatte Gawain viele Antworten erhalten.
205 Schließlich hatte Gawain alles das zusammen, was er bekommen konnte,
und kehrte an einem bestimmten Tag zurück.

Sir Gawain hatte so viele Antworten,
dass er in der Tat ein großes Buch voll hatte;
er kam zum Hof zurück.
210 Zur selben Zeit war auch der König mit seinem Buch eingetroffen
und ein jeder schaute auf das Pamphlet des anderen.
„Das wird (seine Wirkung) nicht verfehlen", sagte Gawain.

„Bei Gott", antwortete der König, „ich habe große Angst.
Ich habe mir vorgenommen, noch ein bisschen
215 im Inglewood Forst weiterzusuchen.
Ich habe nur noch einen Monat bis zum vereinbarten Termin;
ich könnte noch eine gute Antwort finden –
das, glaube ich, wäre das Beste."

„Tut was Ihr wollt", sagte Gawain dann,
220 „Was auch immer Ihr tut, ich bin zufrieden:
es ist gut, wenn man weiter sucht.
Habt keine Angst, Herr, Ihr werdet Erfolg haben.
Einige Eurer Antworten werden Euch in der Not helfen,
sonst wäre es für Euch unangenehm."

225 König Artus ritt am nächsten Tag fort
hinein in den Inglewood, wohin der Weg führte;
dort traf er auf eine Dame.
Sie war die hässlichste Kreatur,
die man sich vorstellen konnte – über alle Maßen (hässlich).
230 König Artus wunderte sich sehr.

Ihr Gesicht war rot, ihre Nase rotzig,
ihr Mund breit, ihre Zähne völlig gelb,
ihre (blut)unterlaufenen Augen waren größer als ein Ball.
Ihr Mund war nicht zu schmal.

235   Her tethe hyng overe her lyppes;
      Her chekys syde as wemens hyppes;
      A lute she bare upon her bak.

      Her nek long and therto great;
      Her here cloteryd on an hepe;
240   In the sholders she was a yard brode;
      Hangyng pappys to be an hors lode;
      And lyke a barelle she was made.
      And to reherse the foulnesse of that lady,
      Ther is no tung may telle, securly,
245   Of lothynesse inoughe she had.

      She satt on a palfray was gay begon,
      Withe gold besett and many a precious stone,
      Ther was an unsemely syghte:
      So foulle a creature witheoute mesure
250   To ryde so gayly, I you ensure;
      Ytt was no reason ne ryghte.

      She rode to Arthoure, and thus she sayd:
      "God spede, Sir kyng, I am welle payd
      That l have withe the mett.
255   Speke withe me, I rede, or thou goo,
      For thy lyfe is in my hand, I warn the soo,
      That shalt thou fynde, and I itt nott lett."

      "Why, whatt wold ye, lady, nowe withe me?"
      "Syr, I wold fayn nowe speke withe the
260   And telle the tydynges good.
      For alle the answerys that thou canst yelpe,
      None of theym alle shalle the helpe,
      That shalt thou knowe, by the rood.

      Thou wenyst I knowe nott thy councelle,
265   Butt I warn the I knowe itt every dealle;
      Yf I help the nott, thou art butt dead.
      Graunt me, Sir kyng, butt one thyng,
      And for thy lyfe, I make warrauntyng,
      Or elles thou shalt lose thy hed."

---

235 Her] he *in der Hs. (Emendation MADDEN).*   **266** Yf…nott] Butt I warn the yf I help the nott *in der Hs. MADDEN lässt die ersten vier Wörter aus, da es sich um eine Wiederholung des vorherigen Verses handelt.*

235 Ihre Zähne standen über ihre Lippen hervor;
ihre Backen waren so breit wie Frauenhüften.
Sie hatte einen Buckel auf dem Rücken.

Ihr Nacken war lang und breit.
Ihre Haare waren zu einem Knäuel verklebt.
240 Ihre Schultern waren eine Elle breit.
Ihre Hängebrüste waren so groß wie die Satteltaschen eines Pferds.
Sie sah aus wie eine Tonne.
Um die Hässlichkeit dieser Dame zu beschreiben,
reicht sicherlich keine Zunge aus:
245 Sie war über die Maßen unansehnlich.

Sie saß auf einem reich geschmückten Zelter,
der mit Gold und Edelsteinen geschmückt war.
Das war ein seltsamer Anblick:
eine so über die Massen hässliche Kreatur,
250 die so hübsch ritt, versichere ich euch.
Es ergab weder Sinn noch war es richtig.

Sie ritt zu König Artus und sagte folgendes:
„Gottes Segen, Herr König! Ich bin froh,
dass ich dich hier getroffen habe.
255 Rede mit mir, rate ich dir, bevor du gehst,
denn dein Leben liegt in meiner Hand – warne ich dich,
das sollst du erfahren, wenn ich (deinen Tod) nicht verhindere."

„Warum, was wollt Ihr, Herrin, jetzt von mir?"
„Herr, ich möchte gerne mit dir sprechen
260 und dir eine gute Nachricht übermitteln.
Trotz all der Antworten, die du vorbringen kannst,
wird dir keine davon helfen –
das sollst du beim (heiligen) Kreuz wissen.

Du glaubst, ich würde dein Geheimnis nicht kennen,
265 aber ich warne dich, ich kenne es ganz genau.
Wenn ich dir nicht beistehe, bist du ein toter (Mann).
Gewähre mir nur eine Sache, Herr König,
und ich verbürge mich für dein Leben,
andernfalls wirst du deinen Kopf verlieren."

270   "Whate mean you, lady, telle me tyghte,
        For of thy worden I have great dispyte,
        To you I have no nede.

        Whate is your desyre, fayre lady?
        Lett me wete shortly;
275   Whate is your meaning?
        And why my lyfe is in your hand?
        Telle me, and I shalle you warraunt
        Alle you own askyng."

        "Forsothe," sayd the lady, "I am no qued;
280   Thou must graunt me a knyghte to wed,
        His name is Sir Gawen.
        And suche covenaunt I wolle make the,
        Butt thorowe myne answere thy lyf savyd be,
        Elles lett my desyre be in vayne.

285   And yf myne answere save thy lyf,
        Graunt me to be Gawens wyf,
        Advyse the nowe, Sir kyng;
        For itt must be so, or thou artt butt dead.
        Chose nowe, for thou mayste sone lose thyne hed.
290   Telle me nowe in hying."

        "Mary," sayd the kyng, "I maye nott graunt the
        To make warraunt Sir Gawen to wed the;
        Alle lyethe in hym alon.
        Butt and itt be so, I wolle do my labour,
295   In savyng of my lyfe to make itt secour,
        To Gawen wolle I make my mone."

        "Welle," sayd she, "nowe go home agayn
        And fayre wordes speke to Sir Gawen,
        For thy lyf I may save.
300   Thoughe I be foulle, yett am I gaye,
        Thourghe me thy lyfe save he maye,
        Or sewer thy dethe to have."

270   „Was meint Ihr damit, Herrin? Sagt schnell,
      auf deine Worte gebe ich nichts –
      Euch brauche ich nicht.

      Was wollt Ihr, schöne Dame?
      Lasst es mich sofort wissen –
275   was soll das bedeuten?
      Und warum liegt mein Leben in Eurer Hand?
      Sagt mir und ich verspreche Euch,
      was Ihr wollt.“

      „Wahrhaftig“, antwortete die Dame, „ich bin kein Schuft.
280   Du musst mir versprechen, dass ich einen Ritter heiraten darf:
      Sein Name ist Sir Gawain.
      Und eine solche Vereinbarung will ich mit dir treffen,
      wenn dein Leben durch meine Antwort gerettet wird –
      andernfalls ist meine Bitte hinfällig.

285   Wenn aber meine Antwort dein Leben rettet,
      dann gib mich Gawain zur Frau.
      Denk darüber nach, Herr König.
      So muss es sein, oder du bist des Todes.
      Wähle jetzt, denn du könntest bald deinen Kopf verlieren.
290   Antworte mir jetzt schnell!“

      „Bei Maria“, sagte der König, „ich kann dir nicht mit absoluter Sicherheit ver-
      dass Gawain dich heiraten wird: [sprechen,
      Das entscheidet er selbst.
      Wenn es denn so sein soll, dann werde ich mich bemühen,
295   dies zu bewerkstelligen, um mein Leben zu retten.
      Ich werde Gawain mein Leid klagen.“

      „Gut“, sagte sie, „geh jetzt nach Hause
      und sprich freundlich mit Sir Gawain,
      denn ich kann dein Leben retten.
300   Obwohl ich hässlich aussehe, bin ich doch sinnlich;
      er kann durch mich dein Leben retten
      oder aber in der Tat deinen Tod herbeibringen.“

---

293 *Alle lyethe in hym alon* [Das entscheidet er selbst]. In dieser Romanze kommt es genau darauf
an: Die Betroffenen, sei es Gawain oder Dame Ragnell (V. 309–10), müssen ihre eigene Entscheidung, die Ehe einzugehen, ohne äußeren Druck treffen, denn sonst kann der Zauber nicht gebrochen werden. Freiwilligkeit, also das Verbot von Zwangsehen, ist auch offizielles Kirchendogma.
Vgl. HELMHOLZ, Marriage Litigation in Medieval England, S. 90–4. **300** *gaye* [sinnlich].
verweist bereits auf das erotische Element, das in dieser Romanze eine ganz erhebliche Rolle
spielt, denn Gawains spätere Wahl erfolgt auch unter diesem Gesichtspunkt.

"Alas!" he sayd, "nowe woo is me
That I shold cause Gawen to wed the,
305 For he wol be lothe to saye naye.
So foulle a lady as ye ar nowe one
Sawe I nevere in my lyfe on ground gone,
I nott whate I do may."

"No force, Sir kyng, thoughe I be foulle,
310 Choyse for a make hathe an owlle;
Thou getest of me no more.
When thou comyst agayn to thyne answere,
Ryghte in this place I shalle mete the here,
Or elles I wott thou artt lore."

315 "Now farewelle," sayd the kyng, "lady."
"Ye, Sir," she sayd, "ther is a byrd men calle an owlle,
And yett a lady I am."
"What is your name, I pray you, telle me."
"Syr kyng, I hyghte Dame Ragnelle, truly,
320 That nevere yett begylyd man."

"Dame Ragnelle, now have good daye."
"Syr kyng, God spede the on thy way;
Ryghte here I shalle the mete."
Thus they departyd fayre and welle.
325 The kyng fulle sone com to Carlylle,

„O weh", sagte er, „es tut mir leid,
dass ich Gawain dazu bewegen soll, dich zu heiraten,
305   denn es wird ihm schwer fallen, nein zu sagen.
So eine hässliche Frau wie dich
habe ich in meinem ganzen Leben noch nicht gesehen;
ich weiß nicht, was ich ausrichten kann."

„Es spielt keine Rolle, Herr König, ob ich hässlich bin;
310   selbst eine Eule kann sich einen Partner auswählen;
mehr sage ich dir nicht.
Wenn du mit deiner Antwort wiederkommst,
werde ich dich hier treffen –
andernfalls bist du verloren."

315   „Nun lebt wohl, Herrin", sagte der König.
„Ja, Herr", sagte sie, „es gibt da einen Vogel, der Eule heißt
und doch bin ich eine Dame!"
„Wie heißt Ihr, ich bitte Euch, sagt mir?"
„Herr König, ich heiße wahrlich Dame Ragnell,
320   die noch niemals einen Mann betrogen hat."

„Dame Ragnell, nun (wünsche) ich einen guten Tag."
„Herr König, Gott beschütze dich auf deinem Weg!
Genau hier werde ich dich wieder treffen."
So gingen sie im Guten auseinander.
325   Der König kam alsbald nach Carlisle zurück –

---

316 Diese Aussage weist darauf hin, dass selbst die Eule, die in spätmittelalterlichen Texten oft als Negativsymbol gilt, eine freie Wahl hat. Dieses Recht nimmt auch die hässlich erscheinende Dame Ragnell für sich in Anspruch.   **319** *Dame Ragnelle*. Der Name erscheint sonst nirgendwo in der me. Artusliteratur. HAHN, Sir Gawain: Eleven Romances, S. 75–6, weist darauf hin, dass der Priester und sein Gehilfe im Digby Spiel ‚Mary Magdalene' ihre heidnischen Götter *ragnell and roffyn* (V. 1200) um Hilfe anrufen. In der ‚Balaam and Balak' Dramatisierung im Chester Fronleichnamszyklus, S. 81, bittet Balaam die Götter *ruffin and ragnell* (Hs. B W und h V. zwischen Vers 160 und 161) vergeblich um Hilfe. Und im ‚The Coming of Antichrist' im Chester Fronleichnamszyklus, S. 424, ruft der sterbende Antichrist *Ragnell, Ragnell*! *thou art my deere* [Ragnell, Ragnell! Du bist mein Liebling] (V. 655). Offensichtlich wurde der Name *Ragnell* mit Götzen oder Teufeln assoziiert, die auf der mittelalterlichen Bühne in furchterregenden Kostümen und Teufelsmasken auftraten. Aufgrund ihrer Hässlichkeit wird Dame Ragnell, die von Gawain sogar mit *a fend* [einem Teufel] (V. 344) bzw. mit *Belsabub* (V. 345) verglichen wird, auch in dieser Romanze als diabolisch erscheinende Kreatur eingeführt. Artus' Verweis auf *the fende* [Teufel] (V. 725) suggeriert, dass er Dame Ragnell immer noch als einen bösen Geist betrachtet, der Gawain möglicherweise in der Hochzeitsnacht getötet hat. Auch in der balladenhaften Fassung der Romanze ‚The Marriage of Sir Gawain' findet sich diese Assoziation. Die ungenannte hässliche Alte sagt von sich selbst: *And there I must walke in womans liknesse, / Most like a feeind of hell* [Und dort (im Wald) muss ich in der Gestalt einer Frau umhergehen / ganz wie ein Teufel der Hölle]: (HAHN, Sir Gawain: Eleven Romances, S. 368, V. 181–2).

And hys hartt hevy and greatt.

The fyrst man he mett was Sir Gawen
That unto the kyng thus gan sayn:
"Syr, howe have ye sped?"
330 "Forsothe," sayd the kyng, "nevere so ylle.
Alas! I am in poynt myself to spyllc,
For nedely I most be ded."

"Nay," sayd Gawen, "that may nott be!
I had lever myself be dead, so mott I the,
335 Thys is ille tydand."
"Gawen, I mett today withe the foulyst lady
That evere I sawe sertenly.

She sayd to me my lyfe she wold save,
Butt fyrst she wold the to husbond have,
340 Wherfor I am wo begon,
Thus in my hartt I make my mone."

"Ys this alle?" then sayd Gawen,
"I shalle wed her and wed her agayn,
Thoughe she were a fend,
345 Thoughe she were as foulle as Belsabub,
Her shalle I wed, by the rood;
Or elles were nott I your frende.

For ye ar my kyng withe honour
And have worshypt me in many a stowre,
350 Therfor shalle I nott lett;
To save your lyfe, lorde, itt were my parte,
Or were I false and a greatt coward,
And my worshypp is the bett."

"Iwys, Gawen, I mett her in Inglyswod,
355 She told me her name, by the rode,
That itt was Dame Ragnell.
She told me butt I had of her answere,

mit schwerem und sorgenvollem Herzen.

Der erste, den er traf, war Sir Gawain;
der sagte zum König:
„Herr, wie ist es Euch ergangen?"
330   „Wahrhaftig", sagte der König, „niemals schlechter.
O weh! Ich bin daran, mich umzubringen,
denn ich muss sicherlich sterben."

„Nein", sagte Gawain, „das darf nicht sein!
Ich wäre lieber selber tot, wenn es denn sein sollte.
335   Das sind schlechte Nachrichten."
„Gawain, ich traf heute die hässlichste Dame,
die ich in der Tat je gesehen habe.

Sie versprach mir, mein Leben zu retten,
aber zu allererst wollte sie dich zum Mann –
340   worüber ich traurig bin;
deshalb trauere ich mit ganzem Herzen."

„Ist das alles?" sprach Gawain da.
Ich werde sie heiraten und wieder heiraten,
wenn sie auch der Teufel selbst wäre.
345   Auch wenn sie so hässlich wie Beelzebub wäre,
hier werde ich sie heiraten, beim (heiligen) Kreuz,
oder ich wäre nicht Euer Freund.

Weil Ihr nämlich mein König mit Ehren seid
und mich in vielen Kämpfen ausgezeichnet habt,
350   deshalb werde ich nicht zögern,
Euer Leben zu retten, Herr. Das ist meine Pflicht;
oder ich wäre unehrenhaft und ein großer Feigling –
und meine Ehre wird (deshalb) umso größer sein."

„Gewiss, Gawain, ich traf sie im Inglewood.
355   Sie sagte, ihr Name, beim (heiligen) Kreuz,
sei Dame Ragnell.
Sie sagte, es sei denn ich bekäme die Antwort von ihr,

334 *so mott I the* heißt eigentlich „so dass es mir wohl ergehe", eine Floskel, die aber in diesem Kontext keinen Sinn ergibt. **343** Gawains Versprechen, Dame Ragnell heiraten zu wollen, auch wenn sie ein Teufel oder so hässlich wie Beelzebub wäre, wirft ein Schlaglicht auf die Geschlechterbeziehungen in den Romanzen. Es zählt vor allem die Gemeinschaft der Ritter, während Frauen zumeist Objekte sind, die zwischen den einzelnen Familien oder Herrschergeschlechtern zum gegenseitigen Nutzen getauscht werden. In diesem Fall jedoch ist Dame Ragnell völlig unabhängig und die Ehe mit Sir Gawain nützt einzig und allein ihr.

Elles alle my laboure is nevere the nere,
Thus she gan me telle.

360 And butt yf her answere help me welle,
Elles lett her have her desyre no dele,
This was her covenaunt;
And yf her answere help me, and none other,
Then wold she have you, here is alle togeder,
365 That made she warraunt."

"As for this," sayd Gawen, "[it] shalle nott lett,
I wolle wed her att whate tyme ye wolle sett,
I pray you make no care;
For and she were the moste foulyst wyghte
370 That evere men myghte se withe syghte,
For your love I wolle nott spare."

"Garamercy, Gawen," then sayd kyng Arthor,
"Of alle knyghtes thou berest the flowre
That evere yett I fond;
375 My worshypp and my lyf thou savyst forevere;
Therfore my love shalle nott frome the dyssevyr,
As I am kyng in lond."

Then within five or six days
The kyng must nedys goo his ways.
380 To bere his answere
The kyng and Sir Gawen rode oute of town,
No man withe them, butt they alone,
Neder ferre ne nere.

When the kyng was withein the forest:
385 "Syr Gawen, farewelle, I must go west,
Thou shalt no furder goo."
"My lord, God spede you on your jorney,
I wold I shold nowe ryde your way,
For to departe I am ryghte wo."

390 The kyng had rydden butt a while,
Lytelle more then the space of a myle,
Or he mett Dame Ragnelle.
"A, Sir kyng, ye arre nowe welcum here;
I wott ye ryde to bere your answere,

366 it] *eingefügt von* MADDEN.

vergebens wären alle meine Anstrengungen –
das hat sie mir gesagt.

360   Es sei denn, ihre Antwort hilft mir –
andernfalls soll sie ihren Wunsch nicht erfüllt bekommen –
das war die Abmachung.
Wenn aber ihre Antwort mir hilft und keine andere,
dann will sie dich haben: Das ist alles –
365   das musste ich ihr versprechen."

„So weit es dies betrifft", sagte Gawain, „gibt es kein Hindernis:
Ich werde sie an dem Tag heiraten, den Ihr bestimmt;
ich bitte Euch, macht Euch keine Sorgen.
Selbst wenn sie das hässlichste Geschöpf wäre,
370   das man je gesehen hat:
Aus Liebe zu Euch werde ich nicht von (meinem Versprechen) zurücktreten."

„Herzlichen Dank, Gawain", sagte dann König Artus;
von allen Rittern bist du der beste,
den ich jemals kannte.
375   Meine Ehre und mein Leben rettest du nun für alle Zeiten.
Deshalb soll meine Liebe zu dir niemals aufhören,
so wahr ich König dieses Landes bin."

Innerhalb von fünf oder sechs Tagen
musste sich der König auf den Weg machen.
380   Um seine Antwort zu entbieten,
ritten der König und Sir Gawain aus der Stadt;
niemand sonst begleitete sie – nah oder fern,
sondern sie gingen ganz alleine.

Als der König im Wald war, (sagte er):
385   „Sir Gawain, gehabt Euch wohl, ich muss nach Westen –
du sollst mich nicht weiter begleiten."
„Mein Herr, Gott gebe Euch seinen Segen auf dieser Fahrt.
Ich wollte, ich könnte mit Euch reiten,
denn es bereitet mir (großen) Kummer, von Euch zu scheiden."

390   Der König war nur eine kurze Zeit geritten –
etwas mehr als eine Meile –,
bevor er Dame Ragnell traf.
„Ach, Herr König! Ihr seid hier jetzt willkommen.
Ich weiß, dass Ihr hierher reitet, um Eure Antwort zu überbringen –

395   That wolle avaylle you no dele."

"Nowe," sayd the kyng, "sithe itt wolle none other be,
Telle me your answere nowe and my lyfe save me,
Gawen shalle you wed;
So he hathe promysed me my lyf to save,
400   And your desyre nowe shalle ye have,
Bothe in bowre and in bed.

Therfor telle me nowe alle in hast,
Whate wolle help now att last, –
Have done, I may nott tary."
405   "Syr," quod Dame Ragnelle, "nowe shalt thou knowe
Whate wemen desyren moste of highe and lowe,
From this I wolle nott varaye.

Summe men sayn we desyre to be fayre,
Also we desyre to have repayre
410   Of diverse straunge men;
Also we love to have lust in bed,
And often we desyre to wed;
Thus ye men nott ken.

Yett we desyre anoder maner thyng,
415   To be holden nott old, butt fresshe and yong,
Withe flatryng and glosyng and quaynt gyn,
So ye men may us wemen evere wyn
Of whate ye wolle crave.

Ye goo fulle nyse, I wolle nott lye,
420   Butt there is one thyng is alle oure fantasye,
And that nowe shalle ye knowe:
We desyren of men above alle maner thyng
To have the sovereynte, withoute lesyng,
Of alle, bothe hyghe and lowe.

425   For where we have sovereynte alle is ourys,
Thoughe a knyghte be nevere so ferys,
And evere the mastry wynne;
Of the moste manlyest is oure desyre
To have the sovereynte of suche a syre,
430   Suche is oure crafte and gynne.

Therfore wend, Sir kyng, on thy way,
And telle that knyghte, as I the saye,

395   das wird Euch jedoch überhaupt nichts nützen."

„Nun", sagte der König, „da es nicht anders sein mag,
gebt mir jetzt Eure Antwort und rettet mein Leben:
Gawain soll Euch heiraten.
So hat er es mir versprochen, um mein Leben zu retten
400   und Ihr sollt Euer Begehren haben –
sowohl in Kemenate als auch im Bett.

Deshalb sagt mir in aller Eile,
was mir letztendlich helfen wird.
Macht schnell – ich kann nicht länger warten."
405   „Herr", sagte Dame Ragenell, „jetzt sollst du wissen
was Frauen am meisten begehren – sowohl niedrigen als auch hohen Standes –
davon werde ich nicht Abstand nehmen.

Einige sagen, wir wünschten uns, schön zu sein,
auch wünschten wir uns,
410   mit unterschiedlichen fremden Männern Umgang zu pflegen,
und Vergnügen im Bett,
und zu heiraten.
Ihr Männer versteht das überhaupt nicht.

Wir wünschen uns aber etwas anderes:
415   in den Augen der Männer nicht alt zu erscheinen, sondern frisch und jung.
Mit Schmeichelei, schönen Worten und anderen Tricks
könnt ihr Männer uns Frauen immer dazu überreden,
was ihr von uns haben wollt.

Ihr seid sehr schlau – ich will nicht lügen.
420   Es gibt da aber noch etwas in unserer Vorstellung –
das sollst du nun erfahren:
Mehr als alles andere wollen wir
die Herrschaft – das ist keine Lüge –
über alle Männer, seien sie niedrigen oder hohen Standes.

425   Wo immer wir das Sagen haben, gehört uns alles.
Ganz gleich wie ungestüm ein Ritter sein mag
und immer den Sieg
über den Trefflichsten davon trägt – über einen solchen Herrn –
wollen wir Macht ausüben –
430   das ist unsere Fertigkeit und (unserer) Plan!

Darum geh nun deines Weges, Herr König,
und sage dem Ritter, wie ich es dir erzählt habe,

That itt is as we desyren moste.
He wol be wrothe and unsoughte
435   And curse her fast that itt the taughte,
For his laboure is lost.

Go forthe, Sir kyng, and hold promise,
For thy lyfe is sure nowe in alle wyse,
That dare I well undertake."
440   The kyng rode forthe a greatt shake,
As fast as he myghte gate,
Thorowe myre, more and fenne,
Wheras the place was sygnyd and sett then.

Evyn there withe Sir Gromer he mett,
445   And stern wordes to the kyng he spak withe that:
"Com of, Sir kyng, nowe lett se,
Of thyne answere whate itt shal be,
For I am redy grathyd."
The kyng pullyd oute bokes twayne:
450   "Syr, ther is myne answer, I dare sayn,
For somme wolle help att nede."
Syr Gromer lokyd on theym everychon:
"Nay, nay, Sir kyng, thou artt butt a dead man,
Therfor nowe shalt thou blede."

455   "Abyde, Sir Gromer," sayd kyng Arthoure,
"I have one answere shalle make al[l]e sure."
"Lett se," then sayd Sir Gromer,
"Or els so God me help as I the say,
Thy dethe thou shalt have with large paye,
460   I telle the nowe ensure."

"Now," sayd the kyng, "I se, as I gesse,
In the is butt a lytelle gentilnesse –
By God that ay is helpand.
Here is oure answere and that is alle,
465   That wemen desyren moste specialle,
Bothe of fre and bond.

I saye no more, butt above al thyng,
Wemen desyre sovereynte, for that is theyr lykyng,
And that is ther moste desyre
470   To have the reulle of the manlyest men,

***

439 well] wele *in der Hs. (Emendation MADDEN).*   **456** alle] ale *in der Hs. (Emendation).*

was Frauen am sehnlichsten wünschen.
Er wird zornig und unversöhnlich sein
435 und die alsbald verfluchen, die dir das gesagt hat,
denn seine ganze Anstrengung ist vergebens.

Geh los, Herr König, und halte dein Versprechen,
denn dein Leben ist (jetzt) in jeder Weise sicher –
das darf ich wohl behaupten."
440 Der König ritt in großer Eile fort –
so schnell, wie er reiten konnte
durch Morast, Moor und Marschland
zu dem Ort, der vorgegeben und bestimmt war.

Dort traf er Sir Gromer,
445 der ernste Worte an den König richtete und sprach:
„Komm nun, Herr König, und lass
deine Antwort sehen, was es denn sein soll,
denn ich bin ganz erpicht (sie zu hören)."
Der König holte die beiden Bücher hervor:
450 „Herr, da ist meine Antwort, darf ich wohl sagen:
Einige davon sollten mir in dieser Notlage helfen."
Sir Gromer schaute sich alle an:
„Nein, nein, Herr König, du bist ein toter Mann;
deshalb sollst du hier nun bluten."

455 „Wart ab, Sir Gromer", sagte König Artus,
„ich habe noch eine Antwort, die alles erledigen sollte."
„Lass sehen", erwiderte Sir Gromer,
„oder sonst, so helfe mir Gott, wie ich gesagt habe,
sollst du zu meinem großen Vergnügen sterben –
460 sage ich dir jetzt wahrhaftig."

„Jetzt sehe ich, wie ich glaube", sagte der König,
„dass du nur wenig Höfischkeit besitzt –
bei Gott, der immer hilft!
Hier ist unsere Antwort und das ist alles,
465 was Frauen am meisten besonders begehren –
sowohl die Adligen als auch die Dienerinnen:

Ich sage nichts weiter: Vor allem
wünschen Frauen sich die Herrschaft, denn das ist ihr Verlangen.
Auch ist es ihr größter Wunsch,
470 die männlichsten Männer zu beherrschen –

And then ar they welle, thus they me dyd ken,
To rule the, Gromer syre."

"And she that told the nowe, Sir Arthoure,
I pray to God, I maye se her bren on a fyre,
475 For that was my suster, Dame Ragnelle;
That old scott, God geve her shame;
Elles had I made the fulle tame;
Nowe have I lost moche travaylle.

Go, where thou wolt, kyng Arthoure,
480 For of me thou maiste be evere sure.
Alas! that I evere se this day;
Nowe, welle I wott, myne enime thou wolt be
And att suche a pryk shalle I nevere gett the,
My song may be welle-awaye!"

485 "No," sayd the kyng, "that make I warraunt,
Some harnys I wolle have to make me defendaunt,
That make I God avowe.
In suche a plyghte shallt thou never me fynde,
And yf thou do, lett me bete and bynde,
490 As is for thy best prouf."

"Nowe have good day," sayd Sir Gromer,
"Farewell," sayd Sir Arthoure, "so mott I the,
I am glad, I have so sped."
Kyng Arthoure turnyd hys hors into the playn
495 And sone he mett withe Dame Ragnell agayn
In the same place and stede.

"Syr kyng, I am glad ye have sped welle,
I told howe itt wold be every delle.
Nowe hold that ye have hyghe.
500 Syn I have savyd yowr lyf and none other,
Gawen must me wed, Sir Arthoure,
That is a fulle gentille knyghte."

"No, lady, that I you hyghte I shalle nott faille;
So ye wol be rulyd by my councelle,
505 Your wille then shalle ye have."
"Nay, Sir kyng, nowe wolle I nott soo,
Openly I wol be weddyd, or I parte the froo,

476 her] he *in der Hs. (Emendation* MADDEN).

dann geht es ihnen gut. So haben sie es mir erzählt,
um (auch) dich zu beherrschen, Sir Gromer."

„Und die, die dir das jetzt gesagt hat, Sir Artus, –
ich bete zu Gott – möchte ich auf einem Scheiterhaufen brennen sehen,
475   denn das ist meine Schwester, Dame Ragnell,
die alte Kuh – Gott gebe ihr Schande.
Andernfalls hätte ich dich ganz zahm gemacht:
Jetzt habe ich mich umsonst angestrengt.

Geh jetzt, wohin du willst, König Artus,
480   denn vor mir bist du jetzt ein für alle Mal sicher.
O weh, dass ich diesen Tag je erleben sollte!
Jetzt weiß ich, dass du mein Feind sein wirst
und ich dich niemals (wieder) in einer solchen (Zwangs)lage erwischen werde.
Meine Klage muss jetzt: ‚O weh, o weh‘ lauten!"

485   „Nein", sagte der König, „das versichere ich dir:
Ich werde eine Rüstung anhaben, um mich zu verteidigen –
darauf schwöre ich einen Eid zu Gott!
In einer so misslichen Lage sollst du mich nie wieder antreffen
und wenn du es tust, dann möge man mich fesseln und prügeln –
490   zu deinem besten Vorteil."

„Ich wünsche dir jetzt einen guten Tag", sagte Sir Gromer.
„Auf Wiedersehen", entgegnete König Artus, „so es mir gut ergehe –
ich bin froh, dass ich so davon gekommen bin."
König Artus lenkte sein Pferd wieder in die Ebene zurück
495   und traf bald darauf Dame Ragnell
am gleichen Ort und an der gleichen Stelle.

„Herr König, ich bin froh, dass es Euch so gut ergangen ist.
Ich habe Euch gesagt, wie es ausgehen würde – in allen Einzelheiten.
Nun haltet, was Ihr versprochen habt:
500   Da ich und keine andere Euer Leben gerettet hat,
muss Gawain, der ein so edler Ritter ist,
mich jetzt heiraten, Herr Artus."

„Nein, Herrin, was ich Euch versprach werde ich halten.
So lange Ihr Euch meinem Rat fügt,
505   sollt Ihr Euren Willen haben."
„Nein, Herr König, so will ich's nicht:
Öffentlich möchte ich heiraten, bevor ich dich verlasse –

506 ff. Dame Ragnell antizipierte bereits Artus' Vorschlag und weist ihn sofort zurück.

Elles shame wolle ye have.

Ryde before, and I wolle com after
510   Unto thy courte, Sir kyng Arthoure;
Of no man I wolle shame;
Bethynk you howe I have savyd yor lyf.
Therfor withe me nowe shalle ye nott stryfe,
For and ye do, ye be to blame."

515   The kyng of her had greatt shame;
Butt forthe she rood, thoughe he were grevyd,
Tylle they cam to Karlyle forthe they mevyd.
Into the courte she rode hym by,
For no man wold she spare, securly,
520   Itt lykyd the kyng fulle ylle.

Alle the contraye had wonder greatt,
Fro whens she com, that foule unswete,
They sawe nevere of so foulle a thing.
Into the halle she went, in certen.
525   "Arthoure, kyng, lett fetche me Sir Gaweyn
Before the knyghtes, alle in hying.

That I may nowe be made sekyr,
In welle and wo trouithe plyghte us togeder,
Before alle thy chyvalry.
530   This is your graunt, lett se, have done;
Sett forthe Sir Gawen, my love, anon,
For lenger tarying kepe nott I."

Then cam forthe Sir Gawen, the knyghte:
"Syr, I am redy of that I you hyghte,
535   Alle forwardes to fulfylle."
"God have mercy," sayd Dame Ragnelle then,
"For thy sake I wold I were a fayre woman,
For thou art of so good wylle."

Ther Sir Gawen to her his trouthe plyghte,
540   In welle and in woo, as he was a true knyghte.
Then was Dame Ragnelle fayn.
"Alas!" then sayd Dame Gaynour;
So sayd alle the ladyes in her bower,
And wept for Sir Gawen.

oder sonst solltet Ihr Schande haben.

Reite vorne weg und ich will dir folgen
510   bis zu deinem Hof, Herr König Artus.
Keiner soll mich beschämen;
denkt daran, wie ich Euer Leben gerettet habe.
Deshalb sollt Ihr nicht mit mir streiten,
denn, wenn Ihr es tut, dann tragt Ihr die Schuld."

515   Der König schämte sich ihretwillen sehr,
aber sie ritt weiter, obwohl es ihm Kummer bereitete,
bis sie nach Carlysle kamen.
Sie ritt neben ihm in den Burghof ein.
Sie wollte sich durch keinen davon abbringen lassen –
520   das missfiel dem König sehr.

Das ganze Land wunderte sich sehr darüber,
woher sie kam, diese hässliche Kreatur;
sie hatten niemals zuvor so etwas Hässliches gesehen.
Sie ging in der Tat in den Rittersaal.
525   „König Artus, lass Sir Gawain für mich holen –
eilends vor die Ritter.

Damit ich jetzt Sicherheit habe,
vereinige uns im Ehebund in guten und in schlechten (Zeiten)
vor deiner Ritterschaft.
530   Das war dein Versprechen; lass sehen – tue es.
Bring Sir Gawain her, meinen Geliebten – jetzt gleich,
denn ich will nicht länger warten."

Dann trat der Ritter Sir Gawain vor:
„Herr, ich bin bereit zu dem, was ich Euch versprochen habe,
535   um alle Abmachungen zu erfüllen."
„Gott hab Erbarmen!" sagte da Dame Ragnell:
„Um deinetwillen wünschte ich, ich wäre eine schöne Frau,
denn du zeigst so guten Willen."

Dann schwor ihr Gawain seine Treue
540   in guten und in schlechten Zeiten, wie es ein wahrer Ritter tun sollte.
Darüber freute sich Dame Ragnell.
„O weh!" sprach da Frau Ginevra;
das sagten auch alle die Damen in der Kemenate
und weinten um Sir Gawain.

509 Indem Artus vor Dame Ragnell reitet, tritt er offiziell als ihr Begleiter auf.

545   "Alas!" then sayd bothe kyng and knyghte,
      That evere he shold wed suche a wyghte –
      She was so foulle and horyble.
      She had two tethe on every syde
      As borys tuskes, I wolle nott hyde,
550   Of lengthe a large handfulle.

      The one tusk went up and the other down;
      A mouthe fulle wyde and foulle igrown
      With grey herys many on.
      Her lyppes laye lumpryd on her chyn;
555   Nek forsothe on her was none iseen, –
      She was a lothly on!

      She wold nott be weddyd in no maner,
      Butt there were made a krye in all the shyre,
      Bothe in town and in borowe.
560   Alle the ladyes nowe of the lond
      She lett kry to com to hand
      To kepe that brydalle thorowe.

      So itt befylle after on a daye,
      That maryed shold be that foulle [lady]
565   Unto Sir Gawen;
      The daye was comyn the daye shold be,
      Therof the ladyes had greatt pitey;
      "Alas!" then gan they sayn.

      The queen prayd Dame Ragnelle, sekerly,
570   To be maryed in the mornyng erly,
      As pryvaly as we may.
      "Nay," she sayd, "by hevyn kyng,
      That wolle I nevere for nothyng,
      For oughte that ye can saye.

575   I wol be weddyd alle openly,
      For withe the kyng suche covenaunt made I;
      I putt you oute of doute,
      I wolle nott to churche tylle highe masse tyme,
      And in the open halle I wolle dyne
580   In myddys of alle the route."

      "I am greed," sayd Dame Gaynour,

564 lady] *als Reimwort eingefügt von* MADDEN.

545 „O weh!" sprachen dann König und Ritter,
     dass er je eine solche Kreatur heiraten sollte –
     sie war so hässlich und schrecklich.
     Sie hatte zwei Zähne an jeder Seite
     wie die Hauer eines Ebers, um die Wahrheit zu sagen –
550 eine große Handbreit lang.

     Der eine Zahn ging nach oben, der andere nach unten.
     Sie hatte einen sehr breiten und übel gewachsenen Mund
     mit vielen grauen (Bart)haaren.
     Ihre Lippen hingen wie Klumpen auf ihr Kinn herunter.
555 Ihr Hals war nicht sichtbar –
     Sie war (wirklich) hässlich!

     Sie wollte in keiner anderen Art und Weise heiraten,
     es sei denn dass das Aufgebot in der gesamten Grafschaft bekannt gegeben würde –
     sowohl in der Stadt als auch im Bezirk.
560 Alle Damen im ganzen Land
     ließ sie einladen,
     um das Hochzeitsfest gebührend zu feiern.

     Dann kam der Tag,
     an dem die hässliche Maid
565 Sir Gawain heiraten sollte.
     Der Tag war gekommen, der als Termin festgesetzt worden war –
     darob waren die Damen sehr traurig.
     „O weh!" sprachen sie dann.

     Die Königin bat Dame Ragnell inständig,
570 früh am Morgen zu heiraten –
     so unauffällig wie möglich.
     „Nein!", sagte sie, „Beim Himmelskönig,
     das will ich unter keinen Umständen –
     ganz gleich was Ihr sagt.

575 Ich will in aller Öffentlichkeit heiraten,
     denn ich habe diese Abmachung mit dem König getroffen.
     Ich versichere Euch,
     er werde nicht vor dem Hochamt (mittags) zur Kirche gehen
     und ich will im Rittersaal speisen –
580 mitten in der Gesellschaft."

     „Ich akzeptiere das", sagte Frau Ginevra,

---

550 *handfulle.* Eine Handspanne oder etwa 10 cm.

"Butt me wold thynk more honour
And your worshypp moste."
"Ye, as for that, lady, God you save,
585 This daye my worshypp wolle I have –
I telle you without boste."

She made her redy to churche to fare,
And alle the states that there ware,
Syrs, withoute lesyng.
590 She was arayd in the richest maner
More fressher than Dame Gaynour.

Her arayment was worthe thre thousand mark
Of good red nobles styff and stark,
So rychely she was begon.
595 For alle her rayment she bare the belle
Of foulnesse that evere I hard telle,
So foulle a sowe saw nevere man.

For to make a shortt conclusion,
When she was weddyd, they hyed theym home –
600 To mete alle they went.
This foulle lady began the highe dese,
She was fulle foulle and nott curteys,
So sayd they alle verament.

When the servyce cam her before,
605 She ete as moche as six that ther wore,
That mervaylyd many a man.
Her nayles were lang ynchys thre,
Therwithe she breke her mete ungoodly,
Therfore she ete alone.

610 She ette thre capons and also curlues thre
And greatt bake metes she ete up, perdé,
Al men therof had mervaylle;
Ther was no mete cam her before,
Butt she ete itt up lesse and more,
615 That praty foule dameselle.

„aber ich dachte nur an Eure Ehre
und an Euer Ansehen."
„Ja, so weit es das betrifft, Herrin, – Gott möge Euch beschützen –
585 ich werde an diesem Tag meine Ehre bekommen –
sage ich Euch, ohne zu prahlen."

Sie machte sich bereit, zur Kirche zu gehen
sowie auch alle anderen Stände –
ungelogen, meine Herren!
590 Sie war aufs prächtigste gekleidet –
schöner als Frau Ginevra.

Ihre Kleidung war dreitausend Mark wert
an guten rotgoldenen harten Dukaten –
so prächtig war sie ausgestattet.
595 Trotz ihrer Kleidung war sie
ein solcher Ausbund an Hässlichkeit, wie ich es nie zuvor gehört habe –
kein Mensch hatte je zuvor eine so hässliche Sau gesehen.

Um die Sache schnell zu Ende zu bringen:
Als sie geheiratet hatte, gingen sie eilends nach Hause –
600 sie gingen alle zum Mahl.
Die hässliche Dame hatte den Ehrenplatz inne:
Sie war sehr hässlich und überhaupt nicht höfisch –
so sprachen in der Tat alle.

Als ihr die Platten gereicht wurden,
605 aß sie so viel wie sechs –
darob war ein jeder erstaunt.
Ihre Nägel waren drei Zoll lang.
Damit brach sie das Brot in unziemlicher Weise –
deshalb aß sie allein!

610 Sie aß drei Kapaune und drei Brachvögel
und verschlang große Braten – bei Gott.
Alle wunderten sich darüber sehr.
Keine Speise wurde ihr vorgesetzt,
die sie nicht mehr oder weniger völlig auffraß –
615 dieses schlaue, hässliche Fräulein.

---

592 *mark.* Etwa 66 pence. Der Wert ihrer Kleidung wäre somit 2000 Pfund, eine enorme Summe, wenn man bedenkt, dass zum Erhalt des Ritterstandes nur 20 Pfund nötig waren. **593** *red nobles.* Ein Goldnoble hatte den Wert eines Drittelpfundes. **601** *began the highe dese.* Dame Ragnell hätte entweder zu rechten Ginevras gesessen oder sie und Gawain zu beiden Seiten von König Artus.

Alle men then that evere her sawe
Bad the deville her bonys gnawe,
Bothe knyghte and squyre.
So she ete tylle mete was done,
620   Tylle they drewe clothes and had wasshen,
As is the gyse and maner.

Meny men wold speke of diverse service,
I trowe ye may wete inoughe ther was,
Bothe of tame and wylde.
625   In king Arthours courte ther was no wontt,
That myghte be gotten withe mannys hond,
Noder in forest ne in feld.

Ther were mynstralles of diverse contrey,

An dieser Stelle fehlt eine Seite der Handschrift, also etwa siebzig Verse. Die Erzählung setzt mit der Beschreibung der Hochzeitsnacht von Sir Gawain und Dame
Ragnel wieder ein.

"A, Sir Gawen, syn I have you wed,
630   Shewe me your cortesy in bed,
Withe ryghte itt may nott be denyed.

Iwyse, Sir Gawen" that lady sayd,
"And I were fayre ye wold do anoder brayd,
Butt of wedlok ye take no hed;
635   Yett for Arthours sake kysse me att the leste,
I pray you do this att my request,
Lett se howe ye can spede."

Sir Gawen sayd, "I wolle do more
Then for to kysse, and God before!"
640   He turnyd hym her untille;
He sawe her the fayrest creature
That evere he sawe withoute mesure.
She sayd, "Whatt is your wylle?"

"A, Ihesu!" he sayd, "whate ar ye?"
645   "Sir, I am your wyf, securly;
Why ar ye so unkynde?"
"A, lady, I am to blame;
I cry you mercy, my fayre madame, –

644 he] she *in der Hs. (Emendation* MADDEN).

Alle, die sie da sahen,
wünschten, der Teufel möge ihre Knochen abnagen –
sowohl Ritter als auch Knappe.
So speiste sie, bis das Mahl beendet war
620 und die Tische aufgeräumt und abgewaschen waren,
wie es Brauch ist und sich ziemt.

Viele Leute würden von den verschiedenen Gängen berichten.
Ich glaube, ihr wisst, dass es da genug
an Wild und anderen Tieren gab.
625 An König Artus' Hof herrschte kein Mangel
an dem, was man
sowohl im Wald als auch auf dem Feld bekommen konnte.

Spielleute aus verschiedenen Ländern waren da.

„Ach, Sir Gawain, jetzt, da ich Euch geheiratet habe,
630 zeig mir Eure Höfischkeit im Bett –
denn zu Recht darf die (mir) nicht vorenthalten werden.

Gewiss, Sir Gawain", sagte die Dame,
„wenn ich schön wäre, würdet Ihr anders handeln,
aber so schert Ihr Euch nicht um die Ehe.
635 Doch, um Artus' willen, küsst mich wenigstens;
Ich bitte Euch, erfüllt mir diesen Wunsch.
Lasst sehen, wie es Euch ergeht."

Sir Gawain antwortete: „Ich will noch mehr tun
als Euch nur zu küssen – im Anblick Gottes!"
640 Er drehte sich zu ihr um:
Da sah er das schönste Wesen,
das er je gesehen hatte – unvergleichlich (schön).
Sie sagte: „Was ist Euer Begehren?"

„Ach Jesus!" sagte er dann, „Was seid Ihr?"
645 „Herr, ich bin in der Tat Eure Frau.
Warum seid Ihr so abweisend?"
„Ach, Herrin, dafür sollte man mich tadeln.
Ich bitte Euch um Verzeihung, schöne Frau –

Itt was nott in my mynde.

650   A lady ye ar fayre in my syghte,
       And today ye were the foulyst wyghte
       That evere I sawe withe myne ie.
       Wele is me, my lady, I have you thus."
       And brasyd her in hys armys and gan her kysse,
655   And made greatt joye, sycurly.

       "Syr," she sayd, "thus shalle ye me have,
       Chese of the one, so God me save,
       My beauty wolle nott hold;
       Wheder ye wolle have me fayre on nyghtes
660   And as foulle on days to alle men sightes,
       Or els to have me fayre on days
       And on nyghtes on the foulyst wyse,
       The one ye must nedes have;
       Chese the one or the oder.
665   Chese on, Sir knyghte, whiche you is levere,
       Your worshypp for to save."

       "Alas!" sayd Gawen, "the choyse is hard;
       To chese the best itt is froward,
       Wheder choyse that I chese;
670   To have you fayre on nyghtes and no more,
       That wold greve my hartt ryghte sore,
       And my worshypp shold I lese.

       And yf I desyre on days to have you fayre,
       Then on nyghes I shold have a symple repayre.
675   Now fayn wold I chose the best,
       I ne wott in this world whatt I shalle saye,
       Butt do as ye lyst nowe, my lady gaye,
       The choyse I putt in your fyst.

652 ie] ien *in der Hs. (Emendation* MADDEN). **659** nyghtes] nyght *in der Hs. (Emendation* MADDEN). **672** lese] lose *in der Hs. (Emendation* MADDEN: *Reim).*

ich hatte nicht daran gedacht.

650 Ihr erscheint mir (jetzt) als hübsche Frau
und (doch) wart Ihr heute die hässlichste Person,
die ich jemals mit Augen gesehen habe.
Ich bin froh, meine Herrin, dass ich dich (jetzt) so habe" –
und er nahm sie in seine Arme und fing an, sie zu küssen
655 und freute sich sehr.

„Herr", sagte sie, „so sollt Ihr mich haben:
Wählt das eine, so Gott mich beschütze –
meine Schönheit ist nicht von Dauer:
Wollt Ihr mich nachts schön haben
660 und tags hässlich im Anblick aller
oder wollt ihr mich schön am Tage haben
und des Nachts in der hässlichsten Art und Weise:
Für eines müsst Ihr Euch entscheiden.
Wählt das eine oder das andere.
665 Wählt nur, Herr Ritter, was Euch lieber ist,
um Eure Ehre zu bewahren."

„O weh!" antwortete Gawain, „die Wahl ist schwer –
die beste Wahl zu treffen ist schwierig –
welche Wahl ich auch immer treffen mag.
670 Euch nur nachts schön zu haben
würde mir sehr missfallen
und ich würde meine Ehre verlieren.

Und wenn ich Euch tagsüber schön hätte,
dann würde ich nachts (mit Euch) eine bescheidene eheliche Beziehung haben.
675 Sicherlich möchte ich die beste Wahl treffen:
Ich weiß nicht, wie ich mich entscheiden soll.
Tut deshalb, was Euch gefällt, meine liebe Herrin.
Die Wahl lege ich in Eure Hand.

656 ff. Die Wahl, die Dame Ragnell Gawain gibt, ist die gleiche wie in ‚The Marriage of Sir Gawain' und in Gowers ‚Tale of Florent', d. h. Gawain muss sich zwischen seinem Ansehen bei Hof (eine hässliche Alte ist seinem Ansehen abträglich) und seinem Privatvergnügen (eine schöne Frau nachts im Bett ist angenehm) entscheiden. In Chaucers ‚Wife of Bath's Tale' ist die Wahl eine andere: Gawain kann seine Frau entweder *foul and old* [hässlich und alt] (CT, III, 1220) und dafür aber *trewe, humble* [treu, unterwürfig] (CT, III, 1221) haben oder *yong and fair* [jung und hübsch] (CT, III, 1223) *And take youre aventure* [und es drauf ankommen lassen] (CT, III, 1224). Es geht also nicht mehr um Gawains Ansehen, sondern allein darum, dass eine junge Frau sich vielleicht auch andere Liebhaber zulegen könnte. In Anbetracht der Selbstdarstellung der Frau aus Bath in ihrem Prolog ist die Wahrscheinlichkeit recht groß, dass die einst hässliche Alte, jetzt aber strahlend schöne und begehrenswerte Braut sich bald anders orientieren könnte.

Evyn as ye wolle I putt itt in your hand,
680   Lose me when ye lyst, for I am bond;
I putt the choyse in you;
Bothe body and goodes, hartt, and every dele
Ys alle your own, for to by and selle, –
That make I God avowe!"

685   "Garamercy, corteys knyghte," sayd the lady,
"Of alle erthly knyghtes blyssyd mott thou be,
For now am I worshyppyd;
Thou shalle have me fayre bothe day and nighte,
And evere whyle I lyve as fayre and bryght;
690   Therfore be nott grevyd.

For I was shapen by nygramancy
Withe my stepdame, God have on her mercy,
And by enchauntement,
And shold have bene oderwyse understond,
695   Evyn tylle the best of Englond
Had wedyd me verament.

And also he shold geve me the sovereynte
Of alle his body and goodes, sycurly.
Thus was I disformyd;
700   And thou, Sir knyghte, curteys Gawen,
Has gevyn me the sovereynte serteyn,
That wolle nott wrothe the erly ne late.

Kysse me, Sir knyghte, evyn now here,
I pray the, be glad, and make good chere,
705   For welle is me begon."
Ther they made joye oute of mynde,
So was itt reason and cours of kynde,
They two theymself alone.

She thankyd God and Mary mylde,
710   She was recovered of that that she was defoylyd,
So dyd Sir Gawen;
He made myrthe alle in her bowre
And thankyd of alle oure Savyoure,
I telle you, in certeyn.

715   Withe joye and myrthe they wakyd tylle daye,

(Macht es) so, wie Ihr es wollt – ich lege es in Eure Hand.
680   Befreit mich, wenn es Euch gefällt, denn ich bin gebunden.
Ich überlasse Euch die Wahl.
Körper, Hab und Gut, Herz und alles andere
sollen Euch gehören: Ihr könnt es kaufen oder verkaufen –
das gelobe ich Gott!"

685   „Vielen Dank, edler Ritter", sagte die Dame:
„Sei gesegnet unter allen Rittern auf Erden,
denn nun werde ich (ganz besonders) geehrt.
Du sollst mich Tag und Nacht schön haben
und hübsch und strahlend so lange ich lebe.
690   Hab' darob keinen Kummer.

Ich wurde nämlich durch schwarze Magie verwandelt –
von meiner Stiefmutter, Gott sei ihr gnädig,
und durch Zauberei.
Ich sollte eine (hässliche Alte) sein, verstehst du,
695   bis der Beste in England
mich in der Tat heiraten würde.

Auch sollte er die Herrschaft
über seinen Leib und seinen Besitz an mich abtreten.
In dieser Art und Weise wurde ich verzaubert.
700   Und du, Herr Ritter, höfischer Gawain,
hast mir in der Tat die Herrschaft übergeben –
das wird dir niemals – weder früh noch spät – schaden.

Küss mich jetzt hier, Herr Ritter.
Ich bitte dich, sei fröhlich und guter Dinge,
705   denn für mich ist es gut ausgegangen."
Sie vergnügten sich über alle Maßen –
so wie es vernünftig und natürlich ist –
die beiden ganz allein.

Sie dankte Gott und der gütigen (Jungfrau) Maria dafür,
710   dass sie von ihrer Verunstaltung erlöst worden war.
Gawain tat das gleiche.
Er vergnügte sich in ihrem Gemach
und dankte unserem Heiland für alles –
sage ich euch in der Tat.

715   Mit Freude und Vergnügen blieben sie bis zum Tagesanbruch wach;

And than wold ryse that fayre maye.
"Ye shalle nott," Sir Gawen sayd,
"We wolle lye and slepe tylle pryme,
And then lett the kyng calle us to dyne."
720   "I am greed," then sayd the mayd.

Thus itt passyd forth tylle middaye.
"Syrs," quod the kyng, "lett us go and asaye,
Yf Sir Gawen be on lyve;
I am fulle ferd of Sir Gawen,
725   Nowe lest the fende have hym slayn,
Nowe wold I fayn preve.

Go we nowe," sayd Arthoure the kyng,
"We wolle go se theyr uprysyng,
Howe welle that he hathe sped."
730   They cam to the chambre, alle in certeyn.
"Aryse," sayd the kyng to Sir Gawen,
"Why slepyst thou so long in bed?"

"Mary," quod Gawen, "Sir kyng, sicurly,
I wold be glad, and ye wold lett me be,
735   For I am fulle welle att eas;
Abyde, ye shalle se the dore undone,
I trowe that ye wolle say I am welle goon,
I am fulle lothe to ryse."

Syr Gawen rose and in his hand he toke
740   His fayr lady and to the dore he shoke,
And opynyd the dore fulle fayre.
She stod in her smok alle by that fyre,
Her here was to her knees as red as gold wyre:
"Lo! this is my repayre."

745   "Lo!" sayd Gawen Arthoure untille,
"Syr, this is my wyfe, Dame Ragnelle,
That savyd onys your lyfe."
He told the kyng and the queen hem beforn,
Howe sodenly from her shap she dyd torne:
750   "My lord, nowe be your leve."

And whate was the cause she forshapen was,

716 maye] mayd *in der Hs. (Emendation* MADDEN: *Reim).*   **722** Syrs] Syr *in der Hs. (Emendation* MADDEN).*   **743** here] hed *in der Hs. (Emendation* MADDEN).*

dann wollte die schöne Frau aufstehen.
„Das sollt Ihr nicht", sprach Sir Gawain,
„wir wollen liegen bleiben und bis zur Prim schlafen –
dann soll der König uns zum Mahl rufen."
720   „Ich stimme zu", sagte dann die Maid.

So ging es bis zum Mittag.
„Ihr Herren", sprach der König, „lasst uns gehen und schauen,
ob Gawain noch am Leben ist.
Ich habe große Angst um Gawain,
725   dass ihn der Teufel getötet hat.
Wir wollen uns jetzt vergewissern.

Lasst uns nun gehen", sagte König Artus.
„Wir wollen gehen und sehen, wie sie aufstehen –
wie gut es ihm ergangen ist."
730   Sie kamen wirklich zum Schlafgemach.
„Steh auf", sagte der König zu Sir Gawain,
„warum schläfst du so lange im Bett?"

„Maria", entgegnete Gawain, „Herr König – in der Tat
wäre ich froh, wenn Ihr mich allein ließet,
735   denn mir geht es sehr gut.
Wartet, Ihr sollt die Türe offen sehen!
Ich glaube, Ihr werdet dann zustimmen, dass es mir gut geht –
mir ist überhaupt nicht nach Aufstehen zumute."

Sir Gawain stand auf und nahm
740   die schöne Dame bei der Hand, ging eilends zur Tür
und öffnete sie ganz fröhlich.
Sie stand da neben dem Kaminfeuer in ihrem Unterhemd.
Ihre Haare hingen ihr wie roter Golddraht bis zum Knie.
„Schaut, hier ist meine Freude!"

745   „Schaut (nur hin)!" sagte Gawain zu König Artus –
„Herr, dies ist meine Frau, Dame Ragnell,
die Euer Leben gerettet hat."
Er erzählte dem König und der Königin, (die) vor ihnen (standen),
wie sie plötzlich verwandelt worden war –
750   „Mein Herr mit Eurem Einverständnis."

Auch den Grund für ihre Verwandlung

---

718 *pryme.* Prim oder 9 Uhr morgens.

Syr Gawen told the kyng both more and lesse.
"I thank God," sayd the queen,
"I wenyd, Sir Gawen, she wold the have myscaryed;
755 Therfore in my hartt I was sore agrevyd,
Butt the contrary is here seen."

There was game, revelle, and playe,
And every man to other gan saye:
"She is a fayre wyghte."
760 Than the kyng them alle gan telle,
How did help hym att nede Dame Ragnelle,
Or my dethe had bene dyghte.

Ther the kyng told the queen, by the rood,
How he was bestad in Ingleswod
765 Withe Sir Gromer Somer Joure;
And whate othe the knyghte made hym swere,
Or elles he had slayn me ryghte there,
Withoute mercy or mesure.

This same lady, Dame Ragnelle,
770 From my dethe she dyd help me ryghte welle,
Alle for the love of Gawen.
Then Gawen told the kyng alle togeder,
Howe forshapen she was withe her stepmoder
Tylle a knyghte had holpen her again.

775 Ther she told the kyng fayre and welle,
Howe Gawen gave her the sovereynte every delle,
And whate choyse she gave to hym.
"God thank hym of his curtesye,
He savid me from chaunce and vilony,
780 That was fulle foulle and grym.

Therfore, curteys knyghte and hend Gawen,
Shalle I nevere wrathe the serteyn,
That promyse nowe here I make,
Whilles that I lyve I shal be obaysaunt,
785 To God above I shalle itt warraunt,
And nevere withe you to debate."

"Garamercy, lady," then sayd Gawen,

erzählte Gawain dem König – mehr oder weniger.
„Ich danke Gott", sagte die Königin,
„ich glaubte schon, Sir Gawain sei zu Schaden gekommen –
755 deshalb war ich von Herzen traurig;
doch haben wir hier nun das Gegenteil!"

Nun war da Freude, Spaß und Spiel
und jeder sagte zum anderen:
„Sie ist ein schönes Wesen."
760 Dann erzählte ihnen der König,
wie ihm Dame Ragnell in seiner Not geholfen hatte –
oder er wäre tot gewesen.

Da erzählte der König der Königin, beim (heiligen) Kreuz,
wie er im Inglewood
765 von Sir Gromer Somer Joure überrascht worden war
und welchen Eid er dem Ritter leisten musste –
ansonsten hätte er mich auf der Stelle getötet –
ohne Mitleid oder Maß.

„Diese Frau, Dame Ragnell,
770 bewahrte mich vorm Tod –
und das aus Liebe zu Gawain."
Dann erzählte Gawain dem König und allen anderen,
wie sie von ihrer Stiefmutter verwandelt worden war,
bis ihr ein Ritter zu Hilfe käme.

775 Dann erzählte sie dem König schön und gut,
wie ihr Gawain vollständig die Herrschaft überlassen
und vor welche Wahl sie ihn gestellt hatte.
„Gott danke ihm für seine Höfischkeit:
Er rettete mich vor Unglück und Schande,
780 die schmachvoll und schmerzlich waren.

Darum, höfischer Ritter und trefflicher Gawain,
werde ich niemals mit dir ärgerlich sein –
das verspreche ich jetzt hier.
Solange ich lebe, werde ich gehorsam sein;
785 Gott im Himmel verspreche ich dies –
und niemals werde ich mit dir streiten."

„Vielen Dank, Herrin", sagte dann Gawain,

---

773 Die Verzauberung durch Stiefmütter aus Rachsucht ist ein häufiges Motiv in den Romanzen.
Vgl. auch ‚The Marriage of Sir Gawain' und Gowers ‚Tale of Florent'.

"With you I hold me fulle welle content,
And that I trust to fynde."
790   He sayd: "My love shalle she have,
Therafter nede she nevere more crave,
For she hathe bene to me so kynde."

The queen sayd, and the ladyes alle:
"She is the fayrest nowe in this halle,
795   I swere by Seynt John!
My love, lady, ye shalle have evere,
For that ye savid my lord Arthoure,
As I am a gentilwoman."

Syr Gawen gatt on her Gyngolyn,
800   That was a good knyghte of strengthe and kynn
And of the Table Round.
Att every greatt fest that lady shold be
Of fayrnesse she bare away the beutye,
Wher she yed on the ground.

805   Gawen lovyd that lady Dame Ragnelle,
In alle his lyfe he lovyd none so welle,
I telle you withoute lesyng.
As a coward he lay by her bothe day and nyghte,
Nevere wold he haunt justyng aryghte,
810   Theratt mervayled Arthoure the kyng.

She prayd the kyng for his gentilnes,
To be good lord to Sir Gramer, iwysse,
Of that to you he hathe offendyd;
"Yes, lady, that shalle I nowe for your sake,
815   For I wott welle he may nott amendes make,
He dyd to me fulle unhend."

Nowe for to make you a short conclusyon,
I cast me for to make an end fulle sone

---

810 mervayled] movaylyd *in der Hs. (Emendation).* Arthoure the kyng; Kyng Arthoure *in der Hs.*
(Emendation MADDEN: *Reim).*

„mit Euch bin ich ganz zufrieden
und werde es immer sein, glaube ich."
790 Er sagte: „Meine Liebe soll sie haben;
danach braucht sie niemals mehr zu verlangen,
weil sie so freundlich zu mir gewesen ist."

Die Königin sagte und so auch alle Damen:
„Sie ist die Schönste im Saal –
795 das schwöre ich beim heiligen Johannes!
Ihr sollt immer meiner Liebe gewiss sein, Herrin,
dafür dass Ihr meinen Herrn, Artus, gerettet habt,
so wahr ich eine Edelfrau bin."

Sir Gawain zeugte mit ihr Guinglain –
800 Der war ein guter Ritter von Kraft und Abstammung
und (ein Ritter) der Tafelrunde.
Auf jedem großen Fest, wo die Dame war,
trug sie Ihrer Schönheit wegen immer den Preis davon,
wo auch immer sie zugegen war.

805 Gawain liebte diese Frau, Dame Ragnell.
In seinem ganzen Leben liebte er keine andere so sehr –
das versichere ich euch wahrheitsgemäß.
Wie ein Feigling lag er bei ihr Tag und Nacht im Bett;
er hatte kein Interesse mehr an Turnieren –
810 worüber König Artus sich wunderte.

Sie bat König Artus um seiner Höfischkeit willen,
in der Tat Sir Gromer ein guter Herr zu sein –
insoweit er ihn beleidigt hatte.
„Ja, Herrin, das will ich jetzt um Euretwillen sein,
815 denn ich weiß wohl, dass er keine Wiedergutmachung leisten kann –
er verhielt sich mir gegenüber sehr unhöflich."

Um nun abzuschließen,
will ich alsbald ein Ende machen

---

799 *Gyngolyn* (französisch Guinglain) ist der Protagonist in ‚Libeaus Desconus‘, der englischen Adaptation des altfranzösischen Romans ‚Le bel inconnu‘. Auch dort wird er als Gawains Sohn bezeichnet, den er *Be a forest syde* [am Waldrand] V. 9 gezeugt und den seine Mutter heimlich aufgezogen hatte. Die Lambeth Version von ‚Libeaus Desconus‘ enthält sogar den Hinweis auf Gyngolyns Illegitimität: *A tretys of one Gyngelayne othir wyse Namyd by Kyng Arthure lybeus dysconeus that was Bastard son to sir Gaweyne* [Ein Traktat über einen gewissen Guinglain oder auch von Artus der Schöne Unbekannte genannt, der der Bastardsohn von Sir Gawain war] (MILLS, Lybeaus Desconus, S. 75). **805–07** Angesichts Gawains Ruf als Schürzenjäger und Weiberheld klingt diese Versicherung des Autors komisch.

Of this gentylle lady.
820 She lyvyd withe Sir Gawen butt yerys five –
That grevyd Gawen alle his lyfe,
I telle you, securly.

In her lyfe she grevyd hym nevere,
Therfor was nevere woman to hym lever.
825 Thus leves my talkyng.
She was the fayrest lady of al[l]e Englond,
When she was on lyve, I understand,
So sayd Arthoure the kyng.

Thus endythe the adventure of kyng Arthoure,
830 That oft in his days was grevyd sore,
And of the weddyng of Gawen.
Gawen was weddyd oft in his days,
Butt so welle he nevere lovyd woman always,
As I have hard men sayn.

835 This adventure befelle in Ingleswod,
As good kyng Arthoure on huntyng yod,
Thus have I hard men telle.
Nowe God, as thou were in Bethleme born,
Suffer nevere her soules be forlorne
840 In the brynnyng fyre of helle!

And, Ihesu, as thou were borne of a virgyn,
Help hym oute of sorowe that this tale dyd devyne,
And that nowe in alle hast,
For he is besett withe gaylours many,

---

826 alle] ale *in der Hs. (Emendation).*

(mit der Geschichte) von dieser edlen Dame.
820 Sie lebte nur fünf Jahre mit Sir Gawain.
Das schmerzte Gawain sein Leben lang,
sage ich euch sicherlich.

In ihrem ganzen Leben bereitete sie ihm keinen Kummer,
deshalb hatte er keine Frau lieber als sie.
825 Hier endet meine Erzählung.
Zu ihren Lebzeiten war sie die schönste Frau in ganz England,
kann ich wohl behaupten –
das sagte auch König Artus.

So endet die Aventiure von König Artus,
830 der in seinem Leben oft bedrängt wurde,
und die Hochzeit von Gawain.
Gawain war oft in seinem Leben verheiratet,
aber niemals liebte er eine Frau mehr –
so habe ich es sagen hören.

835 Diese Aventiure trug sich im Ingelwood zu,
als der gute König Artus auf die Jagd ging –
so hat man es mir erzählt.
Jetzt, Herr, der du in Bethlehem geboren wurdest,
lass nicht zu, dass ihre Seelen
840 im brennenden Feuer der Hölle verdammt werden.

Und Jesus, der du von einer Jungfrau geboren bist,
hilf dem aus seiner Not, der diese Erzählung gemacht hat –
und das möglichst schnell,
denn er wird von vielen Schergen bedrängt,

---

832 Auch dies entspricht keineswegs dem Bild Gawains in den Romanzen. Er hat zwar viele Verhältnisse mit Damen, er heiratet aber nie. **844** *besett withe gaylours many* [von vielen Schergen bedrängt]: Diese Aussage erinnert an Sir Thomas Malory, der sich selbst am Ende der ‚Tale of King Arthur‘ als *knyght presoner* [ritterlicher Gefangener] in der Winchester Hs., Folio 70v, bezeichnet. FIELD, Malory and *The Wedding of Sir Gawain and Dame Ragnell*, S. 377–81, und NORRIS, Sir Thomas Malory and *The Wedding of Sir Gawain and Dame Ragnell* Reconsidered, S. 96–7, folgern aus dieser Ähnlichkeit sowie dem Erscheinen der Figur von Sir Gromer Somer Joure in beiden Werken, dass Malory auch der Autor der ‚Weddynge‘ gewesen sein könnte. SHEPHERD, No poet has his travesty alone, S. 126–7, der die parodistischen Aspekte in der ‚Weddynge‘ betont, meint hingegen: „The confessing author is not the real author, his confession is but a travesty of the real thing … Can the final joke then be that the ‚author’s‘ imprisonment is a not wholly inappropriate fate and very much a reflection of the fractured integrity of so many aspects of ‚his‘ poem.“ [Der beichtende Autor ist nicht der wirkliche Autor; seine Beichte ist nichts anderes als eine Travestie der wirklichen Sache … Könnte der letzte Witz dann sein, dass die Gefangenschaft des ‚Autors‘ ein nicht völlig unangemessenes Schicksal ist und eine Reflexion der zerbrochenen Integrität so vieler Aspekte ‚seines‘ Gedichts].

845   That kepen hym fulle sewerly
       Withe wyles wrong and wraste.

       Nowe God as thou art veray kyng royalle,
       Help hym oute of daunger that made this tale,
       For therin he hathe bene long;
850   And of greatt pety help thy servaunt.
       For body and soulle I yeld into thyne hand,
       For paynes he hathe strong.

       Here endythe the weddyng of
       Syr Gawen and Dame Ragnelle
855   For helpyng of kyng Arthoure.

---

847 royalle] Ryoall *in der Hs. (Emendation: Reim).*

845 die ihn sicher bewachen –
mit üblen Tricks und mit Gewalt.

Nun Gott, der du ein wirklich majestätischer König bist,
befreie den von seiner Not, der diese Geschichte gemacht hat –
denn darin befindet er sich nun schon allzu lang.
850 Um deines großen Mitleids willen hilf deinem Diener.
Leib und Seele lege ich in deine Hand,
denn er leidet große Pein.

Hier endet die Hochzeit
von Sir Gawain und Dame Ragnell,
855 die König Artus halfen.

BIBLIOGRAPHIE

PRIMÄRLITERATUR

BÜLBRING, K. D. (Hg,), Das ‚Trentalle Sancti Gregorii' in der Edinburgher Handschrift, in: Anglia 13 (1891), S. 301–8.

The Chester Plays, hg. v. HERMANN DEIMLING und Dr. MATTHEWS (EETS ES 62, 115), London 1892, 1916.

Cicero, De inventione, hg. und übers. v. H. M. HUBBELL, Cambridge 1960.

Confessio Amantis, in: John Gower's English Works, hg. v. G. C. MACAULAY (EETS ES 81, 82), London 1900.

Cursor Mundi, hg. v. RICHARD MORRIS (EETS OS 57, 59, 62, 66, 68, 99, 101), London 1874–93.

Dante Alighieri, La Comedia, hg. v. ANTONIO LANZA, Anzio 1995.

De Tribus Regibus Mortuis, in: The Poems of John Audelay, hg. v. E. K. WHITING (EETS OS 184), London 1931, S. 217–23.

The Digby Plays, hg. v. F. J. FURNIVALL (EETS ES 70), London 1896.

English Mediaeval Lapidaries, hg. v. JOAN EVANS und MARY S. SERJEANTSON (EETS OS 190), London 1933.

Hartmann von Aue, Iwein, hg. v. G. F. BENECKE und K. LACHMANN, 6. Auflage v. LUDWIG WOLFF, Berlin 1964.

The History of the Kings of Britain: An Edition and Translation of De gestis Britonum (Historia Regum Britanniae), hg. v. MICHAEL REEVE und übers. v. NEIL WRIGHT, Woodbridge 2007.

Jean Bodels *Saxenlied*, hg. v. F. MENZEL und E. STANGEL, Marburg 1906.

JORDAN, RICHARD (Hg.), Das Trentalle Gregorii in der Handschrift Harley 3810, in: Englische Studien 40 (1909), S. 351–71.

Kristian von Troyes, Yvain (Der Löwenritter), hg. v. WENDELIN FÖRSTER, Halle ²1926.

The Laud Troy Book, hg. v. J. ERNST WÜLFING (EETS OS 121, 122), London 1902/1903.

Lybeaus Desconus, hg. v. M. MILLS (EETS OS 261), London 1969.

The Minor Poems of the Vernon Manuscript, hg. v. C. HORSTMANN (EETS OS 98), London 1884.

Der mittelenglische Versroman über Richard Löwenherz, hg. v. KARL BRUNNER, Wien/Leipzig 1913.

Morte Arthure: A Critical Edition, hg. v. MARY HAMEL, New York/London 1984.

The Parlement of the Thre Ages, hg. v. M. Y. OFFORD (EETS OS 246), Oxford 1959.

The Riverside Chaucer, hg. v. LARRY D. BENSON et al., Boston 1987.

Le Roman de Brut de Wace, hg. v. IVOR ARNOLD, 2 Bde., Paris 1938 & 1940.

Sir Gawain and the Green Knight: englisch und deutsch, übers. und hg. v. MANFRED MARKUS, Stuttgart ³1998.

Sir Gawain and the Green Knight, hg. v. J. R. R. TOLKIEN und E. V. GORDON, 2. überarbeitete Ausgabe v. NORMAN DAVIS, Oxford 1967.

Sir Orfeo, in: The Middle English Breton Lays, hg. v. ANNE LASKAYA und EVE SALISBURY (TEAMS Middle English Text Series), Kalamazoo 1995, S. 15–59.

Speculum Vitae: An Edition of British Museum Manuscript Royal 17C. viii, hg. v. J. SMELZ, Duquesne 1977.

Statutes of the Realm, 9 Bde, London 1810–22.

Thomas Chestre, Sir Launfal, in: The Middle English Breton Lays, hg. v. ANNE LASKAYA und EVE SALISBURY (TEAMS Middle English Text Series), Kalamazoo 1995, S. 201–62.

The Thornton Manuscript (Lincoln Cathedral MS. 91), eingeführt v. D. S. BREWER und A. E. B. OWEN, London 1975.

Trentalle Sancti Gregorii: eine mittelenglische Legende. In zwei Texten, hg. v. ALBERT KAUF-
MANN, Inaugural-Dissertation, Erlangen 1889.
The Vision of Tundale, in: Three Purgatory Poems: The Gast of Gy, Sir Owain, The Vision of
Tundale, hg. v. EDWARD E. FOSTER (TEAMS Middle English Text Series), Kalamazoo 2004.
S. 179–271.
The Winchester Malory: A Facsimile, eingeleitet v. N. R. KER, London/New York/Toronto 1976.
The Works of Sir Thomas Malory, hg. v. EUGÈNE VINAVER, überarbeitete Ausgabe v. P. J. C.
FIELD, Oxford 1990.
William of Newburgh, *Historia Rerum Anglicarum, Chronicles of the Reigns of Stephen, Henry II.,
and Richard I.,* hg. v. RICHARD HOWLETT (Rolls Series 82), London 1884.
Ywain and Gawain, hg. v. ALBERT B. FRIEDMAN und NORMAN T. HARRINGTON (EETS OS 254),
London 1964.

SEKUNDÄRLITERATUR (ALLGEMEIN)

ACKERMANN, ROBERT W. English Rimed and Prose Romances, in: R. S. LOOMIS (Hg.): Arthurian
Literature in the Middle Ages, Oxford 1959, S. 480–519.
BARKER, JULIET R. V., The Tournament in England 1100–1400, Woodbridge 1986.
BARRON, W. R. J., Arthurian Romance: Traces of an English Tradition, in: ES 61 (1980), S. 2–23.
BARRON, W. R. J. (Hg.), The Arthur of the English: The Arthurian Legend in Medieval Life and
Literature, Cardiff 1999.
BARRON, W. R. J., Arthurian Romance, in: CORINNE SAUNDERS (Hg.): A Companion to Romance:
From Classical to Contemporary, Malden, MA/Oxford 2004, S. 5–84.
BOFFEY, JULIA und CAROLE M. MEALE, Selecting the Text: Rawlinson C. 86 and Some Other
Books for London Readers, in: FELICITY RIDDEY (Hg.): Regionalism in Late Medieval Manu-
scripts and Texts, Cambridge 1991, S. 143–69.
BOASE, T. S. R., Death in the Middle Ages, London 1972.
BREWER, DEREK, The Nature of Romance, in: Poetica 9 (1978), S. 9–48.
BREWER, DEREK, The Popular English Metrical Romance, in: CORINNE SAUNDERS (Hg.): A Com-
panion to Romance: From Classical to Contemporary, Malden, MA/Oxford 2004, S. 45–64.
CALKIN, SIOBHAIN BLY, Saracens and the Making of English Identity: The Auchinleck Manuscript,
New York/London 2005.
CHISM, CHRISTINE, Alliterative Revivals, Philadelphia 2002.
CHISM, CHRISTINE, Romance, in: LARRY SCANLON (Hg.): The Cambridge Companion to Medieval
Literature 1100–1500, Cambridge 2009, S. 57–69.
COHEN, JEFFREY JEROME, Of Giants: Sex, Monsters, and the Middle Ages, Minneapolis/London
1999.
COHEN, KATHLEEN, The Transi-Tomb in the Late Middle Ages and the Renaissance, Berkeley
1973.
COOPER, HELEN, Romance After 1400, in: DAVID WALLACE (Hg.): The Cambridge History of
Medieval English Literature, Cambridge 1999, S. 690–719.
CORMEAU, CHRISTOPH, ‚Wigalois' und ‚Diu Crône': Zwei Kapitel zur Gattungsgeschichte des
nachklassischen Aventiureromans, Zürich 1977.
DIEKSTRA, F. N. M., Le roman en moyen anglais, in: J. CH. PAYEN und F. N. M. DIEKSTRA (Hgg,):
Le Roman: Typlogie des sources du moyen âge occidental, Turnhout 1975, S. 69–127.
DONALDSON, E. TALBOT, Idiom of Popular Poetry in the *Miller's Tale*, in: English Institute Essays,
1950, S. 116–40. Repr., in: W. K. WIMSATT, Jr. (Hg.): Explication as Criticism: Selected
Papers from the English Institute 1941–1952, New York 1963, S. 27–51.
DÜRMÜLLER, UTZ, Narrative Possibilities in the Tail-Rime Romance, Bern 1975.
EVERETT, DOROTHY, A Characterization of the English Romances, in: PATRICIA KEAN (Hg.):
Essays on Middle English Literature, Oxford 1955, S. 1–22.

FICHTE, JOERG O., The Middle English Arthurian Verse Romance: Suggestions for the Development of a Literary Typology, in: DVLG 55 (1981), S. 567–90.

FICHTE, JOERG O., Grappling With Arthur or Is There an English Arthurian Verse Romance?, in: PIERO BOITANI und ANNA TORTI (Hgg.): Poetics: Theory and Practice in Medieval English Literature: The J. A. W. Bennett Memorial Lectures. Seventh Series, Perugia 1990, Cambridge 1991, S. 149–63.

FICHTE, JOERG O., From Camelot to Obamalot: Essays in Medieval and Modern Arthurian Literature, Trier 2010.

FIELD, ROSALIND, Romance in England, 1066–1400, in: DAVID WALLACE (Hg.): The Cambridge History of Medieval English Literature, Cambridge 1999, S. 152–76.

FINLAYSON, JOHN, Definitions of Middle English Romance, in: Chaucer Review 15 (1980), S. 168–81.

FROMM, HANS, Doppelweg, in: INGEBORG GLIER, GERHARD HAHN, WALTER HAUG und BURGHART WACHINGER (Hgg.): Werk, Typ, Situation: Studien zur poetologischen Bedeutung in der älteren deutschen Literatur, Stuttgart 1969, S. 64–79.

FRYE, NORTHROP, Towards a Theory of Cultural History, in: The Educated Imagination and Other Writings on Critical Theory 1933–1963, hg. v. GERMAINE WARKENTIN, Collected Works of Northrop Frye, Bd. 21, Toronto/Buffalo/London 2006, S. 150–68.

GAUNT, SIMON, Romance and Other Genres, in: ROBERTA L. KRUEGER (Hg.): The Cambridge Companion to Medieval Romance, Cambridge 2000, S. 45–59.

GÖLLER, KARL HEINZ, König Arthur in der englischen Literatur des späten Mittelalters, Göttingen 1963.

GRADEN, PAMELA, Form and Style in Early English Literature, London 1971.

GRIFFITH, J. J., A Re-examination of Oxford, Bodleian Library, MS Rawlinson C.86, in: Archiv 215 (1982), S. 381–88.

GUDDAT-FIGGE, GISELA, Catalogue of Manuscripts Containing Middle English Romances, München 1976.

GUMMERE, FRANCIS P., On the Symbolic Use of the Colors Black and White in Germanic Tradition, in: Haverford College Studies 1 (1889), S. 112–62.

HAHN, THOMAS und DANA M. SYMONS, Middle English Romance, in: PETER BROWN (Hg.): A Companion to Medieval English Literature and Culture c. 1350 – c. 1500, Malden, MA./Oxford/Victoria 2007, S. 341–57.

HAMILTON, GAYLE K., The Breaking of the Troth in *Ywain and Gawain,* in: Mediaevalia 2 (1976), S. 111–35.

HAUG, WALTER, Chrétiens de Troyes ‚Erec'-Prolog und das arturische Strukturmodell, in: WALTER HAUG, Literaturtheorie im deutschen Mittelalter. Von den Anfängen bis zum Ende des 13. Jahrhunderts, Darmstadt 1985, S. 91–106.

HELMHOLZ H. R., Marriage Litigation in Medieval England, Cambridge 1974.

HENG, GERALDINE, Empire of Magic: Medieval Romance and the Politics of Cultural Fantasy, New York 2003.

HIBBARD, LAURA, Medieval Romance in England: A Study of the Sources and Analogues of the Non-cyclical Romances, New York ²1969.

HIBBARD LOOMIS, LAURA, Gawain and the Green Knight, in: R. S. LOOMIS (Hg.): Arthurian Literature in the Middle Ages, Oxford 1959, S. 528–40.

HOOPS, REINALD, Der Begriff „Romance" in der mittelenglischen und frühneuenglischen Literatur, Heidelberg 1929.

HORNSTEIN, LILIAN, Middle English Romances, in: J. BURKE SEVERS (Hg.): Recent Middle English Scholarship and Criticism: Survey and Desiderata, Pittsburgh 1971, S. 55–95.

HUME, KATHRYN, The Formal Nature of Middle English Romance, in: PQ 53 (1974), S. 158–80.

HUME, KATHRYN, Romance: A Perdurable Pattern, in: CE 36 (1974), S. 129–46.

HUNT, TONY, Beginnings, Middles, and Ends: Some Interpretative Problems in Chrétien's *Yvain* and Its Medieval Adaptations, in: LEIGH A. ARRATHOON (Hg.): The Craft of Fiction: Essays on Medieval Poetics, Rochester 1984, S. 83–117.

INGHAM, PATRICIA, Sovereign Fantasies: Arthurian Romance and the Making of Britain, Philadelphia, 2001.

KEISER, GEORGE, Lincoln Cathedral Library MS: Life and Milieu of the Scribe, in: Studies in Bibliography 32 (1979), S. 158–78.

KEISER, GEORGE, The Life and Milieu of Robert Thornton, in: Studies in Bibliography 36 (1983), S. 111–9.

MCDONALD, NICOLA, A Polemical Introduction, in: NICOLA MCDONALD (Hg.), Pulp Fictions of Medieval England, Manchester/New York 2004, S. 1–21.

MCFARLANE, K. B., The Nobility of Later Medieval England, Oxford 1973.

MEHL, DIETER, The Middle English Romances of the Thirteenth and Fourteenth Centuries, London 1968.

METLITZKI, DOROTHEE, The Matter of Araby in Medieval England, New Haven 1977.

Middle English Dictionary, hg. v. HANS KURATH, Ann Arbor 1956–2001.

MINNIS, A. J., Medieval Theory of Authorship: Scholastic literary attitudes in the later Middle Ages, London 1984.

MOLL, RICHARD J., Before Malory: Reading Arthur in Later Medieval England, Toronto/Buffalo/London 2003.

NEVILLE, CYNTHIA J., Violence, Custom and Law: The Anglo-Scottish Border Lands in the Later Middle Ages, Edinburgh 1998.

NEWSTEAD, HELEN, Romances General; Arthurian Legends, in: J. B. SEVERS (Hg.): A Manual of the Writings in Middle English 1050–1500, New Haven, CT 1967, S. 11–16; 38–79, 224–56.

OAKDEN, J. P., Alliterative Poetry in Middle English: A Survey of the Traditions, 2 Bde, Manchester 1935.

O'LOUGHLIN, J. L. N., The English Alliterative Romances, in: R. S. LOOMIS (Hg.): Arthurian Literature in the Middle Ages, Oxford 1959, S. 520–27.

OLSON, GLENDING, The Profits of Pleasure, in: Cambridge History of Literary Criticism, Bd. 2, The Middle Ages, hg. v. ALASTAIR MINNIS und IAN JOHNSON, Cambridge 2005, S. 275–87.

OSWALD, DANA M., Monsters, Gender and Sexuality in Medieval English Literature, Cambridge 2010.

PASSMORE, S. ELIZABETH und SUSAN CARTER (Hgg.), The English "Loathly Lady" Tales: Boundaries, Traditions, Motifs (Studies in Medieval Culture 48), Kalamazoo 2007.

PEARSALL, DEREK, The Development of Middle English Romance, in: DEREK BREWER (Hg.): Studies in Medieval English Romance. Some New Aspects, Cambridge 1988, S. 11–35.

PRESTWICH, MICHAEL, Edward I, rev. ed. New Haven 1997.

PROPP, VLADIMIR, Morphologie des Märchens, München 1972.

RAMSEY, L. C. Chivalric Romances: Popular Literature in Medieval England, Bloomington 1983.

REEVES, COMPTON, Pleasures and Pastimes in Medieval England, Oxford 1998.

RICHMOND, VELMA BOURGEOIS, The Popularity of Middle English Romance, Bowling Green, OH 1975.

SAUNDERS, CORINNE, A Companion to Romance: From Classical to Contemporary, Malden, MA/Oxford 2004.

SAUNDERS, CORINNE, Magic and the Supernatural in Medieval English Romance, Cambridge 2010.

SCHIFF, RANDY P., Revivalist Fantasy: Alliterative Verse and Nationalist Literary History, Columbus, OH 2011.

SCHILDGEN, BRENDA DEEN, Pagans, Tartars, Moslems, and Jews in Chaucer's Canterbury Tales, Gainesville 2001.

SCHMOLKE-HASSELMANN, BEATE, Der arturische Versroman von Chrestien bis Froissart: Zur Geschichte einer Gattung, Tübingen 1980.

SPEIRS, JOHN, Medieval English Poetry: the Non-Chaucerian Tradition, London 1957.

STEVENS, JOHN, Medieval Romance: Themes and Approaches, London 1973.

STROHM, PAUL, Origin and Meaning of Middle English *Romaunce*, in: Genre 10 (1977), S. 1–28.

STROHM, PAUL, Hochon's Arrow: The Social Imagination of Fourteenth-Century Texts, Princeton 1992.

TAYLOR, A. B., An Introduction to Medieval Romance, London 1930.

UEBEL, MICHAEL, Unthinking the Monster: Twelfth-Century Responses to Saracen Alterity, in: JEREMY JEFFREY COHEN (Hg.): Monster Theory, Minneapolis 1999, S. 264–91.

VINAVER, EUGÈNE, Sir Thomas Malory, in: R. S. LOOMIS (Hg.): Arthurian Literature in the Middle Ages, Oxford 1959, S. 541–52.

WILLIAMS, DAVID, Deformed Discourse: The Function of the Monsters in Medieval Thought and Literature, Exeter 1996.

WITTIG, SUSAN, Stylistic and Narrative Structures in the Middle English Romances, Austin 1978.

WOOLF, ROSEMARY, The English Religious Lyric in the Middle Ages, Oxford 1968.

EDITIONEN ,SIR PERCYVELL OF GALES' (AUSWAHL)

Sir Perceval of Gales, hg. v. J. CAMPION und F. HOLTHAUSEN (Alt- und Mittelenglische Texte 5), Heidelberg/New York 1913.

Sir Perceval of Galles, in: Middle English Metrical Romances, hg. v. WALTER HOYT FRENCH und CHARLES BROCKWAY HALES, New York 1930. S. 531–603.

Ywain and Gawain, Sir Percyvell of Gales, The Anturs of Arther, hg. v. MALDWYN MILLS (Everyman's Library), London 1992, S. 103–60.

Sir Perceval of Galles and Ywain and Gawain, hg. v. MARY FLOWERS BRASWELL (TEAMS Middle English Text Series), Kalamazoo 1995, S. 1–76.

EDITIONEN ,THE AWNTYRS OFF ARTHURE' (AUSWAHL)

The Awntyrs of Arthure at the Terne Wathelyne, in: Syr Gawayne, hg. v. SIR FREDERIC MADDEN, London 1839, S. 95–128.

The Awntyrs of Arthure, in: Scottish Alliterative Poems in Rhyming Stanzas, hg. v. F. J. AMOURS (Scottish Text Society Publications 27), Edinburgh/London 1897, S. 115–71.

The Awntyrs off Arthure: An Edition, hg. v. CLAYTON PAUL CHRISTIANSON, unveröffentlichte Dissertation, Washington University, 1964.

A Textual Study of the Awntyrs off Arthure, hg. v. ROSAMUND ALLEN, unveröffentlichte MA These, University of London 1967.

The Awntyrs off Arthure at the Terne Wathelyne: A Critical Edition, hg. v. ROBERT J. GATES, Philadelphia 1969.

The Awntyrs off Arthure at the Terne Wathelyne: An Edition Based on Bodleian Library MS Douce 324, hg. v. RALPH HANNA, III, PhD Dissertation, Yale University 1967.

The Awntyrs off Arthure at the Terne Wathelyne: An Edition Based on Bodleian Library MS Douce 324, hg. v. RALPH HANNA, III, Manchester 1974.

The Awntyrs off Arthure at the Terne Wathelyne, hg. v. HELEN PHILLIPS (Lancaster Modern Spelling Texts 1), Lancaster 1988.

Ywain and Gawain, Sir Percyvell of Gales, The Anturs of Arther, hg. v. MALDWYN MILLS (Everyman's Library), London 1992, S. 161–82.

The Awntyrs of Arthur, in: Sir Gawain: Eleven Romances, hg. v. THOMAS HAHN (TEAMS Middle English Text Series), Kalamazoo 1995, S. 169–226.

The Awntyrs off Arthure at the Terne Wathelyn, in: Middle English Romances, hg. v. STEPHEN H. A. SHEPHERD, New York/London 1995, S. 219–43.

EDITIONEN ‚THE WEDDYNGE OF SIR GAWAIN AND DAME RAGNELL' (AUSWAHL)

The Weddynge of Sr Gawen and Dame Ragnell, in: Syr Gawayne, hg. v. SIR FREDERIC MADDEN, London 1839, S. 298a–298y.

The Weddynge of Sir Gawen and Dame Ragnell, hg. v. LAURA SUMNER (Smith College Studies in Modern Languages 5.4.), Northhampton, MA 1924.

The Wedding of Sir Gawain and Dame Ragnell, in: Middle English Verse Romances, hg. v. DONALD B. SANDS, New York 1966, S. 323–47.

The Wedding of Sir Gawain and Dame Ragnell, hg. v. J. WITHRINGTON (Lancaster Modern Spelling Texts 2), Lancaster 1991.

The Wedding of Sir Gawain and Dame Ragnell, in: Sir Gawain: Eleven Romances, hg. v. THOMAS HAHN (TEAMS Middle English Text Series), Kalamazoo 1995, S. 47–80.

The Weddyng of Syr Gawen and Dame Ragnell for Helpyng of Kyng Arthoure, in: Middle English Romances, hg. v. STEPHEN H. A. SHEPHERD, New York/London 1995, S. 241–67.

SEKUNDÄRLITERATUR ZU ‚SIR PERCYVELL OF GALES'

BARON, F. XAVIER, Mother and Son in *Sir Perceval of Galles,* in: Papers on Language and Literature, viii (1972), S. 3–14.

BUSBY, KEITH, Chrétien de Troyes English'd, in: Neophilologus 71 (1987), S. 596–613.

BUSBY, KEITH, *Sir Perceval of Galles, Le Conte du Graal,* and *La Continuation-Gauvain*: The Methods of an English Adaptor, in: Études anglaises 31 (1987), S. 198–202.

ECKHARDT, CAROLINE D., The Simpleton-Hero in *Sir Perceval of Galles,* in: The Chaucer Review 8 (1973), S. 205–20.

FICHTE, JOERG OTTO, Arthurische und nicht-arthurische Texte im Gespräch, dargestellt am Beispiel der mittelenglischen Romanze *Sir Perceval of Galles*, in: FRIEDRICH WOLFZETTEL (Hg.): Artusroman und Intertextualität, Gießen 1990, S. 19–34.

FOWLER, DAVID, *Le Conte du Graal* and *Sir Perceval of Galles*, in: Comparative Literature Studies 12 (1975), S. 5–20.

HARDMAN, PHILIPPA, Popular Romances and Young Readers, in: RALUCA L. RADULESCU und CORY JAMES RUSHTON (Hgg.): A Companion to Medieval Popular Romance, Cambridge 2009, S. 150–64.

PUTTER, AD, The Text of *Sir Perceval of Galles*, in: Medium Aevum 70 (2001), S. 191–203.

PUTTER, AD, Story line and story shape in *Sir Percyvell of Gales* and Chrétien de Troyes's *Conte du Graal*, in: NICOLA MCDONALD (Hg.): Pulp Fictions of Medieval England, Manchester/New York 2004, S. 171–96.

ROBERTS, BRYNLEY F., *Peredur Son of Efrawg*: A Text in Transition, in: Arthuriana 10 (2000), S. 57–72.

ROSE, PATRICIA, Acheflour, Wise Woman or Foolish Female?, in: Texas Studies in Literature and Language 46 (2004), S. 45–53.

VELDHOEN, N. H. G. E., I haffe Spedde Better Þan I Wend: Some Notes on the Structure of the M.E. *Sir Perceval of Galles*, in: Dutch Quarterly Review of Anglo-American Letters 11 (1981), S. 279–86.

WRIGHT, GLENN, 'Þe Kynde Wolde Oute Sprynge': Interpreting the Hero's Progress in *Sir Perceval of Galles*, in: Studia Neophilologica 72 (2000), S. 45–53.

SEKUNDÄRLITERATUR ZU ‚THE AWNTYRS OFF ARTHURE'

ALLEN, ROSAMUND, Some Sceptical Observations on the Editing of *The Awntyrs off Arthure*, in: DEREK PEARSALL (Hg.): Manuscripts and Texts: Editorial Problems in Later Middle English Literature: Essays from the 1985 Conference at the York University, Cambridge 1987, S. 5–25.

ALLEN, ROSAMUND, *The Awntyrs off Arthure*: Jests and Jousts, in: JENNIFER FELLOWS et al. (Hgg.): Romance Reading on the Book: Essays on Medieval Narrative Presented to Maldwyn Mills, Cardiff 1996, S. 129–42.

CONNOLLY, MARTIN, Promise-Postponement Device in *The Awntyrs off Arthure*: A Possible Narrative Model, in: Arthurian Literature 23 (2006), S. 95–108.

FICHTE, J. O. The Awntyrs off Arthure: An Unconscious Change of the Paradigm of Adventure, in: UWE BÖKER, MANFRED MARKUS, RAINER SCHÖWERLING (Hgg.): The Living Middle Ages: Studies in Medieval English Literature and Its Tradition: A Festschrift for Karl Heinz Göller, Stuttgart 1989, S. 129–36.

HANNA, RALPH III, A la Recherche du temps bien perdu: The Text of *The Awntyrs off Arthure*, in: Text: Transactions of the Society for Textual Scholarship 4 (1988), S. 189–205.

HAUGHT, LEAH, Ghostly Mothers and Fated Fathers: Gender and Genre in *The Awntyrs off Arthure*, in: Arthuriana 20 (2010), S. 3–24.

HOWES, LAURA L., Inglewood Forest in Two Middle English Romances, in: Neophilologus 97 (2013), S. 185–89.

KLAUSNER, DAVID N., Exempla and *The Awntyrs of Arthure*, in: Mediaeval Studies 34 (1972), S. 317–25.

LOWE, VIRGINIA, Folklore as a Unifying Factor in "The Awntyrs off Arthure", in: Folklore Forum 13 (1980), S. 199–223.

LÜBKE, HERMANN, „The Aunters of Arthur at the Tern-Wathelan". Teil 1: Handschriften, Metrik, Verfasser, Dissertation, Berlin 1883.

MANION, LEE, Sovereign Recognition: Contesting Political Claims in the *Alliterative Morte Arthure* and *The Awntyrs off Arthure*, in: ROBERT S. STURGES (Hg.): Law and Sovereignty in the Middle Ages and the Renaissance, Turnhout 2011, S. 69–91.

MARTIN, CARL GREY, *The Awntyrs off Arthure*: An Economy of Plan, in: Modern Philology 108 (2010), S. 177–98.

MATSUDA, TAKAMI, The *Awntyrs off Arthure* and the Arthurian History, in: Poetica: An International Journal of Linguistic-Literary Studies 19 (1983), S. 48–62.

PHILLIPS, HELEN, The Ghost's Baptism in *The Awntyrs off Arthure*, in: Medium Aevum 58 (1989), S. 49–58.

PHILLIPS, HELEN, *The Awntyrs off Arthure*: Structure and Meaning. A Reassessment, in: Arthurian Literature 12 (1993), S. 63–89.

ROBSON, MARGARET, From Beyond the Grave: Darkness at Noon in *The Awntyrs off Arthure*, in: AD PUTTER and JANE GILBERT (Hgg.): The Spirit of Medieval English Popular Romance, London 2000, S. 219–36.

ROBSON, MARGARET, Local Hero: Gawain and the Politics of Arthurianism, in: Arthurian Literature 23 (2006), S. 81–94.

SHEPHERD, STEPHEN, H. A., 'Heathenic' Catechesis and the Source of *Awntyrs B*', in: Medium Aevum 81 (2012), S. 1–18.

SPEARING, A. C., The Awntyrs of Arthure, in: BERNARD S. LEVY and PAUL E. SZARMACH (Hgg.): The Alliterative Tradition in the Fourteenth Century, Kent 1981, S. 183–202.

SPEARING, A. C., Central and Displaced Sovereignty in Three Medieval Poems, in: Review of English Studies, New Series 33 (1982), S. 247–61.

TURVILLE-PETRE, THORLAC, 'Summer Sunday', 'De Tribus Regibus Mortuis', and 'The Awntyrs Off Arthure': Three Poems in the Thirteen-Line Stanza, in: Review of English Studies, New Series 25 (1974), S. 1–14.

TWU, KRISTA SUE-LO, *The Awntyrs off Arthure at the Terne Wathelyne:* Reliquary for Romance, in: Arthurian Literature 20 (2003), S. 103–22.

WALKLING, ANDREW R., The Problem of "Rondolesette Halle" in *The Awntyrs off Arthure*, in: Studies in Philology 100 (2003), S. 105–22.

SEKUNDÄRLITERATUR ZU ‚THE WEDDYNGE OF SIR GAWAIN AND DAME RAGNELL'

CALDWELL, ELLEN M. Brains or Beauty: Limited Sovereignty in the Loathly Lady Tales "The Wife of Bath's Tale," "Thomas of Erceldoune," and "The Wedding of Sir Gawain and Dame Ragnelle", in: S. ELISABETH PASSMORE and SUSAN CARTER (Hgg.): The English 'Loathly Lady' Tales: Boundaries, Traditions, Motifs, Kalamazoo 2007, S. 235–56.

EISNER, SIGMUND, A Tale of Wonder: A Source Study of *The Wife of Bath's Tale*, New York 1957, S. 73–90.

FIELD, P. J. C., Malory and *The Wedding of Sir Gawain and Dame Ragnell*, in: Archiv 219 (1982), S. 374–81.

GARBÁRTY, THOMAS J., Rhyme, Romance, Ballad, Burlesque, and the Controlling Confluence of Form, in: ROBERT F. YEAGER (Hg.): Fifteenth-Century Studies: Recent Essays, Hamden CT 1984, S. 283–301.

GAFFNEY, PAUL, Controlling the Loathly Lady, Or What Really Frees Dame Ragnelle, in: S. ELISABETH PASSMORE and SUSAN CARTER (Hgg.): The English 'Loathly Lady' Tales: Boundaries, Traditions, Motifs, Kalamazoo 2007, S. 146–62.

HOLLIS, STEPHANIE, "The Marriage of Sir Gawain": Piecing the Fragments Together, in: S. ELISA-BETH PASSMORE and SUSAN CARTER (Hgg.): The English 'Loathly Lady' Tales: Boundaries, Traditions, Motifs, Kalamazoo 2007, S. 163–212.

LEECH, MARY, Why Dame Ragnell Had to Die: Feminine Usurpation of Masculine Authority in "The Wedding of Sir Gawain and Dame Ragnell", in: S. ELISABETH PASSMORE and SUSAN CARTER (Hgg.): The English 'Loathly Lady' Tales: Boundaries, Traditions, Motifs, Kalama-zoo 2007, S. 213–34.

MAYNADIER, G. H., The wife of Bath's tale: its sources and analogues, London 1901.

NORRIS, RALPH, Sir Thomas Malory and *The Wedding of Sir Gawain and Dame Ragnell* Recon-sidered, in: Arthuriana, 19 (2009), S. 82–102.

PASSMORE, S. ELIZABETH, Through the Counsel of the Lady: The Irish and English Loathly Lady Tales and the "Mirrors for Princes" Genre, in: S. ELISABETH PASSMORE and SUSAN CARTER (Hgg.): The English 'Loathly Lady' Tales: Boundaries, Traditions, Motifs, Kalamazoo 2007, S. 3–41.

PECK, RUSSELL A., Folklore and Powerful Women in Gower's "Tale of Florent", in: S. ELISABETH PASSMORE and SUSAN CARTER (Hgg.): The English 'Loathly Lady' Tales: Boundaries, Traditions, Motifs, Kalamazoo 2007, S. 100–45.

SHEPHERD, STEPHEN H. A. No poet has his travesty alone: *The Weddynge of Sir Gawen and Dame Ragnell*, in: JENNIFER FELLOWS et al. (Hgg.): Romance Reading on the Book: Essays on Medieval Narrative presented to Maldwyn Mills, Cardiff 1996, S. 112–28.

TRIMNELL, KAREN HUNTER, 'And shold have been oderwyse understond': The Disenchanting of Sir Gromer Somer Joure, in: Medium Aevum 71 (2002), S. 294–301.

YEAGER, R. E. The Politics of *Strengthe* and *Vois* in Gower's Loathly Lady Tale, in: S. ELISABETH PASSMORE and SUSAN CARTER (Hgg.): The English 'Loathly Lady' Tales: Boundaries, Traditions, Motifs, Kalamazoo 2007, S. 42–72.